Die Haftung des Aufsichtsrates einer Aktiengesellschaft bei Verletzung der Überwachungspflichten

Forum Unternehmens-, Steuer- und Bilanzrecht

Deutsche, europäische und internationale Rechtsfragen

Herausgegeben von Oliver Fehrenbacher / Michael Stöber

Band 18

PETER LANG

Dominik Riebartsch

Die Haftung des Aufsichtsrates einer Aktiengesellschaft bei Verletzung der Überwachungspflichten

PETER LANG

Bibliografische Information der Deutschen Nationalbibliothek
Die Deutsche Nationalbibliothek verzeichnet diese Publikation in der Deutschen Nationalbibliografie; detaillierte bibliografische Daten sind im Internet über http://dnb.d-nb.de abrufbar.

Zugl.: Kiel, Univ., Diss., 2020

D 8
ISSN 2366-293X
ISBN 978-3-631-83004-8 (Print)
E-ISBN 978-3-631-85093-0 (E-PDF)
E-ISBN 978-3-631-85094-7 (EPUB)
E-ISBN 978-3-631-85095-4 (MOBI)
DOI 10.3726/b18210

Peter Lang – Berlin · Bern · Bruxelles · New York · Oxford · Warszawa · Wien

Diese Publikation wurde begutachtet.

www.peterlang.com

Meinen Eltern

Vorwort

Die vorliegende Dissertation entstand während meiner Zeit als wissenschaftlicher Mitarbeiter am Lehrstuhl Handels- und Gesellschaftsrecht der wirtschaftswissenschaftlichen Fakultät der Technischen Universität Dortmund und während meines Rechtsreferendariats. Sie wurde vom Promotionsausschuss der juristischen Fakultät der Christian-Albrechts-Universität zu Kiel im Juni 2020 als Dissertation angenommen.

Die Erstellung dieser Dissertation hat mir besondere Freude bereitet, auch wenn die Zeit der Bearbeitung von Höhen und Tiefen geprägt war. Ich bin froh, das vorliegende Thema gewählt zu haben, da es sowohl aktuell als auch interessant ist. So stellten die thematische Einarbeitung und die Bearbeitung zu keinem Zeitpunkt eine Qual dar. Insofern gilt mein besonderer Dank meinem lieben Doktorvater Prof. Dr. Michael Stöber, der mich auf das Thema aufmerksam gemacht hatte und mir durchweg bei allen Fragen der Bearbeitung mit Rat und Tat beiseite stand und mich förderte. Besonders vermisse ich unsere gemeinsamen Mittagessen, die gelegentlich zeitlich ausschweifen konnten und durchweg von guten Gesprächen geprägt waren.

Mein Dank gilt auch Herrn Prof. Dr. Bernhard Kreße, der die Zweitkorrektur der vorliegenden Arbeit vornahm und mir als Nachfolger von Prof. Dr. Michael Stöber als Leiter des Lehrstuhls für Handels- und Gesellschaftsrecht viel Freiraum zur Erstellung der Dissertation gab.

Ohne die liebevolle Unterstützung meiner Eltern Andreas und Petra Riebartsch wäre diese Dissertation jedoch nie zustande gekommen. Insofern danke ich ihnen von ganzem Herzen, dass Sie immer an mich glaubten und mir die Hilfestellungen gaben, die für meinen beruflichen und privaten Weg notwendig und vorteilhaft waren. Dieser Dank gilt auch meinen Großeltern Ursula und Hubert Nieswandt, deren Rat mir immer wichtig ist.

Bedanken möchte ich mich auch für die umfassenden Korrekturarbeiten meiner Mutter und meiner Patentante Frau Dr. Martina Nieswandt.

Weiterhin danke ich auch meiner eigenen kleinen Familie. Meine wundervolle Frau Janine ist immer für mich und die gesamte Familie da und hat mir während der Bearbeitung der Dissertation stets liebevoll den Rücken freigehalten und mich dort unterstützt, wo ich es brauchte. Dies tut sie noch immer, weshalb ich sie so sehr liebe. Auch danke ich meinem geliebten Sohn Friedrich Willem, der mir nach seiner Geburt die letzte Motivation schenkte, die Dissertation abzuschließen.

Grevenbroich, im Dezember 2020
Dr. Dominik Riebartsch

Inhaltsverzeichnis

Abkürzungs- und Symbolverzeichnis

a.A.	andere Ansicht
ACQ	Audit Committee Quarterly
ADHGB	Allgemeines Deutsches Handelsgesetzbuch
AEUV	Vertrag über die Arbeitsweise der Europäischen Union
AktG	Aktiengesetz
AR	Der Aufsichtsrat (Zeitschrift)
Art.	Artikel
BaFin	Bundesanstalt für Finanzdienstleistungsaufsicht
BB	Betriebs-Berater
BGB	Bürgerliches Gesetzbuch
BGBl	Bundesgesetzblatt
BilMoG	Bilanzrechtsmodernisierungsgesetz
BT-Drucks.	Bundestagsdrucksache
CCZ	Corporate Compliance Zeitschrift
CEO	Chief Executive Officer
CMS	Compliance-Management-System
CoCo	Criteria of Control
D&O	Directors and Officers
DAX	Deutscher Aktienindex
DB	Der Betrieb
DCGK	Deutscher Corporate Governance Kodex
DM	Deutsche Mark
DrittelbG	Gesetz über die Drittelbeteiligung der Arbeitnehmer im Aufsichtsrat
DStR	Deutsches Steuerrecht (Zeitschrift)
Dt.	Deutsch
EUR	Euro
ggf.	gegebenenfalls
GmbH	Gesellschaft mit beschränkter Haftung
GmbHR	GmbH-Rundschau
GuV	Gewinn- und Verlustrechnung
h.L.	herrschende Lehre
h.M.	herrschende Meinung
HGB	Handelsgesetzbuch
i.R.d.	Im Rahmen der/des

IDW	Institut der Wirtschaftsprüfer
InsO	Insolvenzordnung
jurisPR-Compl.	Juris PraxisReport Compliance
KAGB	Kapitalanlagegesetzbuch
KWG	Gesetz über das Kreditwesen
M&A	Mergers & Acquisitions
MDR	Monatsschrift für Deutsches Recht
MgVG	Gesetz über die Mitbestimmung der Arbeitnehmer
MitbestErgG	Mitbestimmungsergänzungsgesetz
MitbestG	Mitbestimmungsgesetz
MoMiG	Gesetz zur Modernisierung des GmbH-Rechts und zur Bekämpfung von Missbräuchen
MontanMitbestG	Montan-Mitbestimmungsgesetz
NJW	Neue Juristische Wochenschrift
NStZ	Neue Zeitschrift für Strafrecht
NZG	Neue Zeitschrift für Gesellschaftsrecht
OLG	Oberlandesgericht
PS	Prüfungsstandards
SE	Societas Europaea
sog.	so genannte(r)
SOX	Sarbanes-Oxley Act
UMAG	Gesetz zur Unternehmensintegrität und Modernisierung des Anfechtungsrechts
VersR	Zeitschrift für Versicherungsrecht
WM	Wertpapiermitteilungen
WpHG	Wertpapierhandelsgesetz
WpÜG	Wertpapiererwerbs- und Übernahmegesetz
ZAG	Gesetz über die Beaufsichtigung von Zahlungsdiensten
ZCG	Zeitschrift für Corporate Governance
ZfhF	Zeitschrift für handelswissenschaftliche Forschung
ZGR	Zeitschrift für Unternehmens- und Gesellschaftsrecht
ZHR	Zeitschrift für das gesamte Handels- und Wirtschaftsrecht
Ziff.	Ziffer
ZInsO	Zeitschrift für das gesamte Insolvenzrecht
ZIP	Zeitschrift für Wirtschaftsrecht und Insolvenzpraxis

A. Einleitung

„Es ist leichter, eine Sau am eingeseiften Schwanz festzuhalten, als einen Aufsichtsrat haften zu lassen."[1]

- Hermann Josef Abs

Der bekannte deutsche Bankier *Herrmann Josef Abs* saß in den 1960er Jahren zeitweise in dreißig Aufsichtsräten, von welchen er zwanzig vorstand.[2] Dieser Umstand ist für sich genommen heute so unvorstellbar wie der Umstand, dass sich die Haftungsfrage dereinst überhaupt nicht stellte. Erst in der jüngeren Vergangenheit wurde dieses Thema verschärft Gegenstand der Rechtsprechung und Literatur. Durch weltweite große Finanzskandale haben sich die Zeiten des bequemen und quasi nicht haftenden Aufsichtsrates auch in Deutschland geändert. Bekanntestes Beispiel ist aktuell die Prüfung der Verfolgung von Schadensersatzansprüchen des ehemaligen Aufsichtsratsvorsitzenden der Volkswagen AG *Prof. Dr. Ferdinand Piëch* im Rahmen des VW-Abgasskandals.[3] Darüber hinaus wird die Frage nach einer angemessenen Vergütung des Aufsichtsrates immer wieder in der Öffentlichkeit kritisch diskutiert.[4] Mit den hohen Anforderungen hinsichtlich der Professionalisierung des Aufsichtsrats steigt die Gefahr einer immer strenger werdenden Haftung der Aufsichtsratsmitglieder, denn dem Überwachungsgedanken folgend kann in jeder Pflichtverletzung des Vorstandes

---

1 Zitiert aus: *Ihlas*, Organhaftung und Haftpflichtversicherung, S. 34.

2 Bei der Novellierung des Aktiengesetzes 1965 wurde die maximale Anzahl von Aufsichtsratsmandaten auf 10 beschränkt, § 100 Abs. 2 AktG. Auf Grund der ausufernden Aufsichtsratstätigkeiten wird diese Norm gerne auch die „Lex Abs" genannt. Seine Arbeit in den Aufsichtsräten definiert der Bankier weiterhin so: *„Die Hundehütte ist für den Hund, der Aufsichtsrat ist für die Katz!" s. Gall*, Der Bankier, S. 330; in diesem Rahmen kann auch *Joachim Göppen*, ehem. Vorstandsmitglied der Heidelberger Druckmaschinen AG, zitiert werden: *„Wenn der Vorstand eines Unternehmens gut ist, ist der Aufsichtsrat arbeitslos. Ist der Vorstand schlecht, ist der Aufsichtsrat hilflos."*.

3 http://www.faz.net/aktuell/wirtschaft/diesel-affaere/f-a-s-exklusiv-muss-ferdinand-piech-fuer-den-vw-abgasskandal-zahlen-14844203.html; zuletzt abgerufen am 13.08.2019.

4 Bspw.: „Brauchen wir ein Gesetz gegen die Gier?", http://www.faz.net/aktuell/wirtschaft/wirtschaftspolitik/managergehaelter-braucht-es-gesetze-gegen-die-gier-14887535.html; zuletzt abgerufen am 13.08.2019.

eine Pflichtverletzung des Aufsichtsrates liegen.[5] Darüber hinaus wird gerne vergessen, dass die Verpflichtung des Vorstandes besteht, den pflichtwidrig handelnden Aufsichtsrat vor Gericht in Anspruch zu nehmen.[6] Dies ist in der Praxis weitgehend noch unüblich.[7] Relevant ist dies nur im Falle der Insolenz oder wenn ein neuer Vorstand ins Amt gewählt wurde und die Aufsichtsratsmitglieder die Gesellschaft verlassen haben, da ein ausgeschiedener Vorstand seinen Aufsichtsrat nicht wegen mangelnder Überwachung in Anspruch nehmen wird.[8] Überdies entscheidet der Aufsichtsrat über Vergütung und Anstellung von Vorstandsmitgliedern. § 147 AktG überlässt es daher der Hautversammlung, den Vorstand zur Verfolgung der Ansprüche der Gesellschaft zu verpflichten.[9] Der Aufsichtsrat ist vor einer Inanspruchnahme demnach nicht gefeit. Die aus einer pflichtwidrigen Fehleinschätzung resultierenden Schäden können unproblematisch ein existenzvernichtendes Ausmaß annehmen, wie man in der aktuellen VW-Dieselabgas-Affäre sehen kann. Daher lohnt sich die Verfolgung dieser Ansprüche für die Gesellschaft oftmals nur auf Grund einer – mittlerweile standardmäßig – abgeschlossenen D&O-Versicherung, wodurch eine Kompensation größerer Schäden erst möglich wird.[10] Diese greift jedoch nicht in jedem Fall und ist auf eine bestimmte Deckungssumme beschränkt, so dass diese keinen unbedingten Schutz bietet. Der Versuch des Gesetzgebers, durch Einführung der Business Judgement Rule des § 93 Abs. 1 S. 2 AktG die Angst der Gesellschaftsorgane vor überstrapazierter Inanspruchnahme zu nehmen, ist nur mäßig gelungen.[11] Gleichsam erweitert die Rechtsprechung regelmäßig den Begriff der Überwachung des Aufsichtsrates und damit seinen Pflichtenkanon.

Die Ankündigung der Bundeskanzlerin im Oktober 2008, weitreichende Reformen des Haftungsrechtes vorzunehmen, wurde indes kaum umgesetzt.[12] Währenddessen hat das juristische Schrifttum diesen Reformgedanken

---

5 *Habersack,* NZG 2016, 321, 122.

6 *Lutter/Krieger/Verse,* Rechte und Pflichten des Aufsichtsrats, Rn. 1025.

7 *Lutter,* in: Verhandlungen des 70. Dt. Juristentages, Diskussion: Abteilung Wirtschaftsrecht, S. N92.

8 *Lutter/Krieger/Verse,* Rechte und Pflichten des Aufsichtsrats, Rn. 1025.

9 *Lutter/Krieger/Verse,* Rechte und Pflichten des Aufsichtsrats, Rn. 1026.

10 *Bachmann,* Gutachten E zum 70. Dt. Juristentag, S. E73; *Brommer,* AG 2013, 121, 121; *Fehrenbach,* AG 2015, 761, 764; *Habersack,* ZHR 177 (2013), 782, 790; *Paefgen,* AG 2014, 554, 576; *Reichert,* ZHR 177 (2013), 756, 757; *Spindler,* AG 2013, 889, 899; *Wagner,* ZHR 178 (2014), 227, 241.

11 siehe Abschnitt H. IV.

12 *Wagner,* ZHR 178 (2014), 227, 230.

aufgegriffen und intensiv diskutiert. Die Rechtswissenschaft ist stets bemüht, einen Ausgleich zwischen den Interessen der Gesellschaft, ihrer Organe und den Grundsätzen guter Unternehmensführung im Sinne der Verhaltenssteuerung zu bilden. Die Fortentwicklung des professionellen Aufsichtsrates und die Haftung von Vorständen und Aufsichtsräten sind demnach spannende und vor allem lebendige wissenschaftliche Felder.

Die vorliegende Arbeit soll daher drei Fragen beantworten:

- Was sind die Überwachungspflichten des Aufsichtsrates und wie sind diese ausgestaltet?
- Wann haftet der Aufsichtsrat für Verletzungen der Überwachungspflicht?
- Wie könnte eine sinnvolle Reform der Organhaftung ausgestaltet sein?

Die Arbeit im Aufsichtsrat kann grundsätzlich zu gravierenden Haftungsfällen führen. Werden allerdings die grundlegenden Spielregeln beachtet, bleibt es noch immer ein attraktives Nebenamt. Damit möchte ich das Vorwort auch mit meinem Lieblingsaphorismus des Philosophen *Friedrich Nietzsche* beenden:

> *„Glattes Eis*
> *Ein Paradeis*
> *für Den, der gut zu tanzen weiß.“*[13]

13 *Nietzsche,* Die fröhliche Wissenschaft, Vorspiel in deutschen Reimen, Leipzig 1887, S. 8.

B. Umfang und Aufbau der Untersuchung

Auf Grund der vielschichtigen Aufgabenstellungen des Aufsichtsrates ist es kaum möglich, alle Haftungsfragen im Rahmen der Überwachungspflichten vollständig abzubilden. Die vorliegende Arbeit konzentriert sich daher auf einige ausgewählte und grundlegende Überwachungspflichten und den Haftungsfall bei Verletzung der selbigen. Im Anschluss wird insbesondere ein Augenmerk auf die Diskussion um eine Reform der Organhaftung gelegt.

Der Verfasser beleuchtet zunächst in Kürze die historischen Hintergründe des Aufsichtsrates als Überwachungsorgan. Sodann werden dem Leser[14] kurz die aktienrechtlichen Grundlagen des Aufsichtsrates nähergebracht, auf die im weiteren Verlauf der Arbeit Bezug genommen wird. Im Rahmen der Überwachungspflichten wird der zu überwachende Personenkreis eingegrenzt und diskutiert, wie die Zuhilfenahme sachverständiger Dritter im Rahmen der Überwachungspflicht möglich ist, ohne sich bei daraus resultierenden Falschinformationen der Gefahr eines Haftungsprozesses auszusetzen. Weiterhin werden die Kriterien des Überwachungsmaßstabes beleuchtet und erläutert, wie intensiv sich der Aufsichtsrat um eine Überwachung zu bemühen hat. Im Anschluss geht der Verfasser auf die verschiedenen Überwachungsschwerpunkte ein. Dazu zählen die Einsichtnahme in die Berichte des Vorstandes nach § 90 AktG, die Überwachung der Jahresabschlussprüfung, der Besetzung und Zusammenarbeit des Vorstandes und die Überwachung des Compliance-Management-Systems unter Berücksichtigung der strikten Kompetenzverteilung. Zu den Überwachungsmaßnahmen zählt auch die Beratung des Vorstandes, das Setzen von Zustimmungsvorbehalten, die Einberufung der Hauptversammlung und schließlich die Verfolgung von Schadensersatzansprüchen für die Gesellschaft.

Verletzt der Aufsichtsrat eine seiner Pflichten, so haftet er hierfür gegenüber der Gesellschaft, wenn er die erforderliche Sorgfalt außer Acht gelassen hat. Nicht jede Fehlentscheidung führt jedoch zur Haftung, sofern die Business Judgement Rule des § 93 Abs. 1 S. 2 AktG Anwendung findet, die durch § 116 AktG nicht nur für den Vorstand, sondern auch für den Aufsichtsrat Anwendung findet. Die Voraussetzungen dieses Rechtsinstitutes werden daher ausführlich dargestellt

14 Es sind stets Personen männlichen und weiblichen Geschlechts gleichermaßen gemeint. Aus Gründen der besseren Lesbarkeit wird jedoch die männliche Form für alle Personenbezeichnungen gewählt. Die weibliche Form wird dabei stets mitgedacht.

und einer kritischen Auseinandersetzung unterzogen. Gerade im Lichte der Business Judgement Rule wird in der Literatur viel über eine weitergehende Reform der Organhaftung diskutiert, deren verschiedene Ansätze vorgestellt und insbesondere im Hinblick auf den Aufsichtsrat diskutiert werden.

C. Begriff der Haftung im Folgenden

Der Begriff der Haftung im Rahmen der Verletzung der Überwachungspflichten des Aufsichtsrates einer Aktiengesellschaft kann sehr weit gefasst werden und soll daher für die vorliegende Arbeit eingegrenzt werden. Das Gabler Wirtschaftslexikon definiert den Begriff *Haftung* als das rechtliche *„Dafür-Geradestehen-Müssen“*.[15] Bei Pflichtverletzungen des Aufsichtsrates kommen hierfür mehrere Arten in Betracht. Zunächst können sich pflichtwidrig verhaltende Aufsichtsräte bei dem Verstoß gegen ein Strafgesetz strafrechtlich verfolgt werden.[16] Im Rahmen der Überwachungspflicht kommt hierbei der Tatbestand der Untreue auf Grund mangelnder Kontrolle in Betracht.[17] Wird die Erfüllung der Überwachungspflicht gänzlich unterlassen, stellt sich die Frage nach einer Garantenpflicht für den Vorstand.[18] Da bei Pflichtverletzungen des Aufsichtsrates meist ein großer finanzieller Schaden entsteht, richtet sich der Schwerpunkt dieser Arbeit auf den zivilrechtlichen Begriff der Haftung. Durch die Geltendmachung von Schadensersatzansprüchen gegenüber dem Aufsichtsrat kann der finanzielle Schaden – zumindest anteilig – restituiert werden. Weil die Mitglieder des Aufsichtsrates nach §§ 116, 93 AktG ihre Sorgfalt und Treue nur der Gesellschaft schulden, beschränkt sich die Haftung für Verletzungen der Überwachungspflichten hierbei auf das Innenverhältnis.[19] Darunter wird das Einstehenmüssen für Schäden verstanden, die der Gesellschaft selbst und nicht eben Dritten entstanden sind.[20] Die §§ 116, 93 AktG haben als eigene Anspruchsgrundlage gegenüber der Gesellschaft keinen für § 823 Abs. 2 BGB notwendigen Schutzcharakter, welcher den Dritten einen eigenen Anspruch geben würde.[21]

---

15 Springer Gabler Verlag (Herausgeber), Gabler Wirtschaftslexikon, Stichwort: Haftung, online im Internet: *http://wirtschaftslexikon.gabler.de/Archiv/955/haftung-v15.html (abgerufen am: 27.04.2018).*

16 Hierzu vertiefend i.R.d. Untreuetatbestandes (Treubruchtatbestand/Missbrauchstatbestand): noch vertiefter und eingehend auf die Garantenpflicht (§ 13 StGB): *Krause,* NStZ 2011, 57.; *Seibt/Schwarz,* AG 2010, 301.

17 Vgl. *Krause,* NStZ 2011, 57, 57.

18 Vgl. *Krause,* NStZ 2011, 57, 57.

19 Anstelle Vieler: *Hoffmann,* NJW 2012, 1393, 1393.

20 *Peltzer*, in: Wellhöfer/Peltzer/Müller, § 20, Rn. 160; überdies sieht der Autor die gesetzliche Grundlage der Außenhaftung als *„zerklüftet, kasuistisch und unübersichtlich“* an.

21 OLG Düsseldorf, NZG 2008, 731, 731 f.; *Kalss*, in: MüKo AktG, § 116 AktG, Rn. 77; *Mertens/Cahn*, in: Kölner Komm. AktG, § 116 AktG, Rn. 80.

Ansprüche der Anteilseigner können sich aus § 823 Abs. 1 BGB ergeben, da hierdurch die Mitgliedschaft als absolutes Recht geschützt ist. Eine solche unmittelbare Verletzung durch den Aufsichtsrat ist selten.[22] Bei einer direkten Schädigung des Aktionärs – also über die Gesellschaft hinaus[23] – kommt ein Ersatzanspruch auch aus § 117 Abs. 1 AktG in Betracht.[24] Weiterhin besteht die Möglichkeit der Haftung auf Grund einer fehlerhaften oder unterlassenen Entsprechenserklärung nach dem DCGK, § 161 AktG.[25] Eine Haftung gegenüber an der Gesellschaft nicht beteiligten Dritten kann sich nur aus Schutzgesetzen ergeben, wie beispielsweise aus der Verletzung der Insolvenzantragspflicht nach § 15a Abs. 1 InsO.[26] Ein direkter Anspruch auf Grund der Verletzung von allgemeinen Überwachungspflichten besteht nicht. Lediglich im Rahmen der Innenhaftung ist noch die Aktionärsklage nach § 148 AktG in Betracht zu ziehen, bei der Aktionärsminderheiten Ersatzansprüche für die Gesellschaft geltend machen können. Dieses Institut ist jedoch so gut wie bedeutungslos für die Praxis, so dass dieses außen vor gelassen wird.[27]

---

22 *Kalss*, in: MüKo AktG, § 116 AktG, Rn. 78; *Lutter/Krieger/Verse*, Rechte und Pflichten des Aufsichtsrats, Rn. 1031; *Spindler*, in: Spindler/Stilz, § 116 AktG, S. 186. In Betracht kommt jedoch die Missachtung von Mitbestimmungsrechten der Hauptversammlung bei der Durchführung von Umstrukturierungsmaßnahmen, sofern der Aufsichtsrat eine rechtswidrige Maßnahme des Vorstandes trotz Kenntnis gebilligt und nicht verhindert hat, s. *Drygala*, in: K.Schmidt/Lutter, § 161 AktG, Rn. 50; *Kalss*, in: MüKo AktG, § 116 AktG, Rn. 78; *Lutter/Krieger/Verse*, Rechte und Pflichten des Aufsichtsrats, Rn. 1031.

23 *Lutter/Krieger/Verse*, Rechte und Pflichten des Aufsichtsrats, Rn. 1033.

24 Hierbei muss der Schaden über einen sog. Reflexschaden hinausgehen; ein reiner Kursverlust reicht dafür nicht aus, s. *Bürgers/Israel*, in: Bürgers/Körber, § 117 AktG, Rn. 3.

25 Zur Haftung bei fehlerhafter oder unterlassener Entsprechenserklärung: *Ederle*, NZG 2010, 655 (hier auch zu der Frage, ob die Erklärung zukunftsbezogen sein soll i.S.e. Absichtserklärung und ob die Berichte bei neuen Erkenntnissen angepasst werden müssen). Zur Entsprechenserklärung und ihrer Durchsetzung allgemein: *Wagner/Semler*, NZG 2003, 553; zur Verfassungsmäßigkeit der Entsprechenserklärung: *Wernsmann/Gatzka*, NZG 2011, 1001.

26 *Lutter/Krieger/Verse*, Rechte und Pflichten des Aufsichtsrats, Rn. 1035: wobei eine Haftung hierbei nur im Rahmen der Beihilfe oder Anstiftung in Frage komme, da die Insolvenzantragspflicht dem Vorstand obliege.

27 Vgl. *Sailer-Coceani*, in: Verhandlungen des 70. Dt. Juristentages, Referat, S. N22; Vertiefend: *Schmolke*, ZGR 2011, 398, 398 ff.

Es besteht daher kaum ein Grund für die Inanspruchnahme von Aufsichtsratsmitgliedern durch Aktionäre oder Dritte, denn durch die Organhaftung gem. § 31 BGB haftet ohnehin die (eher zahlungskräftigere) Gesellschaft für diese.[28]

28 *Hambloch-Gesinn/Gesinn*, in: Hölters, § 116 AktG, Rn. 70; *Kalss*, in: MüKo AktG, § 116 AktG, Rn. 81; *Kau/Kukat*, BB 2000, S. 1045, 1049; *Mertens/Cahn*, in: Kölner Komm. AktG, § 116 AktG, Rn. 83.

D. Der Aufsichtsrat als Kontrollorgan

Im Rahmen der Einleitung wurden die drei wesentlichen Fragen dieser Arbeit aufgezeigt, welche der Reihenfolge der nächsten Kapitel entsprechen. Bevor jedoch die Überwachungspflichten als solche dargestellt werden, bedarf es einer kurzen Darstellung des Aufsichtsrates, denn eine Verletzung der Überwachungspflichten kann schon aus einer fehlerhaften Organisation resultieren. Überdies ist die Stellung des Aufsichtsrates innerhalb der Gesellschaft und die Diskussion um eine Reform der Organhaftung erst unter Berücksichtigung ihrer Geschichte nachvollziehbar.

Die Überwachung des Vorstandes nach § 111 AktG ist die zentrale Pflicht des Aufsichtsrates.[29] Im folgenden Kapitel wird zunächst verkürzt die Geschichte der Aktiengesellschaften dargestellt und gezeigt, warum der Aufsichtsrat schon damals als Überwachungsorgan notwendig war. Die normierten Grundlagen für die Überwachungspflicht und die organisatorische Zusammensetzung des Aufsichtsrates, die für die Einhaltung der Überwachungspflicht unabdingbar ist, werden sodann dargestellt.

I. Zur Geschichte des überwachenden Aufsichtsrates

Die Geschichte deutscher Aktiengesellschaften ist eng verbunden mit der Kolonialisierung der „Neuen Welt". Schon Mitte des 16. Jahrhunderts wurden in den deutschen Staaten Handelskompagnien auf Aktien gegründet, um den überseeischen Handel zu fördern und die Kolonialisierung voranzutreiben.[30] Die bekanntesten deutschen Kompagnien stammten aus Brandenburg und Preußen. Diese waren nach holländischem Vorbild so aufgebaut, dass die Aktionäre nach Hauptpartizipanten und gemeinen Partizipanten eingeteilt wurden.[31] Die Hauptpartizipanten setzen sich aus den größten Anteilseignern zusammen und

---

29 *Drygala*, in: K.Schmidt/Lutter, § 111 AktG, Rn. 1; *Habersack*, in: MüKo AktG, § 111 AktG, Rn. 1; *Hopt/Roth*, in: Großkomm-AktG, § 111 AktG, Rn. 25; *Lutter/Krieger/Verse*, Rechte und Pflichten des Aufsichtsrats, Rn. 61; *Spindler*, in: Spindler/Stilz, § 111 AktG, Rn. 1.

30 *Assmann*, in: Hopt/Wiedemann/Assmann, Einl, Rn. 13; *Schnorr*, Historie und Recht des Aufsichtsrats, S. 8.

31 *Bösselmann*, Die Entwicklung des deutschen Aktienwesens im 19. Jahrhundert, S. 59; *Dülfer*, Die Aktienunternehmung, S. 32; *Schnorr*, Historie und Recht des Aufsichtsrats, S. 8.

funktionierten damals schon als eine Art „Aufsichtsrat“ gegenüber den aus ihren Reihen gewählten Direktoren. Bei der Auswahl war es unbedingt notwendig, dass es sich um *„gute Kaufleute“* handelte.[32]

Die erste größere deutsche Regelung zu Aktiengesellschaften trat am 09.11.1843 in Form des preußischen Aktiengesetzes in Kraft. Einen Aufsichtsrat sah dieses Gesetz jedoch nicht vor. Stattdessen normierte § 1 Abs. 1 AktG 1843, dass diese *„nur mit landherrlicher Genehmigung errichtet werden“* könnten.[33] Mit Einführung des Allgemeinen Deutschen Handelsgesetzbuch (ADHGB) trat ab 1861 eine einheitliche Regelung in den einzelnen deutschen Bundestaaten für Aktiengesellschaften in Kraft.[34] Da große Uneinigkeit innerhalb der zuständigen Gesetzeskommission zwischen den unterschiedlichen Staaten des Deutschen Bundes über die Konzessionspflicht herrschte und ein Abrücken einer Partei von ihren Positionen außer Frage stand, wurde es letztlich jedem Staat freigestellt, von der Konzessionspflicht Gebrauch zu machen.[35] Im Gegenzug wurde mit dem ADHGB der Aufsichtsrat gesetzlich eingeführt. Dessen Errichtung war jedoch noch nicht obligatorisch. Erst seit der ersten Aktienrechtsnovelle im Jahre 1870, durch welche es nun bei der Gründung keiner staatlichen Konzession mehr bedurfte, wurde die Einrichtung eines Aufsichtsrates zum Zwecke der Überwachung des Vorstandes für Aktiengesellschaften verpflichtend.[36] Dies war notwendig, da mit der Konzession ein schützender Mechanismus für Aktionäre und Gesellschaftsgläubiger wegfiel.[37] Mit Einführung des obligatorischen Aufsichtsrates wurden sowohl eine Haftungsnorm als auch eine Strafnorm zur Sicherstellung pflichtgemäßer Überwachung eingeführt.[38] Gab es keinen Aufsichtsrat, war die Gesellschaft handlungsunfähig, sofern es um aufsichtsratsspezifische Aufgaben ging.[39]

Obwohl der Aufsichtsrat als zusätzliches Gremium der Geschäftsführung gedacht war, konnte er nur durch Satzungsbestimmungen an der

---

32 *Bösselmann*, Die Entwicklung des deutschen Aktienwesens im 19. Jahrhundert, S. 59; *Dülfer*, Die Aktienunternehmung, S. 8.

33 Vgl. dazu: *Baums*, Gesetz über die Aktiengesellschaften für die königlich preussischen Staaten vom 9. November 1843, S. 73.

34 *Grundei/Zaumseil*, Der Aufsichtsrat im System der Corporate Governance, S. 18; *Spindler*, in: Spindler/Stilz, § 111 AktG, Rn. 4; *Velte*, NZG 2010, 930, 930.

35 *Schnorr*, Historie und Recht des Aufsichtsrats, S. 13.

36 *Lieder*, Der Aufsichtsrat im Wandel der Zeit, S. 103.

37 *Lieder*, Der Aufsichtsrat im Wandel der Zeit, S. 101.

38 *Schnorr*, Historie und Recht des Aufsichtsrats, S. 22.

39 *Vetter*, in: Marsch-Barner/Schäfer, § 22, Rn. 12.

Geschäftsführung beteiligt werden. Dadurch konnte kein geeigneter Schutz der Anleger für die weggefallene Staatsaufsicht erreicht werden.[40] Der Gesetzgeber von 1884 schloss dieses „Schlupfloch".[41] Seit diesem Zeitpunkt sind deutsche Aktiengesellschaften vom dualistischen System (engl.: Two-Tier-System) geprägt. Dies bedeutet, dass die Unternehmensführung streng geteilt sein musste.[42] Dieses Prinzip ist bis heute geblieben. Während der Vorstand das operative Geschäft leitet, ist der Aufsichtsrat „nur" der Überwachung des Leitungsorgans verpflichtet. Mitglieder des Aufsichtsrates sind – außer kurzzeitig in den Fällen des § 105 Abs. 2 AktG – nicht am Vorstandsgremium beteiligt.[43] Im Gegensatz dazu folgen insbesondere angelsächsische Kapitalgesellschaften dem monistischen System (engl.: Board-System), bei welchem eine solche Trennung gerade nicht stattfindet.[44] Hier kontrolliert kein separates Gremium den Vorstand, sondern sowohl ausführende als auch kontrollierende Aufgaben fallen nur einer einzigen Körperschaft (dem Board of Directors oder Verwaltungsrat) zu.[45] Unter den Rechts- und Wirtschaftswissenschaftlern herrschte lange Zeit eine Art „Glaubenskrieg" um die Frage, ob das dualistische dem monistischen System weichen sollte.[46] Für das monistische System wird noch immer oft angeführt, dass der Informationsfluss durch ein einziges Gremium besser sei und die überwachenden Mitglieder über mehr Sachnähe verfügen würden.[47] Verfechter des dualen Systems geben indes zu bedenken, dass sich niemand vernünftigerweise selbst kontrollieren könne.[48] Dies erkennen auch immer mehr anglo-amerikanische Unternehmen. Im Zuge der Corporate-Governance-Debatte und gefolgt von entsprechenden Empfehlungen seitens Proxy Advisory

40 *Schnorr*, Historie und Recht des Aufsichtsrats, S. 22.

41 Vgl. Art. 225 ADHGB 1884, wobei sich eine Doppelmitgliedschaft nicht ausdrücklich, sondern aus dem Telos der Norm ergibt.

42 *Schnorr*, Historie und Recht des Aufsichtsrats, S. 23.

43 *Von Werder*, in: Ringleb/Kremer/Lutter/v.Werder, 2. Teil, Präambel, Rn. 93.

44 *Bartone/Klapdor*, Die Europäische Aktiengesellschaft, S. 62; *Obermaier*, in: FS zum 65. Geburtstag von Horst Wildemann, Unternehmensführung und Corporate Governance, S. 261, 263.

45 *Vetter*, in: Marsch-Barner/Schäfer, § 22, Rn. 2.

46 *Mestmäcker*, Verwaltung, Konzerngewalt und Rechte der Aktionäre, S. 95; *Wiethölter*, Interessen und Organisation der Aktiengesellschaft im amerikanischen und deutschen Recht, S. 209–211.

47 *Davies*, ZGR 2001, 268, 284; *Eberspächer*, in: Spindler/Stilz, Art. 38, Rn. 3; *Hopt*, ZGR 2000, 779, 779 ff.

48 Vgl. *Lieder*, Der Aufsichtsrat im Wandel der Zeit, S. 636.

Firms ist offenbar eine Abkehr des monistischen Boards hin zu einer Trennung der Personalunion des CEO und des Chairman aus den genannten Gründen erkennbar.[49] In vielen Ländern Europas, wie Frankreich, Italien und Portugal, und auch bei der Societas Europaea (SE) hat sich hingegen – und das nach anglo-amerikanischen Vorbild - das Optionsmodell durchgesetzt, bei welchem sich die Aktiengesellschaft für eines der beiden Systeme entscheiden muss.[50] Die Diskussion um das überlegene Modell verebbt allerdings zusehends, da beide Gestaltungsweisen sich in der Praxis wohl als funktionsfähig erwiesen haben.[51]. Dies verwundert hinsichtlich der verstärkten Trennung von CEO und Chairman in den monistischen Boards außerhalb der SE.[52] Bei der großen Aktienrechtsnovelle 1884 hat sich der Gesetzgeber trotz großer Kritik am Aufsichtsrat für das Two-Tier-System entschieden, da er erkannte, dass das Problem eben im Mangel der klaren Abgrenzung der Organe und nicht in seiner Funktion lag.[53]

Die Möglichkeit der Inanspruchnahme durch die Gesellschaft im Falle von Verletzungen der Überwachungspflichten durch Einführung einer schadensersatzauslösenden Norm war nach der Trennung von Geschäftsführung und Aufsichtsrat im Jahr 1884 unabdingbar. Wann eine solche Pflichtverletzung vorliegt, wird schon im ADHGB 1894 anhand des Kriteriums der *„Sorgfalt eines ordentlichen Geschäftsmanns“* festgestellt, Art. 226 Abs. 1 ADHGB 1884. Dieser Haftungsmaßstab ist vom Grundsatz her in § 93 Abs. 1 S. 2 AktG bis heute erhalten geblieben. Auch der Deutsche Corporate Governance-Kodex weist in Ziff. 3.8 auf die Beachtung der Regeln ordnungsgemäßer Geschäftsführung hin. Die Frage nach der Beurteilung dieses weitestgehend unbestimmten Sorgfaltsmaßstabes stellt sich jedoch immer wieder erneut. Dies insbesondere, da die Anforderungen an den Aufsichtsrat durch große Firmenskandale seit dem Millenniumjahr 2000 gestiegen sind. Bei der Untersuchung der Bilanzfälschungen wie beispielsweise bei Enron[54],

49 *Plagemann/Rahlmeyer*, NZG 2015, 895, 898.
50 *Eberspächer*, in: Spindler/Stilz, Art. 38, Rn. 4.
51 Vgl. *Lieder*, Der Aufsichtsrat im Wandel der Zeit, S. 636.
52 *Fassbach*, AR 2014, 144, 144 f.; *Plagemann/Rahlmeyer*, NZG 2015, 895, 898.
53 Vgl. *Schubert/Hommelhoff*, Hundert Jahre modernes Aktienrecht, S. 458.
54 Bei diesem Skandal wurden Gewinne in den Jahren vor der Insolvenz um 1,2 Milliarden US-Dollar zu hoch ausgewiesen. Bei einer Überprüfung der SEC wurden 30 Milliarden Euro Schulden offenbart (http://www.handelsblatt.com/archiv/beim-groessten-energie-makler-der-usa-sind-milliarden-aus-der-bilanz-verschwunden-der-fall-enron-laesst-noch-viele-fragen-offen/2111594.html; zuletzt abgerufen am 13.08.2019). Kurz vor der Insolvenz wurde an rund 500 Manager eine

Holzmann[55], Parmalat, Infomatex, EMTV und WorldCom - um nur die Bekanntesten zu nennen - wurden gravierende Mängel der Überwachung der Abschlussprüfer festgestellt. Folge dieser Skandale war nicht nur ein verheerender Finanzschaden, sondern dadurch ebenfalls resultierend der Verlust des Vertrauens der Anleger in den Kapitalmarkt. Der Ruf nach mehr Überwachung und Haftung für Fehlentscheidungen wurde laut. Gleichzeitig gingen die Protagonisten der bekannten *„Deutschland AG"*[56] von Bord. Durch die sich anschließende Corporate-Governance-Debatte nimmt der Aufsichtsrat bis heute eine immer wichtigere Rolle ein und ist damit mehr als nur rechtlich notwendig oder gar nur ein gesellschaftliches Meet & Greet. Der Schwerpunkt liegt nunmehr auf Professionalität statt auf Prominenz. Damit einhergehend hat sich auch die Stellung des Aufsichtsrates als reines Überwachungsorgan verändert. Obwohl nach der Kompetenzverteilung des deutschen Aktienrechtes der Aufsichtsrat ein Innenorgan der Überwachung des Vorstandes darstellt[57], erstarkt die Rolle des Aufsichtsrates – insbesondere die Rolle seines Vorsitzenden – zunehmend als vertrauensvoller Partner, welcher der Geschäftsführung beratend beiseite steht.[58] Entsprechend steigt auch die Vergütung deutlich bis in den hohen sechsstelligen Bereich.[59]

---

großzügige Bonuszahlung geleistet (http://www.spiegel.de/wirtschaft/enron-manager-selbstbedienung-vor-dem-zusammenbruch-a-181695.html; zuletzt abgerufen am 13.08.2019). Dies war der teuerste Skandal in der bisherigen Finanzgeschichte.

55 Im Vergleich zu ENRON bestanden hier „lediglich" 1,5 Milliarden DM an Verbindlichkeiten bei Banken (http://www.manager-magazin.de/unter-nehmen/artikel/a-203947-5.html; zuletzt abgerufen am 13.08.2019).

56 Der Begriff wird meist im abwertenden Sinne benutzt. Er bezeichnet eine Art Herrenbund der Wirtschaft, der eng mit Gewerkschaften und der Politik verbunden war. Die Mandatierung nütze dem Networking und den eigenen Kapitalbeteiligungen. Da über 10 Aufsichtsratsmandate einer Person keine Seltenheit waren, war der „Inner-Circle" sehr beschränkt und exklusiv. Altkanzler Gerhard Schröder sah sich einst selbst humorvoll als Vorsitzender der Deutschland AG, als er sich mit vielen Top-Managern auf eine Asien-Reise begab (vgl. http://www.manager-magazin.de/finanzen/geldanlage/a-166879.html; zuletzt abgerufen am 13.08.2019).

57 *Drinhausen/Marsch-Barner*, AG 2014, 337, 349; *Hambloch-Gesinn/Gesinn*, in: Hölters, § 107 AKtG, Rn. 54; *Hopt/Roth*, in: Großkomm-AktG, § 107 AktG, Rn. 119; *Lutter/Krieger/Verse*, Rechte und Pflichten des Aufsichtsrats, Rn. 284.

58 *Plagemann/Rahlmeyer*, NZG 2015, 895, 898.

59 Die Aufsichtsratsvorsitzenden der DAX-30-Unternehmen haben 2014 insgesamt 85,7 Millionen Euro erhalten. Die Tendenz steigt. 2013 war die Summe um 9,6 % niedriger. Ferdinand Piëch erhielt 1,19 Millionen Euro für seine Dienste als Vorsitzender des Aufsichtsrates der Volkswagen AG.

II. Rechtsgrundlagen des Aufsichtsrates einer Aktiengesellschaft

Die Rechte und Pflichten des Aufsichtsrates ergeben sich aus verschiedenen und auch in ihrer Art unterschiedlichen Rechtsquellen. Hierzu zählen: das Aktiengesetz und die Mitbestimmungsgesetze, das europäische Recht, der Deutsche Corporate Governance Kodex und die gesellschaftseigene Satzung.[60] Diese Rechtsquellen werden im Folgenden im Hinblick auf ihre Regelungen zum Aufsichtsrat beleuchtet.

1. Nationale Rechtsquellen

Aktiengesellschaften sind in dem noch heute geltenden Aktiengesetz vom 06.09.1965 geregelt. Die Rechte und Pflichten des Aufsichtsrates sind größtenteils in den §§ 95 – 116 AktG angesiedelt. Die Überwachungspflicht der Aufsichtsratsmitglieder ist in § 111 Abs. 1 AktG normiert. § 116 AktG bestimmt ihre Sorgfaltspflicht in Bezug auf diejenige des Vorstandes nach § 93 AktG.[61] Neben dem Aktiengesetz sind die allgemeinen Gesetze, wie beispielswiese das BGB, und als weitere nationale Rechtsquellen das Einführungsgesetz zum Aktiengesetz und Rechtsverordnungen auf Grund des Aktiengesetzes relevant.[62] Hinsichtlich der Arbeitnehmermitbestimmung im Aufsichtsrat wurden mit dem MitbestG vom 04.05.1976 weitreichende Regelungen getroffen. Weitere arbeitnehmerfreundliche Gesetze wurden mit dem Montan-MitbestG, dem MitbestErgG, dem MgVG und dem DrittelbG erlassen. Von großer Bedeutung ist überdies die richterliche und rechtswissenschaftliche Rechtsfortbildung, wie im Gesellschaftsrecht üblich.[63]

2. Gemeinschaftsrechtliche Rechtsgrundlagen

Änderungen des Aktiengesetzes beruhen oft – bzw. fast immer – auf Richtlinien, die von der Europäischen Union erlassen worden sind.[64] Das gesamte deutsche

---

60 Vgl. *Habersack*, in: MüKo AktG, Vorb. zu Teil 4, Rn. 6 ff.

61 Eine detaillierte Auflistung der einzelnen Vorschriften des AktG zum Aufsichtsrat findet sich bei *Habersack*, in: MüKo AktG, Vorb. zu Teil 4, Rn. 6.

62 *Körber*, in: Bürgers/Körber, Einleitung, Rn. 11.

63 *Körber*, in: Bürgers/Körber, Einleitung, Rn. 11.

64 *Bürgers/Körber*, in: Bürgers/Körber, § 90 AktG, Rn. 12, mit einer Auswahl in Rn. 14-21d, u.A.: Publizitätsrichtlinie, Zweigniederlassungsrichtlinie, Kapitalrichtlinie, Jahresabschluss-, Konzernabschluss- und Abschlusspüferrichtlinie, Aktionärsrechterichtlinie und Bilanzrichtlinie.

Gesellschaftsrecht ist durch darauf beruhende Reformgesetze geprägt.[65] Dies liegt auch daran, dass die Kompetenzen über das Gesellschafts- und Unternehmensrecht zum Zwecke der Vereinheitlichung durch Art. 50 Abs. 2 lit. g, 54 AEUV der Europäischen Union zugewiesen wurden.[66] Wie im sonstigen nationalen Recht sind auch die europäischen Richtlinien für bereits geltendes Recht relevant, so dass Gesetze immer vor diesem Hintergrund konform auszulegen sind.[67] Es bedarf also nicht in jedem Fall der Umsetzung in das nationale Recht, womit die Richtlinien nicht nur mittelbaren Einfluss auf das Recht der Aktiengesellschaften haben.

3. Deutscher Corporate Governance Kodex

Regelungen über den Aufsichtsrat und seine Überwachungspflichten finden sich auch im Deutschen Corporate Governance Kodex (DCGK). Dieser Kodex, der übersetzt eine *Art „Unternehmensverfassung“* darstellt, legt den rechtlichen und faktischen Ordnungsrahmen für die Leitung und Überwachung eines Unternehmens aus.[68] Kurz gefasst ist der DCGK ein *„Regelwerk guter und verantwortungsvoller Unternehmensführung“*[69]. Er richtet sich hauptsächlich an börsennotierte Unternehmen, empfiehlt jedoch auch die Umsetzung in Unternehmen, die ihre Anteile außerhalb der Börse handeln.[70]

Der DCGK hat als Folge der weltweiten Bilanzskandale die Aufgabe, das Vertrauen in den Kapitalmarkt der internationalen und nationalen Anleger, der Kunden, der Mitarbeiter und der Öffentlichkeit in *die „Qualität der Unternehmensführung“*[71] deutscher Aktiengesellschaften zu fördern.[72] Hierbei war die Holzmann-Krise letztlich ausschlaggebend für die Gründung der Regierungskommission Corporate Governance im Mai 2000, die den DCGK herausgibt.[73] Bevor der DCGK eingeführt wurde, arbeiteten einige andere Länder Corporate

---

65 *Saenger*, Gesellschaftsrecht, S. 37.

66 *Körber*, in: Bürgers/Körber, Einleitung, Rn. 12.

67 Vgl. EuGH, NJW 1994, 2473, 2474.

68 *Von Werder*, in: Ringleb/Kremer/Lutter/v.Werder, 1. Teil, Vorbemerkung, Rn. 1.

69 Präambel des DCGK, auch: *Bürkle*, BB 2007, 1797, 1797 ff.; *Langenbucher*, Aktien- und Kapitalmarktrecht, S. 12.

70 Siehe Präambel des DKGC.

71 So die damalige Bundesministerin *Brigitte Zypries* in einer Rede vom 17.06.2005.

72 *Peltzer*, Deutsche Corporate Governance, S. 1; *Runte/Eckert*, in: Bürgers/Körber, § 161 AktG, Rn. 67.

73 *Frodermann/Becker/Henn-Frodermann-Jannott*, Handbuch des Aktienrechts, S. 8.

Governance Kodizes aus.[74] Gerade im angelsächsischen Raum besitzt Corporate Governance eine längere Tradition als in Deutschland, wobei hier ebenfalls Unternehmenskrisen unterschiedlicher Größe die Ursache waren.[75] Gerade für internationale Anleger sind solche Kodizes ein Entscheidungskriterium, denn das Fehlen eines solchen wird oft als Defizit empfunden.[76] Der DCGK ist kein Gesetz, keine Rechtsverordnung oder Satzung[77] und auch kein Handelsbrauch[78] oder Gewohnheitsrecht[79].[80] Seine Rechtsqualität ist umstritten, da er von einer Kodex-Kommission veröffentlicht wird und ihm daher kein parlamentarischer Beschluss zu Grunde liegt.[81] Allerdings verpflichtet § 161 AktG börsennotierte Gesellschaften dazu, einmal kalenderjährlich (a.A.: Geschäftsjahr[82]) eine Erklärung darüber abzugeben, ob den Empfehlungen der Regierungskommission Deutscher Corporate Governance Kodex entsprochen wurde. Damit ist nach überwiegender Meinung auch die Verfassungsmäßigkeit des Kodex gegeben.[83]

---

74 Bspw.: Kanada (CoCo 1995), Großbritannien (Cadbury Report 1992, Greenbury Report 1995 und Hampel Report 1998), USA (SOX 2002).

75 *Runte/Eckert*, in: Bürgers/Körber, § 161 AktG, Rn. 89.

76 *Obermaier*, in: FS zum 65. Geburtstag von Horst Wildemann, Unternehmensführung und Corporate Governance, S. 261, 264.

77 OLG München, WM 2009, 658, 659.

78 OLG Schleswig, BB 2004, 1187, 1189; a.A. *Peltzer*, NZG 2002, 10, 11, der die Corporate Governance Kodices damit als *„Quelle kaufmännischer Übung"* sieht.

79 OLG Schleswig, BB 2004, 1187, 1189; *Lutter*, in: Kölner Komm. AktG, § 161 AktG, Rn. 11; *Vetter*, in: Henssler/Strohn, § 161 AktG, Rn. 4.

80 *Buck-Heeb/Dieckmann*, Selbstregulierung im Privatrecht, S. 101.

81 *Lutter*, in: Kölner Komm. AktG, § 161 AktG, 21.

82 Bei enger Auslegung könnte sowohl ein Bericht am 01.01.2015 und der nächste am 31.12.2016 veröffentlicht werden. Vom Sinn und Zweck her ist eher von einem regelmäßigen 12-monatigen Turnus auszugehen, so auch: *Hirte/Gaube*, Das Transparenz- und Publizitätsgesetz, S. 17; *Kirschbaum*, in: Heidel, § 161 AktG, Rn. 31; *Schüppen*, ZIP 2002, 1269, 1272.

83 *Buck-Heeb/Dieckmann*, Selbstregulierung im Privatrecht, S. 102; *Hanfland*, Haftungsrisiken im Zusammenhang mit § 161 AktG und dem Deutschen Corporate Governance Kodex, S. 85–900; *Heintzen*, ZIP 2004, 1933, 1933 ff.; *Kirschbaum/Wittman*, JuS 2005, 1062, 1064 f.; *Wernsmann/Gatzka*, NZG 2011, 1001. Die a.A. sieht den DCGK als verfassungswidrig an, da er von einem privaten Expertengremium stammt, zu dessen Zusammensetzung auch § 161 AktG keine Auskunft gibt. Siehe dazu: *Lutter*, in: Kölner Komm. AktG, § 161 AktG, Rn. 21; *Seibt*, AG 2002, 249; *Seidel*, ZIP 2004, 285; *Spindler*, in: K.Schmidt/Lutter, § 161 AktG, Rn. 11. *Kort* vertritt die resignierende Ansicht, dass sich die verfassungsrechtliche Zulässigkeit auf Grund der *„normativen Kraft des Faktischen"* nicht zu bezweifeln lohnt (*Kort*, in: FS K. Schmidt,

§ 161 AktG legt das sog. „*comply-or-explain-Prinzip*“[84] zu Grunde. Ein weiterer Grundgedanke ist darüber hinaus die Schaffung von Transparenz, denn nur durch offene Kommunikation mit den verschiedenen Teilen der Aktiengesellschaft kann das Vertrauen der Stakeholder geschaffen oder vertieft werden.[85]

Die Kodex-Kommission ist verpflichtet, den Kodex ständig weiterzuentwickeln und ihn in regelmäßigen Abständen zu überprüfen und ggf. anzupassen.[86] Damit hat er im Rahmen seiner Ordnungsfunktion die Möglichkeit, Standards guter und verantwortungsvoller Unternehmensführung zu setzen.[87]

Hinsichtlich der Überwachungspflicht empfiehlt der DCGK in Ziff. 5.3.2 die Einrichtung eines Prüfungsausschusses, der sich „*insbesondere mit der Überwachung des Rechnungslegungsprozesses, der Wirksamkeit des internen Kontrollsystems, des Risikomanagementsystems und des internen Revisionssystems, der Abschlussprüfung, hier insbesondere der Unabhängigkeit des Abschlussprüfers, der vom Abschlussprüfer zusätzlich erbrachten Leistungen, der Erteilung des Prüfungsauftrags an den Abschlussprüfer, der Bestimmung von Prüfungsschwerpunkten und der Honorarvereinbarung sowie der Compliance befasst.*“ Nach Ziff. 3.4 und 4.1.2. DCGK soll der Vorstand die strategische Ausrichtung der Gesellschaft mit dem Aufsichtsrat „*abstimmen*“.[88] Durch die Empfehlungsqualität des DCGK ergibt sich jedoch keine allgemeine Überwachungspflicht[89], zumal es sich hierbei auch um keine richtige Rechtsquelle handelt und eine generelle Pflichtenbindung durch den DCGK auf Grund dieses Charakters mangels expliziten parlamentarischen Beschlusses zu weit ginge. Etwas anderes gilt jedoch für Gesellschaften, die sich durch Aufnahme der Kodexempfehlungen in der Satzung daran binden.[90] Im Rahmen der Sorgfaltspflicht des § 93 Abs. 1 AktG könnte der DCGK jedoch als Maßstab für die Sorgfalt eines ordentlichen und

---

Corporate Governance-Grundsätze als haftungsrechtlich relevante Verhaltensstandards, S. 945, 950).

84 *Goette*, in: MüKo AktG, § 161 AktG, Rn. 9; *Hölters*, in: Hölters, § 161 AktG, Rn. 1; *Spindler*, in: K.Schmidt/Lutter, § 161 AktG, Rn. 2.

85 *Von Werder*, in: Ringleb/Kremer/Lutter/v.Werder, 2. Teil, Präambel, Rn. 87.

86 Präambel DCGK; *Bachmann*, in: Ringleb/Kremer/Lutter/v.Werder, 2. Teil. Vorb., Rn. 29.

87 *Von Werder*, in: Ringleb/Kremer/Lutter/v.Werder, 2. Teil, Präambel, Rn. 83.

88 *Grigoleit/Tomasic*, in: Grigoleit, § 111 AktG, Rn. 20.

89 Dazu in aller Ausführlichkeit: *Hanfland*, Haftungsrisiken im Zusammenhang mit § 161 AktG und dem Deutschen Corporate Governance Kodex, S. 130–180.

90 *Hanfland*, Haftungsrisiken im Zusammenhang mit § 161 AktG und dem Deutschen Corporate Governance Kodex, S. 131 f.

gewissenhaften Geschäftsleiters herangezogen werden. Dies ist jedoch im Hinblick auf die Art des Kodex nicht zu bejahen, da er weder Gesetz ist oder noch richterlicher Rechtsfortbildung entspringt.[91] Die Einhaltung der Kodexempfehlungen ist jedoch geeignet, einen ersten Anschein dafür wecken, dass die erforderliche Sorgfalt eingehalten wurde, wobei jedoch kein Umkehrschluss gezogen werden darf.[92] Möglicherweise werden sich die Empfehlungen des DCGK aber zukünftig als Standard unternehmerischer Sorgfalt etablieren, so dass zukünftig die Bewertung unternehmerischer Handlungen doch strenger beurteilt wird.[93]

4. Satzung der Gesellschaft

Durch die Satzung können sich Vorschriften ergeben, die vom Aktiengesetz abweichen. Die §§ 95 ff. AktG lassen allerdings kaum Aberrationen über die Aufsichtsratsregelungen zu, da diese zumeist zwingenden Charakter haben.[94] Es besteht jedoch die Möglichkeit, unter anderem die Mitgliederanzahl anzupassen[95] und persönliche Voraussetzungen für die Mitglieder[96] und Entsendungsrechte[97] zu erklären. Auf Grund der Satzungsstrenge sind nur Satzungsregelungen möglich, die das Aktiengesetz vorgibt. Eine Auflockerung der Überwachungspflicht durch die Satzung ist grundsätzlich nicht möglich. Diskutiert wird jedoch eine Auflockerung der Satzungsstrenge de lege ferenda hinsichtlich der Organhaftung im Innenregress.

---

91 *Hopt/Roth*, in: Großkommentar AktG, § 93 AktG, Rn. 149: *„nicht ohne Weiteres“*, also in Ausnahmefällen dennoch Maßstab.

92 *Hanfland*, Haftungsrisiken im Zusammenhang mit § 161 AktG und dem Deutschen Corporate Governance Kodex, S. 106.

93 So auch *Hanfland*, Haftungsrisiken im Zusammenhang mit § 161 AktG und dem Deutschen Corporate Governance Kodex, S. 106 Hierbei nimmt er auch Bezug auf *Buchta*, welcher von einer "*self-fulfilling prophecy*" spricht, DStR 2003, 694, 695.

94 *Habersack*, in: MüKo AktG, Vorb. zu Teil 4, Rn. 7.

95 Die gesetzlich festgelegte Höchstanzahl der Aufsichtsratsmitglieder kann jedoch nicht abbedungen werden: *Lutter/Krieger/Verse*, Rechte und Pflichten des Aufsichtsrats, Rn. 8; *Spindler*, in: Spindler/Stilz, § 95 AktG, Rn. 18 ff.

96 *Spindler*, in: Spindler/Stilz, § 100 AktG, Rn. 46 ff.

97 *Habersack*, in: MüKo AktG, § 101 AktG, Rn. 58 ff.; *Hopt/Roth*, in: Großkomm-AktG, § 101 AktG, Rn. 108; *Israel*, in: Bürgers/Körber, § 101 AktG, Rn. 10.

III. Zusammensetzung des Aufsichtsrates

Um der effektiven Durchsetzung der Überwachungspflicht des Aufsichtsrates Rechnung zu tragen, ist die Zusammensetzung des Aufsichtsrates ebenfalls (spezial-) gesetzlich geregelt. Die Mindestanzahl der Mitglieder eines Aufsichtsrates beträgt nach § 95 Abs. 1 S. 1 AktG grundsätzlich drei. Die Anzahl der Aufsichtsratsmitglieder muss seit der Aktienrechtsnovelle 2016 nur noch durch drei teilbar sein, wenn die Gesellschaft der Mitbestimmung unterliegt, § 95 Abs. 1 S. 3 AktG. Durch eine entsprechende Satzungsänderung kann die Mitgliederzahl erhöht werden, welches angesichts größerer und komplexer Unternehmen zur Wahrung der Überwachungspflichten nur sachgerecht erscheint und sich zudem aus dem Effizienzgebot verpflichtend ergeben kann.[98] Ziff. 5.4.2 DCGK empfiehlt, dass dem Aufsichtsrat nach seiner Einschätzung eine angemessene Anzahl von unabhängigen Mitgliedern angehören soll. Die Anzahl der Aufsichtsräte ist jedoch je nach Grundkapital auf maximal insgesamt 21 Mitglieder gedeckelt, um sog. „*Mammutaufsichtsräte*" zu verhindern.[99] Entsprechend ist es Aufgabe der Hauptversammlung, in den genannten Grenzen zu entscheiden, wie umfangreich die Besetzung des Aufsichtsrates zu sein hat, um eine effektive Überwachung zu gewährleisten.[100]

Die Zusammensetzung der Aufsichtsratsmitglieder hängt davon ab, ob es sich bei der Aktiengesellschaft um eine mitbestimmungsfreie oder mitbestimmte Gesellschaft handelt. Mitbestimmungsfreie Gesellschaften unterliegen keinem Mitbestimmungsgesetz[101], so dass der Aufsichtsrat nicht zum Teil aus Arbeitnehmervertretern bestehen muss. Dies ist bei börsennotierten Gesellschaften kaum denkbar.[102] Greift kein Mitbestimmungsgesetz, werden die Aufsichtsratsmitglieder von der Hauptversammlung bestellt, § 101 AktG. Hierbei handelt es sich jedoch um eine Kann-Vorschrift, wodurch sich der Aufsichtsrat nicht zwingend nur aus Aktionären zusammensetzen muss. Die freiwillige Zuwahl von Arbeitnehmern im Rahmen des Aktiengesetzes ist möglich[103], hat jedoch Ausnahmecharakter.

---

98 *Simons*, in: Hölters, § 95 AktG, Rn. 3; *Spindler*, in: Spindler/Stilz, § 95 AktG, Rn. 2.

99 *Berrar*, NZG 2001, 1113, 1114; *Simons*, in: Hölters, § 95 AktG, Rn. 8.

100 *Mertens*, in: Kölner Komm. AktG, § 95 AktG, Rn. 10 ff.

101 Bspw.: Montan-MitbestG, BetrVG, MitbestG, DrittelbG.

102 *Spindler*, in: Spindler/Stilz, § 96, Rn. 5.

103 *Fabricius*, in: FS Hilger/Stumpf, Erweiterung der Arbeitnehmer-Beteiligung im Aufsichtsrat einer Aktiengesellschaft gem. § 76 BetrVG 1952 auf rechtsgeschäftlicher Grundlage, S. 155, 158; *Habersack*, in: MüKo AktG, § 96 AktG, Rn. 31; *Simons*, in: Hölters, § 96 AktG, Rn. 9.

Mitglieder des Aufsichtsrates können – wie im Falle des Vorstandes – lediglich natürliche und unbeschränkt geschäftsfähige Personen sein, § 100 Abs. 1 AktG. Die Einsetzung einer juristischen Person wäre auf Grund der möglichen eingeschränkten persönlichen Haftung bei Kapitalgesellschaften wegen der eigenen Verantwortung nicht sachgerecht.[104] Aus diesem Grund ist die Überwachung des Vorstandes als Hauptaufgabe des Aufsichtsrates auch persönlich und eigenverantwortlich auszuüben, § 100 Abs. 4 AktG. Um Interessenkollisionen zu vermeiden, empfiehlt der DCGK jedoch, dass nicht mehr als zwei ehemalige Vorstandsmitglieder in den Aufsichtsrat gewählt werden, Ziff. 5.4.2 DCGK. Überdies darf ein Mitglied des Aufsichtsrates weder für ein der Aktiengesellschaft untergeordnetes Unternehmen vertretend tätig sein noch für eine Kapitalgesellschaft, in welcher ein Mitglied des Aufsichtsrates dem Vorstand der AG angehört, § 100 Abs. 2 Nr. 3 AktG; sog. „*Verbot der Überkreuzverflechtung*“[105]. Wird ein ehemaliges Vorstandsmitglied in den Aufsichtsrat berufen, so ist dies nur möglich, sofern dieses zwei Jahre nicht als Vorstand tätig war oder sofern die Wahl auf Vorschlag von Aktionären erfolgte, die mehr als 25 % der Anteile halten, § 100 Abs. 2 Nr. 4 AktG.[106] Um der Verantwortlichkeit in ausreichendem Maße nachkommen zu können, sollte ein Aufsichtsratsmitglied in maximal zehn Aufsichtsräten sitzen, § 100 Abs. 2 Nr. 1 AktG.[107] Für börsennotierte Unternehmen empfiehlt der DCGK sogar eine maximale Anzahl von nur drei konzernexternen Mandaten, Ziff. 5.4.5 DCGK. Da es sich hierbei um starre Zahlen handelt, sollte der jeweiligen Situation und der Belastungsgrenzen des einzelnen Menschen entsprechend Rechnung getragen werden.

Für eine effiziente Überwachung der Vorstandsarbeit sind nach § 107 Abs. 3 S. 1 AktG Ausschüsse zu bestellen.[108] Insbesondere bei größeren Aufsichtsräten ist dies sinnvoll und wird auch vom DCGK empfohlen, Ziff. 5.3 DCGK. Die Ausschüsse bilden sich aus der Mitte des Aufsichtsrates

---

104 *Spindler*, in: MüKo AktG, § 76 AktG, Rn. 105.

105 *Habersack*, in: MüKo AktG, § 100 AktG, Rn. 30 ff.; *Koch*, in: Hüffer/Koch, § 100 AktG, Rn. 14; *Saenger*, Gesellschaftsrecht, Rn. 600; *Spindler*, in: Spindler/Stilz, § 100 AktG, Rn. 25 ff.

106 Zum Umgang mit Interessenskonflikten siehe S.159 ff.

107 Dies soll nach herrschender Lehre nur deutsche Handelsgesellschaften betreffen, *Henssler*, in: Henssler/Strohn, § 100 AktG, Rn. 6; *Koch*, in: Hüffer/Koch, § 100 AktG, Rn. 3; a.A.: Zwar sei die Mandatierung eines ausländischen Mandates sachgerecht, würde aber dem Zweck des § 125 Abs. 1 S. 5 AktG widersprechen, so auch: *Windbichler/Hueck/Hueck*, Gesellschaftsrecht, S. 359.

108 *Lutter/Krieger/Verse*, Rechte und Pflichten des Aufsichtsrats, Rn. 743.

heraus. Er darf nur mit Aufsichtsratsmitgliedern und nicht mit externen Personen besetzt werden.[109] Damit sind die Ausschüsse lediglich bloße Untergliederungen des Aufsichtsrates.[110] § 107 Abs. 3 S.2 unterscheidet zwischen entscheidungsbefugten und nicht-entscheidungsbefugten Ausschüssen. Die Abgrenzung hierbei erfolgt anhand der jeweiligen Aufgabe. Trifft ein nicht entscheidungsbefugter Ausschuss einen Beschluss, so ist dieser unwirksam, solange er nicht vom gesamten Aufsichtsratsplenum bestätigt wurde. Über die gesetzlichen Bestimmungen hinaus darf die allgemeine Überwachungspflicht, Entscheidungen über die innere Ordnung und Arbeitsweise des Aufsichtsrates und die Abgabe der Entsprechenserklärung nach § 161 AktG nicht weiter delegiert werden.[111]

Über die Bildung eines Ausschusses entscheidet nur der Aufsichtsrat.[112] Hauptversammlung und Vorstand ist es nicht gestattet, in die Organisation des Aufsichtsrates eingreifen. Nur der Aufsichtsrat selbst kann durch pflichtgemäße Ausübung seines Ermessens entscheiden, wie er seine Arbeit zweckmäßig einrichtet, um seine gesetzlichen Aufgaben zu bewerkstelligen.[113] Dem Aufsichtsrat obliegt daher auch – wie jedem Organ – die Pflicht zur sachgerechten und effizienten Organisation.[114] Diese Pflicht kann dazu führen, dass sich das Ermessen über die Bildung eines Ausschusses auf null reduziert.[115] Dies ist insbesondere bei Konflikten unter Aufsichtsratsmitgliedern der Fall, die eine sinnvolle Zusammenarbeit verhindern, und bei wiederkehrenden Verstößen gegen die Geheimhaltung.[116] Es ist jedoch wichtig zu betonen, dass es nicht immer „*Best Practice*" ist, diverse Ausschüsse zu gründen, da auch in einem Plenum von drei bis sechs Personen rege diskutiert werden kann.[117] Die Überwachungspflichten dürfen

---

109 *Lutter/Krieger/Verse*, Rechte und Pflichten des Aufsichtsrats, Rn. 765.

110 Eine Ausnahme bildet hierbei der Ausschuss der Aufsichtsräte nach dem MontanMitbestG.

111 *Koch*, in: Hüffer/Koch, § 107 AktG, Rn. 27.

112 *Lutter/Krieger/Verse*, Rechte und Pflichten des Aufsichtsrats, Rn. 761.

113 BGH, NJW 1993, 2307, 2310; BGH, MDR 1982, 554, 554; *Koch*, in: Hüffer/Koch, § 107 AktG, Rn. 228; *Mertens/Cahn*, in: Kölner Komm. AktG, § 107 AktG, Rn. 96.

114 *Habersack*, in: MüKo AktG, § 107 AktG, Rn. 93; *Lutter/Krieger/Verse*, Rechte und Pflichten des Aufsichtsrats, Rn. 743.

115 *Habersack*, in: MüKo AktG, § 107 AktG, Rn. 93; *Hopt/Roth*, in: Großkomm-AktG, § 107 AktG, Rn. 262; *Mertens/Cahn*, in: Kölner Komm. AktG, § 107 AktG, Rn. 114.

116 *Habersack*, in: MüKo AktG, § 107 AktG, Rn. 93.

117 *Hopt/Roth*, in: Großkomm-AktG, § 107 AktG, Rn. 485; *Kremer*, in: Ringleb/Kremer/Lutter/v.Werder, 5.3 Bildung von Ausschüssen, Rn. 932.

jedoch nicht in ihrer Gesamtheit auf einen Ausschuss übertragen werden, da es das *„eigentliche Wesensmerkmal des Aufsichtsrates bildet"*.[118] Bestimmte Maßnahmen aus der Überwachungspflicht können dennoch auf Ausschüsse übertragen werden, wobei die Überwachungspflicht auch dann noch dem Gesamtplenum obliegt.[119] Letztlich kann es unter Umständen eine Pflichtverletzung darstellen, wenn ein Aufsichtsratsmitglied seine Mitwirkung an einem Ausschuss verweigert. Eine Mitarbeit in einem Ausschuss kann zwar nicht grundsätzlich aufgezwungen werden, allerdings gelten hierbei andere Maßstäbe beim (stellvertretenden) Aufsichtsratsvorsitzenden. Auch wenn sie gegen eine Bildung eines Ausschusses stimmen, müssen sie die Mitgliedschaft, sofern angetragen, auch annehmen.[120] Dies gilt neben dem (stellvertretenden) Vorsitzenden auch für besonders qualifizierte Mitglieder.[121] Ist die Qualifikation des Mitgliedes für den Erfolg des Ausschusses relevant, darf eine Mitwirkung nicht abgelehnt werden.[122]

IV. Zusammenfassung

Der Aufsichtsrat wurde auf Grund mangelnder Kontrollfähigkeit des Staates als Überwachungsorgan durch den Gesetzgeber eingeführt. Als eigenständiges Organ ist der Aufsichtsrat seitdem nur der Überwachung des Vorstandes verpflichtet. Der Gedanke des ordentlichen Überwachers wird jedoch stetig weiterentwickelt. Durch gesetzliche Regelungen und den DCGK als Zusammenstellung der Grundsätze ordentlicher Unternehmensführung werden dem Aufsichtsrat neue Überwachungspflichten erteilt. Aber auch durch organisatorische Vorgaben wird das moderate Shareholder-Value-Konzept bewahrt und

---

118 Siehe die Regierungsbegründung zum Gesetzesentwurf von 1965, abgedruckt in: *Kropff*, Aktiengesetz, S. 149.

119 *Mertens/Cahn*, in: Kölner Komm. AktG, § 107 AktG, Rn. 145. Die beiden Verfasser weisen in diesem Rahmen auch darauf hin, dass eine Übertragung einer solchen Pflicht auf einen Ausschuss eine Haftungsentlastung der übrigen Aufsichtsratsmitglieder zur Folge haben kann.

120 *Habersack*, in: MüKo AktG, § 107 AktG, Rn. 129; *Hambloch-Gesinn/Gesinn*, in: Hölters, § 107 AKtG, Rn. 122, wobei auch hier eine Ausnahme gelten soll, sofern der (stellv.) Vorsitzende des Aufsichtsrates bereits übermäßig belastet ist; *Mertens/Cahn*, in: Kölner Komm. AktG, § 107 AktG, Rn. 115.

121 *Habersack*, in: MüKo AktG, § 107 AktG, Rn. 129; *Hambloch-Gesinn/Gesinn*, in: Hölters, § 107 AKtG, Rn. 122.

122 *Habersack*, in: MüKo AktG, § 107 AktG, Rn. 129; *Hambloch-Gesinn/Gesinn*, in: Hölters, § 107 AKtG, Rn. 122.

die Gefahr vor Interessenskonflikten gesenkt. In seiner Entwicklung ist der Aufsichtsrat jedoch nicht nur stiller Beobachter, sondern vielmehr ein vertrauensvoller Partner geworden, mit dem die strategische Ausrichtung der Gesellschaft abgestimmt und fortentwickelt wird. Im folgenden Abschnitt werden die Ausübung der Überwachung nach § 111 AktG und die organisatorischen Möglichkeiten des Aufsichtsrates hinsichtlich der Überwachung dargestellt. In einem Allgemeinen Teil über die Überwachungspflichten werden die Reichweite und der Inhalt der Überwachung eingegrenzt und beschrieben, welchen Sorgfaltsmaßstab der Aufsichtsrat in der jeweiligen Gesellschaftssituation anzusetzen hat.

E. Die Überwachung der Geschäftsführung des Vorstandes im Allgemeinen

„Der Aufsichtsrat hat die Geschäftsführung zu überwachen“. § 111 Abs. 1 AktG normiert die besondere Pflicht des Aufsichtsrates zur Überwachung der Geschäftsführung. Da der Gesetzgeber nicht alle Rechte und Pflichten des Aufsichtsrates im Rahmen der Überwachung in einer einzigen Norm hätte wiedergeben können, erschließt sich ihre bewusste Einfachheit. Somit ist hinsichtlich ihrer Platzierung an vorderster Stelle die Überwachung der Geschäftsführung auch als Kernaufgabe[123] des Aufsichtsrates zu verstehen. Dies ergibt sich auch bereits aus der Historie und dem Sinn und Zweck des Aufsichtsrates. Sie ist neben der Personalkompetenz dic wesentliche Funktion des Aufsichtsrates[124], obschon im Hinblick auf den präventiven Charakter der Personalkompetenz in ihr ebenfalls eine Überwachungspflicht zu sehen ist.[125] Auch in Ziff. 5.1.1. DCGK wird die Bedeutung der Überwachungs- und Beratungspflichten besonders hervorgehoben. Dies versteht sich jedoch als einfache Wiedergabe des Gesetzes.[126] § 111 AktG hat hingegen zwingenden Charakter. Das bedeutet, dass die Satzung keine Aberrationen dieser Regelung zulässt.[127] Der Begriff der Geschäftsführung des § 111 Abs. 1 AktG ist nicht mit demjenigen des § 77 AktG gleichzusetzen.[128] Nicht jede Maßnahme des Vorstandes kann und sollte überwacht werden. Es besteht Einigkeit darüber, dass sich die Überwachung des Aufsichtsrats nur auf Leitungs- oder Führungsentscheidungen des Vorstandes bezieht.[129] Alle Einzelheiten des Tagesgeschäftes sind nicht Bestandteil

123 *Drygala*, in: K.Schmidt/Lutter, § 111 AktG, Rn. 1; *Habersack*, in: MüKo AktG, § 111 AktG, Rn. 1; *Hopt/Roth*, in: Großkomm-AktG, § 111 AktG, Rn. 25; *Lutter/Krieger/Verse*, Rechte und Pflichten des Aufsichtsrats, Rn. 61; *Spindler*, in: Spindler/Stilz, § 111 AktG, Rn. 1.

124 *Habersack*, in: MüKo AktG, § 111 AktG, Rn. 12.

125 So auch *Labbé*, ZCG 2009, 101, 101.

126 *Habersack*, in: MüKo AktG, § 111 AktG, Rn. 7.

127 *Habersack*, in: MüKo AktG, Vorb. zu Teil 4, Rn. 7.

128 *Koch*, in: Hüffer/Koch, § 111 AktG, Rn. 3; *Lutter/Krieger/Verse*, Rechte und Pflichten des Aufsichtsrats, Rn. 71.

129 *Drygala*, in: K.Schmidt/Lutter, § 111 AktG, Rn. 8; *Habersack*, in: MüKo AktG, § 111 AktG, Rn. 12; *Hopt/Roth*, in: Großkomm-AktG, § 111 AktG, Rn. 159; *Koch*, in: Hüffer/Koch, § 111 AktG, Rn. 3; *Spindler*, in: Spindler/Stilz, § 111 AktG, Rn. 9.

der Überwachungspflicht.[130] Hinsichtlich der Beantwortung der Frage, welche Teile der Leitungs- und Führungsentscheidungen der Überwachung bedürfen, können §§ 111 Abs. 2, 90 Abs. 1 AktG herangezogen werden.[131] Danach zählen hierzu die beabsichtigte Geschäftspolitik und andere grundsätzliche Fragen der Unternehmensplanung (Nr. 1), die Rentabilität der Gesellschaft (Nr. 2), der Gang der Geschäfte im Hinblick auf insbesondere den Umsatz und die Lage der Gesellschaft (Nr. 3) und auf Geschäfte, die für die Rentabilität und Liquidität der Gesellschaft von erheblicher Bedeutung sein könnten (Nr. 4). § 111 Abs. 2 AktG verweist auf das Recht zur Einsichtnahme von Büchern und Schriften der Gesellschaft. Im Hinblick auf die Berichtspflichten des Vorstandes nach § 90 Abs. 1 AktG könnten sich abschließende Anhaltspunkte ergeben. Will man jedoch den benannten Zweck des § 111 Abs. 1 AktG erreichen, so muss die Überwachung des Vorstandes darüber hinausgehen.[132] Daher ist allgemein anerkannt, dass hierzu auch die Personalkompetenz zählt, die über die Besetzung und Abberufung der Vorstandsposten nach § 84 AktG hinausgeht.[133] Der Aufsichtsrat hat die Zusammenarbeit des Vorstandes ebenfalls zu überwachen.[134] Über die Berichte hinaus muss der Aufsichtsrat dem Vorstand beratend zur Seite stehen, wobei die Grenzen der Geschäftsführungsbefugnisse des Vorstandes nicht berührt werden dürfen.[135] Im Rahmen seiner Überwachungsfunktion ist der Aufsichtsrat (insbesondere im Hinblick auf die Beratungsfunktion) nicht als Gegner, sondern vielmehr als vertrauensvoller Partner zu betrachten.[136]

---

130 OLG Stuttgart, GWR 2012, 491, 491, Leitsatz Nr. 2: „Es ist grundsätzlich nicht Aufgabe des Aufsichtsrats, einzelne Geschäftsvorfälle, Zahlungseingänge und Buchhaltungsunterlagen zu überprüfen."; mit Hinweis auf das genannte Urteil ebenfalls: Reichert/Ott, NZG 2014, 241, 244.

131 *Drygala*, in: K.Schmidt/Lutter, § 111 AktG, Rn. 12; *Habersack*, in: MüKo AktG, § 111 AktG, Rn. 22; *Hopt/Roth*, in: Großkomm-AktG, § 111 AktG, 162 ff.; *Koch*, in: Hüffer/Koch, § 111 AktG, Rn. 3; *Lutter/Krieger/Verse*, Rechte und Pflichten des Aufsichtsrats, Rn. 66; *Spindler*, in: Spindler/Stilz, § 111 AktG, Rn. 13.

132 *Spindler*, in: Spindler/Stilz, § 111 AktG, Rn. 8.

133 Siehe vertiefend: *Labbé*, ZCG 2009, 101 ff.

134 *Schüppen/Unsöld*, in: MAH Aktienrecht, § 23 Aufsichtsrat, Rn. 19.

135 BGH, NJW 1991, 1830, 1831; BGH, NZG 2006, 712, 714; *Hasselbach*, NZG 2012, 41, 46 ff.; *Lutter*, Information und Vertraulichkeit im Aufsichtsrat, Rn. 20; *Lutter/Krieger/Verse*, Rechte und Pflichten des Aufsichtsrats, Rn. 103 ff.; *Semler*, Leitung und Überwachung der Aktiengesellschaft, Rn. 249 ff.; *Spindler*, in: Spindler/Stilz, § 111 AktG, Rn. 10.

136 *Hasselbach*, NZG 2012, 41, 44.

I. Begriff der Überwachung

Die Instrumente der Überwachung des Vorstandes werden regelmäßig in zwei Kategorien eingeordnet. Die Unterteilung erfolgt in die vergangenheitsbezogene und in die zukunftsbezogene Überwachung.[137] Im Folgenden wird diese Unterscheidung näher beleuchtet und der Begriff der zukunftsbezogenen Überwachung kritisch beäugt.

1. Vergangenheitsbezogene Überwachung

Hauptsächlich überwacht der Aufsichtsrat den Vorstand in rückblickender Art und Weise. Das bedeutet, dass er abgeschlossene Vorgänge der Geschäftsführung – insbesondere den Jahresabschluss nach § 171 AktG – der Gesellschaft auf Einhaltung ihrer Sorgfaltspflichten überprüft.[138] Hierbei greift er hauptsächlich auf die Berichte des Vorstandes nach § 90 AktG zurück.[139] Aber auch aus anderen Quellen können sich Verdachtsmomente auf Verstöße ergeben, die den Aufsichtsrat zur Untersuchung des Vorfalles verpflichten. Oft sind es auch die Informationen des Abschlussprüfers, externer Beauftragter oder die von „*Whistleblowern*"[140], die eine Untersuchung notwendig machen. Die Schwelle für einen Anfangsverdacht liegt nicht hoch. Es reichen schon eine Pressemitteilung, Gerüchte im Unternehmen, Kundenbeschwerden oder Eingaben von Lieferanten.[141]

2. Zukunftsbezogene Überwachung

Als Aufgabe und Pflicht des Aufsichtsrates innerhalb der zukunftsbezogenen Überwachung steht schwerpunktmäßig die Beratung des Vorstandes bei Entscheidungen über die künftige Unternehmenspolitik.[142] Darüber hinaus ist es mittlerweile anerkannt, dass der Aufsichtsrat die Funktion und die Zuverlässigkeit des Compliance-Management-Systems des Vorstandes auf seine Plausibilität

137 Vertretend für alle: *Habersack*, in: MüKo AktG, § 111 AktG, Rn. 29 ff.

138 *Habersack*, in: MüKo AktG, § 111 AktG, S. 29 f.; *Hambloch-Gesinn/Gesinn*, in: Hölters, § 111 AktG, Rn. 5; *Koch*, in: Hüffer/Koch, § 111 AktG, Rn. 5.

139 *Koch*, in: Hüffer/Koch, § 111 AktG, Rn. 5.

140 Der Begriff steht umgangssprachlich für „Enthüller" und stammt aus den 1980er Jahren. Engl.: to blow the whistle. Vertiefend: *Baur/Holle*, AG 2017, 379, 379 ff.

141 Vergleiche die Auflistung von *Fuhrmann*, AG 2015, 328, 328.

142 *Bürgers/Israel*, in: Bürgers/Körber, § 111 AktG, Rn. 4,BB 1991, 1068, 1068.

und Effizienz zu überprüfen hat.[143] Auch das Setzen von Zustimmungsvorbehalten nach § 111 Abs. 4 S.2 AktG über Entscheidungen des Vorstandes, die in der Zukunft liegen, fällt unter die zukunftsbezogene Überwachung. Nach *Koch* müsse die Überwachung per se in die Zukunft hineinwirken.[144] Der Bundesgerichtshof spricht von einer in die Zukunft gerichteten Kontrolle.[145] Auch der DCGK bestimmt in Ziff. 5.1.1., dass der Aufsichtsrat in zukünftige Entscheidungen einzubinden ist. Entsprechend liegt der zukunftsbezogenen Überwachung auch eine Einwirkung auf die Zukunft zu Grunde.

Dies scheint freilich nicht selbstverständlich. Immerhin ist das Handeln des Aufsichtsrates stets zukunftsorientiert, um Schaden von der Gesellschaft fernzuhalten. Es ist daher fraglich, ob die Überwachung des Aufsichtsrates strikt in vergangenheits- und zukunftsbezogene Maßnahmen unterschieden werden kann.[146] Jeder Handlung des Aufsichtsrates liegt eine Entscheidung der Vergangenheit zu Grunde. Der Fehler innerhalb eines Compliance-Systems wurde in der Vergangenheit gesetzt. Auch der Inhalt von Beratungen wurde dort bestimmt. Es ist auch keine Überwachung in *„Echt-Zeit“* möglich.[147] Im Rahmen der Ausübung der Personalkompetenz überwiegt vielleicht der präventive Charakter, allerdings sind die Voraussetzungen, die es erst bei der Anstellung zu gewährleisten gilt, in der Vergangenheit gesetzt worden oder ohnehin Standard. Der Begriff der zukunftsorientierten Überwachung wirkt somit wie ein *„Blick in die Glaskugel“*.

---

143 *Fuhrmann,* AG 2015, 328, 328; *Lutter/Krieger/Verse,* Rechte und Pflichten des Aufsichtsrats, Rn. 75.

144 Den Begriff der „zukunftsbezogenen Überwachung“ vermeidend: *Koch,* in: Hüffer/Koch, § 111 AktG, Rn. 13.

145 BGH, DStR 1991, 848, 848.

146 *Henssler* beispielsweise benennt (ähnlich wie *Koch*) keine zukunftsbezogene Überwachung. Nach ihm erfolgt die Überwachung schwerpunktmäßig vergangenheitsbezogen, greife aber zugleich präventiv (siehe: *Henssler,* in: Henssler/Strohn, § 111 AktG, Rn. 9). *Von Falkenhausen* sieht dieses Problem auch in dem Merkmal der *„Zukunftsgerichtetheit“* bei unternehmerischen Entscheidungen. Beispielsweise stützen sich Verfolgungen von Ansprüchen gegenüber Organmitgliedern stets auf Vorgänge in der Vergangenheit, haben jedoch unmittelbare oder mittelbare Auswirkungen auf die Zukunft (*von Falkenhausen,* NZG 2012, 644, 647).

147 So *Spindler,* in: Spindler/Stilz, § 111 AktG, Rn. 13.

II. Pflichtenträger der Überwachungspflicht

Die Überwachung der Geschäftsführung nach § 111 Abs. 1 AktG obliegt dem Aufsichtsrat in seiner Gesamtheit.[148] Nicht jedes Aufsichtsratsmitglied muss die Überwachungspflicht für sich genommen alleine tragen und entsprechend nicht eigenständig und vollumfänglich ausführen. Dies wäre – nicht zuletzt im Hinblick auf die Qualität des Mandates als Nebenamt – auch unmöglich. Werden Teile der Überwachungspflichten auf ein einzelnes Mitglied oder einen Ausschuss übertragen, so befreit sich der Gesamtaufsichtsrat nicht von seiner Haftung im Gesamten.[149] Die gesamte Überwachungspflicht kann als Grundaufgabe des Aufsichtsrates auch nicht auf einen Ausschuss delegiert werden. Vielmehr obliegt es im Rahmen des Unternehmensinteresses jedem Aufsichtsratsmitglied, egal ob Vertreter der Anteilseigner, der Arbeitnehmervertreter oder gerichtlich Bestellten oder Entsandten, dafür Sorge zu tragen, dass das gesamte Organ seiner Überwachungspflicht gerecht wird.[150]

III. Der zu überwachende Personenkreis

Nach § 111 Abs. 1 AktG hat der Aufsichtsrat die Geschäftsführung zu überwachen. Der Begriff der Geschäftsführung wird jedoch nicht näher definiert und bleibt damit zunächst offen. Auch wenn der Begriff nicht mit demjenigen des § 77 AktG identisch ist, wird dieser in der Kommentarliteratur als *„jedwede tatsächliche oder rechtsgeschäftliche Tätigkeit"* für die Gesellschaft definiert.[151] Da dies begrifflich auch dem Vorstand nachgeordnete Ebenen betreffen würde, ist es teilweise noch umstritten, ob die Überwachung des Aufsichtsrates darüber hinaus auch diese einbeziehen soll. Grundsätzlich bezieht sich die Überprüfung der Geschäftsführungsmaßnahmen auf das Handeln des gesamten Vorstandes als Organ, das Handeln einzelner Vorstandsmitglieder, sowie (insbesondere[152]) das Handeln der einzelnen Vorstandsmitglieder untereinander.[153] Letzteres, da diese durch die gemeinschaftliche Haftung zu gegenseitiger Kontrolle verpflichtet

---

148 *Habersack*, in: MüKo AktG, § 111 AktG, Rn. 17; *Hambloch-Gesinn/Gesinn*, in: Hölters, § 111 AktG, Rn. 9; *Spindler*, in: Spindler/Stilz, § 111 AktG, Rn. 30.

149 *Drygala*, in: K.Schmidt/Lutter, § 111 AktG, Rn. 6.

150 *Habersack*, in: MüKo AktG, § 111 AktG, Rn. 17.

151 *Koch*, in: Hüffer/Koch, § 77 AktG, Rn. 3; *Kort*, in: Großkomm-AktG, § 77 AktG, Rn. 3; *Spindler*, in: MüKo AktG, § 77 AktG, Rn. 6.

152 *Spindler*, in: Spindler/Stilz, § 111 AktG, Rn. 8.

153 *Spindler*, in: Spindler/Stilz, § 111 AktG, Rn. 9.

sind.[154] Hierbei ist es unerheblich, ob der Vorstand selbst handelt oder die Maßnahmen durch diesen weiterdelegiert wurden. Im Zentrum der Überwachung steht immer die Verantwortlichkeit des Vorstandes. Im Falle einer Delegation ist jedoch zu prüfen, ob der Beauftragte überhaupt für die ihn übertragenen Aufgaben geeignet (delegationsfähig) ist und dieser auch vom Vorstand entsprechend überwacht wird.[155]

Leitende Angestellte, die Aufgaben nach § 90 Abs. 1 AktG erfüllen, sollen nach herrschender Meinung allerdings nicht durch den Aufsichtsrat überwacht werden.[156] Würde der Aufsichtsrat auch die nachgeordneten Ebenen kontrollieren, könnte sich der Vorstand von seiner Kontroll- und Leitungsaufgabe entlastet sehen.[157] Der Aufsichtsrat hat überdies keine Möglichkeit, die Maßnahmen und Entscheidungen leitender Angestellter zu überwachen. Er hat bei nachgeordneten Ebenen keine rechtliche Einwirkungsmöglichkeit.[158] Es mangelt schon an einer Berichtspflicht leitender Angestellter, da diese nur gegenüber dem Vorstand berichtspflichtig sind.[159] Insbesondere erhält der Aufsichtsrat durch den Vorstand genau die Informationen, die er selbst durch die leitenden Angestellten erhielte, so dass es letztlich kaum einen Unterschied machen würde, ob sich die Überwachungspflicht auch auf diese nachgeordneten Ebenen beziehe.[160] Auch sei eine derart ausgedehnte Überwachung auf Grund der begrenzten zeitlichen

---

154 *Wellhöfer*, in: Wellhöfer/Peltzer/Müller, § 4, Rn. 52.

155 *Hopt/Roth*, in: Großkomm-AktG, § 111 AktG, Rn. 256; *Mertens/Cahn*, in: Kölner Komm. AktG, § 111 AktG, Rn. 26.

156 *Habersack*, in: MüKo AktG, § 111 AktG, Rn. 21, 24; *Lutter*, ZHR 159 (1995), 287, 290; *Lutter/Krieger/Verse*, Rechte und Pflichten des Aufsichtsrats, Rn. 70; *Mertens/Cahn*, in: Kölner Komm. AktG, § 111 AktG, Rn. 26; *Säcker/Rehm*, DB 2008, S. 2814, 2819; *Vetter*, in: Marsch-Barner/Schäfer, § 26, Rn. 7; a.A.: *Koch*, in: Hüffer/Koch, § 111 AktG, Rn. 3.

157 *Lutter/Krieger/Verse*, Rechte und Pflichten des Aufsichtsrats, Rn. 70.

158 *Habersack*, in: MüKo AktG, § 111 AktG, Rn. 9; *Lutter/Krieger/Verse*, Rechte und Pflichten des Aufsichtsrats, Rn. 71.

159 *Huthmacher*, Pflichten und Haftung der Aufsichtsratsmitglieder, S. 29; *Mertens/Cahn*, in: Kölner Komm. AktG, § 111 AktG, Rn. 126: Der Verfasser merkt auch an, dass aus oben genanntem Grund dem Streit zu viel Aufmerksamkeit gewidmet wird, da sich die Überwachung sicherlich auf persönliche und unmittelbare Handlungen eines Vorstandsmitgliedes beziehe. Weiterhin: *Semler*, Die Überwachungsaufgabe des Aufsichtsrats, S. 24.

160 *Huthmacher*, Pflichten und Haftung der Aufsichtsratsmitglieder, S. 28.

Möglichkeiten des Aufsichtsrates als Nebenamt abzulehnen.[161] Nach *Semler* läge bei der Überwachung der leitenden Angestellten sogar ein Verstoß gegen das Geschäftsführungsverbot des § 111 Abs. 4 S. 1 AktG vor, da die Unternehmenskontrolle alleinige Aufgabe des Vorstandes sei.[162] Andere Teile der Literatur befürworten allerdings die Überwachung leitender Angestellter bzw. dem Vorstand nachgeordneter Ebenen.[163] Hierbei sei entscheidend, welche Tätigkeiten ausgeübt wurden, da nicht jede nachgeordnete Ebene überwacht werden müsse, sondern nur solche, die mit der Leitungskompetenz des Vorstandes betraut seien.[164]

Der erstgenannten Ansicht ist zuzustimmen. Im Falle von Fehlentscheidungen tritt die Haftung des delegierenden Vorstandsmitgliedes in Kraft, wobei eine Verletzung der Überwachungs- und Anleitungspflicht in Betracht kommt.[165] Würde der Aufsichtsrat zu einer ausgedehnten Überwachung verpflichtet sein, könnte sich ein pflichtwidrig delegierender und kontrollierender Vorstand darauf berufen, dass der Schaden nicht entstanden wäre, wenn der Aufsichtsrat seiner Überwachungspflicht nachgekommen wäre.[166] Dies ist nicht sachgerecht. Im Rahmen der Führung braucht es klare Verantwortlichkeiten. Der Vorstand hat die alleinige Geschäftsführungsbefugnis und ist damit Herr über alle relevanten Entscheidungen. Außerdem müsste der Aufsichtsrat mangels Informationspflicht leitender Angestellter sämtliche relevanten Informationen selbst einholen. Ohne Ankündigung bestimmter Maßnahmen könnte der Aufsichtsrat damit fehlgeneigten Entscheidungen überhaupt nicht entgegenwirken. Überdies hat der Aufsichtsrat im Hinblick auf die nachgeordneten Ebenen keine Möglichkeit der Einwirkung, da beispielsweise Zustimmungsvorbehalte lediglich hinsichtlich des Vorstandes wirken. Auch andere Sanktionsinstrumente bleiben

---

161 *Huthmacher*, Pflichten und Haftung der Aufsichtsratsmitglieder, S. 29; *Steinbeck*, Überwachungspflicht und Einwirkungsmöglichkeiten des Aufsichtsrats in der Aktiengesellschaft, S. 42.

162 *Semler*, Die Überwachungsaufgabe des Aufsichtsrats, S. 24.

163 *Grigoleit/Tomasic*, in: Grigoleit, § 111 AktG, Rn. 12; *Hopt/Roth*, in: GroßkommAktG, § 111 AktG, Rn. 252; *Koch*, in: Hüffer/Koch, § 111 AktG, Rn. 4; *Spindler*, in: Spindler/Stilz, § 111 AktG, Rn. 9.

164 *Grigoleit/Tomasic*, in: Grigoleit, § 111 AktG, Rn. 12; *Hopt/Roth*, in: GroßkommAktG, § 111 AktG, Rn. 252; *Koch*, in: Hüffer/Koch, § 111 AktG, Rn. 4; *Spindler*, in: Spindler/Stilz, § 111 AktG, Rn. 9.

165 Vgl. *Habersack*, in: MüKo AktG, § 111 AktG, Rn. 25.

166 Vgl. *Habersack*, in: MüKo AktG, § 111 AktG, Rn. 25; *Lutter/Krieger/Verse*, Rechte und Pflichten des Aufsichtsrats, Rn. 70.

dem Aufsichtsrat außerhalb des Vorstandsbereiches verwehrt. Damit ist schon ersichtlich, dass der Gesetzgeber die Geschäftsführungsbefugnis des Vorstandes nicht durch Einmischung des Aufsichtsrates bei leitenden Angestellten schmälern wollte. Letztlich gefährdet die Überprüfung nachgeordneter Ebenen die vertrauensvolle Zusammenarbeit zwischen Vorstand und Aufsichtsrat.

Dem Grunde nach handelt es sich bei dem Streit jedoch nur um *law in the books.* In der Praxis kommt es im Rahmen der Überprüfung der Funktionsfähigkeit von Compliance-Organisationen zu einer Überprüfung der dem Vorstand nachgeordneten Ebenen.[167] Ansonsten würde der Aufsichtsrat kaum Kenntnis davon haben, ob überhaupt ein solches System etabliert wurde oder funktionstüchtig ist.[168] Hierbei wird jedoch in erster Linie nicht die nachgeordnete Riege überwacht, sondern die Arbeit des Vorstandes.

IV. Delegationsverbot hinsichtlich der Überwachungspflicht

Die Verteilung eigener Aufgaben und Pflichten auf nachgeordnete Ebenen kann ein Mittel zur Haftungsreduzierung darstellen.[169] Auf Grund des höchstpersönlichen Charakters der Überwachungsaufgabe ist jedoch die grundsätzliche Delegation der Überwachungspflicht ausgeschlossen.[170] Es besteht insoweit ein Delegationsverbot. Immerhin handelt es sich bei der Überwachungspflicht um die Kardinalspflicht eines Aufsichtsrates, derer sich zu entledigen bedeuten würde, die persönliche Amtsausführung gänzlich aufzugeben.

1. Ausschluss externer Beratung auf Grund eines Delegationsverbotes

Auf Grund der Vielfalt unternehmerischer Entscheidungen kann es nicht jedem Aufsichtsratsmitglied möglich sein, seiner Überwachungspflicht detailgetreu nachzukommen. Aus diesem Grund gestattet § 111 Abs. 2 S. 2 AktG die Einsetzung von Sachverständigen, wobei die Überwachung hierbei noch immer eine höchstpersönliche Pflicht bleibt. Die Beauftragung muss daher inhaltlich genau bestimmt sein, denn der allgemeine Auftrag des Aufsichtsrates darf nicht berührt

167 *Koch*, in: Hüffer/Koch, § 111 AktG, Rn. 4.

168 *Koch*, in: Hüffer/Koch, § 111 AktG, Rn. 4.

169 *Schulze,* NJW 2014, S. 3484, 3484.

170 *Habersack*, in: MüKo AktG, § 111 AktG, Rn. 49; *Koch*, in: Hüffer/Koch, § 111 AktG, Rn. 17.

werden.[171] Bei der Einholung von Rechtsrat oder anderen Gutachten liegt daher kein Fall einer Pflichtendelegation vor.[172] Nach dem *Gabler Wirtschaftslexikon* wird die Delegation als die *„Übertragung von Kompetenz (und Verantwortung) auf hierarchisch nachgeordnete Einheiten“* definiert.[173] Externe Berater sind als selbstständige Dritte somit keine nachgeordneten Ebenen. Im Rahmen der Aufsichtsratsarbeit kommen als externe Berater beispielsweise Personalberater bei der Suche nach einem neuen Vorstandsmitglied, bei der Stellungnahme hinsichtlich eines Übernahmeangebots (§ 27 Abs. 1 WpÜG) die Fairness Opinion einer Wirtschaftsprüfungsgesellschaft oder Investmentbank und bei Fragen über die Rechtmäßigkeit von Vorstandsbeschlüssen auch der Rat eines Rechtsanwaltes in Betracht.[174] Die Einschaltung externer Berater bedingt nicht, dass der Aufsichtsrat im Rahmen des Themas völlige Unkenntnis vorweisen muss, wobei dies auch nicht vertreten wird. Unterstellt, der Aufsichtsrat würde in seiner Gesamtheit jedoch über die notwendige Expertise verfügen, so ist die Übertragung der Prüfung dennoch statthaft.[175] Obschon hierbei hohe Kosten entstehen können ist zu beachten, dass das Aufsichtsratsmandat ein Nebenamt ist und eventuell sehr umfangreiche Analysen viel zu zeitaufwändig wären. Überdies kann es sogar vorteilhaft sein, trotz eigener Expertise ein externes Gutachten einzuholen, welches durch das eigene Fachwissen gut überprüft und womöglich sogar ergänzt werden kann.

Der Ansicht *Deckers*[176], dass die Expertise per se notwendig sein müsse, wenn das Organ nicht selbst über die fachliche Qualifikation verfüge, ist daher nicht zuzustimmen. Demnach wäre sachkundiger Rat nur einzuholen, sofern ernsthafte Zweifel oder Unsicherheiten bestehen.[177] Dies kann für den Aufsichtsrat aus oben genannten Gründen nicht gelten. Es wäre jedoch sachgerecht, würden sich die Anforderungen an die Plausibilitätsprüfung bei entsprechender Fachkenntnis erhöhen.

---

171 BGH, NJW 1983, S. 991, 991; *Habersack*, in: MüKo AktG, § 111 AktG, Rn. 75; *Hoffmann-Becking*, ZGR 2011, 136 ff.; *Spindler*, in: Spindler/Stilz, § 111 AktG, Rn. 46.

172 A.A. ohne nähere Begründung: *Henssler*, in: Henssler/Strohn, § 111 AktG, Rn. 24.

173 Siehe http://wirtschaftslexikon.gabler.de/Definition/delegation.html; zuletzt abgerufen am 13.08.2019.

174 *Krieger*, ACQ IV/2012, 13, 13.

175 *Bürgers/Israel*, in: Bürgers/Körber, § 111 AktG, Rn. 14; *Habersack*, in: MüKo AktG, § 111 AktG, Rn. 71; *Hopt/Roth*, in: Großkomm-AktG, § 111 AktG, Rn. 424; *Spindler*, in: Spindler/Stilz, § 111 AktG, Rn. 46.

176 *Decker*, GmbHR 2014, 72, 74.

177 *Decker*, GmbHR 2014, 72, 74.

Neben dem Recht, sachverständige Hilfe heranzuziehen, besteht auch die Pflicht des Aufsichtsrates zur Beauftragung Dritter, sofern die eigenen Kenntnisse in der jeweiligen Situation nicht ausreichend sind, um die Aufgaben ordnungsgemäß zu erledigen.[178] Ebenfalls ist eine Beauftragung verpflichtend, sofern innerhalb des Gremiums Bedenken geäußert werden und eine fehlerhafte Maßnahme schwerwiegende Folgen für die Gesellschaft hätte.[179] Es kann zu Schadensersatzansprüchen führen, sofern der Gesellschaft durch die unterbliebene Einschaltung von Sachverständigen ein Schaden entsteht, da der Aufsichtsrat bestimmten Maßnahmen des Vorstandes zugestimmt oder diese nicht verhindert hat, die er bei ordnungsgemäßer Sorgfalt hätte unterbinden müssen, §§ 116 S. 1, 93 Abs. 1 AktG.[180]

Da die Überwachungspflicht weiterhin dem Aufsichtsrat obliegt, kann er sich nicht ohne weiteres durch fremde Gutachten freizeichnen. Wie jeder Schuldner muss auch das Aufsichtsratsmitglied für einen (Rechts-)Irrtum einstehen, sofern er schuldhaft gehandelt hat. Es stellt sich, insbesondere vor dem Hintergrund etwaig fehlender Sachkunde, mithin die Frage, ab wann schuldloses Handeln vorliegt. Die Maßstäbe an die Exkulpation sind hierbei streng. Beruft sich das Mitglied auf eine falsche Einschätzung der (Rechts-)Lage, auf blindes Vertrauen, auf Empfehlungen Dritter oder die Unabhängigkeit und fachliche Qualifikation des Beraters, so befreit es sich dadurch nicht.[181] Der Bundesgerichtshof hat mit seiner Ision-Entscheidung[182] die Voraussetzungen an die entsprechende Exkulpation definiert. Dem Urteil lag eine Entscheidung eines Vorstandes zur Kapitalerhöhung mittels Verzichts auf die Rückgabe geliehener eigener Aktien der Gesellschaft zu Grunde. Mit der Frage der Rechtmäßigkeit dieser Maßnahme wurde eine Rechtsanwaltskanzlei beauftragt, deren Auskunft sich jedoch als falsch erwies.[183] Diese Voraussetzungen sollen im Folgenden dargestellt werden.

2. Offenlegung der erforderlichen Unterlagen

Um eine ordentliche Auskunft eines externen Beraters überhaupt zu ermöglichen, muss der Aufsichtsrat diesem alle notwendigen Informationen bereitstellen. Die Notwendigkeit der Information unterliegt der objektiven Bestimmung,

178 *Krieger*, ACQ IV/2012, 13, 14.
179 BGH, CCZ 2012, 76, 78.
180 *Krieger*, ACQ IV/2012, 13, 14.
181 *Selter*, AG 2012, 11, 11 ff.
182 BGH, ZIP 2011, 2097.
183 BGH, ZIP 2011, 2097.

wobei sich Art und Umfang am jeweiligen Prüfungsgegenstand orientieren.[184] Unterlässt der Aufsichtsrat die Herausgabe bestimmter Informationen aus seiner Unwissenheit heraus, so setzt der schuldlose Rechtsirrtum nach *Strohn* voraus, dass auch der Irrtum über die notwendigen Informationen schuldlos sein muss.[185] *Strohn* verweist darauf, dass es die Pflicht des Geschäftsleiters sei, den Umfang mit dem Gutachter zu bestimmen.[186] *Krieger* wendet in einer kritischen Stellungnahme zu *Strohn* allerdings zu Recht ein, dass im Normalfall der Berater selbst am besten wisse, auf welche Informationen es ihm ankomme.[187] Den notwendigen Umfang kann der Aufsichtsrat nur dann erfassen, sofern er über die notwendige Expertise verfügt. Dies wird in den meisten Fällen jedoch nicht der Fall sein, weshalb eine solche Voraussetzung den schuldausschließenden Rechtsirrtum bei komplexeren Materien um ein Vielfaches erschwert. Vielmehr kann nichts anderes gelten als bei der normalen Einholung einer rechtsanwaltlichen Expertise.[188] Der Auftraggeber hat die Situation in der Weise zu schildern, dass sich der Beauftragte ein genaues Bild von der Situation machen kann. Der Aufsichtsrat darf sich dann darauf verlassen, dass etwaig relevante Informationen vom Berater selbst eingeholt werden.[189] Unterlässt der Berater dies, so handelt er und nicht der Aufsichtsrat pflichtwidrig. Eine Zurechnung aufgrund einer Stellung als Erfüllungsgehilfe nach § 278 BGB findet nur im Rahmen der Erfüllung von Verträgen mit außenstehenden Dritten statt. Durch eine Beratung der Gesellschaft wird der Berater jedoch in deren Pflichtenkreis tätig.[190] Werden allerdings Informationen vorenthalten, von deren Relevanz der Auftraggeber wusste oder hätte wissen müssen, und dies für den Berater nicht erkennbar sein konnte, so kann er sich nicht freizeichnen, wenn diese Information beurteilungserheblich ist.[191] Dies bedeutet, dass die Beurteilung nur auf Grund der vorenthaltenen Information zu einem gänzlich anderen Ergebnis gekommen wäre.[192]

---

184 *Strohn*, ZHR 176 (2012),137, 139.

185 *Strohn*, ZHR 176 (2012), 137, 139.

186 *Strohn*, ZHR 176 (2012), 137, 139.

187 *Krieger*, ZGR 2012, 496, 499.

188 *Hahn/Naumann*, CCZ 2013, 156, 161.

189 So auch: *Binder*, AG 2012, 885, 893; *Binder*, ZGR 2012, 757, 771; *Krieger*, ZGR 2012, 496, 499.

190 BGH, AG 2011, 876, 877.

191 *Decker*, GmbHR 2014, 72, 76; *Hahn/Naumann*, CCZ 2013, 156, 161.

192 *Decker*, GmbHR 2014, 72, 76; *Hahn/Naumann*, CCZ 2013, 156, 161.

Es empfiehlt sich auf Grund späterer Beweisschwierigkeiten in Bezug auf einen unverschuldeten Rechtsirrtum daher, dass die zur Verfügung gestellten Informationen im Gutachten aufgelistet werden.[193]

3. Auswahl eines fachlich qualifizierten Berufsträgers

Welcher Sachverständige heranzuziehen ist, steht im unternehmerischen Ermessen und wird zumeist, per Beschluss des Plenums, dem Aufsichtsratsvorsitzenden überlassen.[194] Dieses Ermessen beschränkt sich jedoch nur auf Sachverständige, die die notwendigen Qualifikationen aufweisen können.[195] Sind diese nicht fachlich ausreichend qualifiziert, begründet sich an dieser Stelle schon eine Pflichtverletzung durch fehlerhafte Ausübung des Auswahlermessens.[196] Beispielsweise ist der Aufsichtsrat bei der Suche nach einem neuen Vorstand frei, sich der Unterstützung einer Personalberatung zu bedienen. Hierbei sind ihm jedoch Grenzen bei der Auswahl des richtigen Beraters gesetzt, da die meisten Personalberatungen unterschiedliche Tätigkeitsschwerpunkte haben. So ist eine Personalberatung, die sich ausschließlich auf Fach- und Führungskräfte und nicht auf Executive Search spezialisiert hat, nicht für die Suche nach einem neuen CEO qualifiziert. Der Aufsichtsrat muss sich daher von der Qualifikation des Beauftragten vergewissern.[197] Diese Vergewisserung fällt jedoch oft nicht so leicht, wie sie auf den ersten Blick erscheint. Daher wird teilweise eingewendet, dass die Qualifikation häufig kaum zutreffend eingeschätzt werden kann.[198] Zwar könnte anzunehmen sein, dass es auch die Pflicht bestimmter Berufsträger sei, darauf hinzuweisen, dass sie selbst kaum in der Lage wären, den Sachverhalt ausreichend zu beurteilen; allerdings kann dies nicht zu einem unverschuldeten Rechtsirrtum des Auftraggebers führen. Ansonsten könnte dieser sich immer unbillig freizeichnen.

Hahn/Naumann weisen diesem Thema zu Recht geringe Praxisbedeutung zu. Finanzstarke Unternehmen wenden sich hinsichtlich ihrer Belange an größere Wirtschaftskanzleien, denen es an fachlicher und formaler Kompetenz nicht mangeln wird.[199] Dies ist nach eigener Erfahrung aus Gesprächen

---

193 Vgl. *Hahn/Naumann*, CCZ 2013, 156, 162; *Strohn*, ZHR 176 (2012), 137, 162.
194 *Spindler*, in: Spindler/Stilz, § 111 AktG, Rn. 44.
195 *Strohn*, ZHR 176 (2012), 137, 141.
196 *Decker*, GmbHR 2014, 72, 75.
197 OLG Stuttgart, NZG 2010, 141, 144.
198 *Ritter*, in: MAH Aktienrecht, § 24, Rn. 12.
199 *Hahn/Naumann*, CCZ 2013, 156, 160.

mit Vorständen auch deren erste Reaktion, sofern es um die Problematik der Auswahl eines qualifizierten Berufsträgers geht. Gerade große Wirtschaftsprüfungsgesellschaften sind hierbei beliebt, da diese problemunabhängig immer qualifiziert sind. Insofern ist die Frage zu stellen, ob mit diesem pragmatischen Ansatz die Frage der Beauftragung geklärt ist oder ob zu hohe Anforderungen an die Beauftragung kleinerer – wohl aber hochqualifizierter – Anbieter unverhältnismäßig zu Lasten dieser geht. Letztlich könne von einem Rechtanwalt oder Wirtschaftsprüfer erwartet werden, dass dieser nur Beauftragungen annimmt, die seinen Fähigkeiten entsprechen. Insofern sind nicht zu hohe Anforderungen an den Beauftragenden zu stellen. Es reicht aus, wenn dieser plausibel begründen kann, warum er von der fachlichen Kompetenz des Ausgewählten ausging.

4. Keine Interessenkonflikte des Beraters

Ein absolutes Ausschlusskriterium besteht für solche Sachverständige, die durch etwaige andere Beauftragungen im Interessenkonflikt stehen.[200] Der Bundesgerichtshof verlangt daher in ständiger Rechtsprechung einen *„unabhängigen Berater“*[201]. Hierbei kommt es jedoch vordergründig nicht auf die persönliche Unabhängigkeit – also Weisungsgebundenheit –, sondern auf die sachliche Unabhängigkeit an.[202]

An dieser Voraussetzung fehlt es bereits, wenn der Berater mit der Beauftragung eigene Interessen verfolgt oder der Verdacht besteht, dass er unseriös oder käuflich ist.[203] Nach überwiegender Meinung können auch Syndikusanwälte damit beauftragt werden, solange die Beauftragung mit einer ergebnisoffenen Prüfung erfolgt.[204] Anderer Ansicht ist beispielsweise *Selter*, der das Erfordernis der Unabhängigkeit bei Syndikusanwälten für nicht gegeben hält, da sie dem Vorstand unterstellt sind.[205] Auch *Vetter* lehnt dies insbesondere bei *„komplexen und komplizierten Vorgängen, die mit einem hohen Risiko für die Gesellschaft verbunden sind“*, ab.[206] Der herrschenden Meinung ist zuzustimmen, dass der

200 *Spindler*, in: Spindler/Stilz, § 111 AktG, Rn. 44.

201 BGH, DStR 2007, 1174, 1175; BGH, NJW-RR 2011, 1670, 1672; NZG 2012, 672, 673.

202 *Selter*, AG 2012, S. 11, 14; *Vetter*, NZG 2015, 889, 893.

203 *Hahn/Naumann*, CCZ 2013, 156, 160; *Ritter*, in: MAH Aktienrecht, § 24, Rn. 14.

204 *Bicker*, AG 2014, 8, 11; *Binder*, ZGR 2012, 757, 770; *Fleischer*, ZIP 2009, 1397, 1397; *Schäfer*, WM 2012, 1022, 1025; *Strohn*, ZHR 176 (2012), 137, 1403; *Wagner*, BB 2012, 651, 651.

205 *Selter*, AG 2012, 11, 14.

206 *Vetter*, EWiR 2011, 793, 794.

hauseigene Jurist als unabhängig zu bewerten ist. Es liegt nicht im Interesse der Rechtsabteilung, dem Vorstand gutachterlich immer zuzusprechen, sondern darin, den Entscheidungen des Vorstands rechtliche Grenzen aufzuzeigen, um Schaden von der Gesellschaft fernzuhalten.[207]

Der Bundesgerichtshof hat mit seiner Entscheidung vom 28.04.2015 die umstrittene Frage nach der Unabhängigkeit der Berater abschließend geklärt. Für das Kriterium der Unabhängigkeit sei demnach die Beauftragung mit einer ergebnisoffenen Prüfung entscheidend. Es komme daher nicht darauf an, ob der Berater weisungsabhängig ist[208]. Obschon der Bundesgerichtshof sich nicht explizit mit der Frage der Unabhängigkeit der unternehmenseigenen Rechtsabteilung beschäftigte, so können die aufgestellten Grundsätze zumindest für den Vorstand hierauf übertragen werden.[209] Ob dies jedoch auf alle Rechtsfragen des Aufsichtsrates vollkommen zu übertragen ist, mag bezweifelt werden. Entsteht der Gesellschaft ein Schaden, der möglicherweise auf einem pflichtwidrigen Handeln des Vorstandes beruht, sollte grundsätzlich eine externe Kanzlei mit der Fragestellung der Verfolgung dieser Ansprüche beauftragt werden. Wenn auf der einen Seite schon die Weisungsabhängigkeit des Hausjuristen vom Vorstand diskutiert und daher dessen Unabhängigkeit abgelehnt wird, so steht dieser auf Grund dessen per se in einem Interessenkonflikt bei der Beauftragung durch den Aufsichtsrat. Immerhin hat er möglicherweise an der Entscheidung des Vorstandes mitgewirkt und wird daher versuchen, sich selber zu schützen. Hier kann die Exkulpation durch Beauftragung mit einer ergebnisoffenen Prüfung nicht mehr greifen. Insofern steht der Aufsichtsrat nur auf der sicheren Seite, wenn er externe Kanzleien beauftragt.

5. Plausibilitätskontrolle

Nur die Beauftragung eines unabhängigen und fachlich geeigneten Beraters führt jedoch noch nicht zu einem schuldlosen Rechtsirrtum. Liegt das betreffende Gutachten vor, muss eine Plausibilitätsprüfung erfolgen.

---

207 Zustimmend zu: *Fleischer*, NZG 2010, 121, 123.

208 BGH, BB 2015, 1743; *Vetter*, NZG 2015, 889, 893.

209 *Vetter*, NZG 2015, 889, 894.

a. *Formelle Anforderungen an das Gutachten im Rahmen der Plausibilitätskontrolle*

Ob das Gutachten hierfür in schriftlicher Form vorliegen muss, ist indes umstritten. Sicherlich lassen sich komplizierte Sachverhalte kaum nach einer mündlichen Beratung auf ihre Plausibilität überprüfen.[210] Teile der Literatur wollen daher nur in bestimmten Ausnahmefällen, die einem großem Zeitdruck geschuldet sind, eine mündliche Beratung zulassen.[211] *Krieger* stellt sich dagegen, da der Hilfesuchende weniger auf *„einen wissenschaftlichen Text mit möglichst vielen Zitaten aus Rechtsprechung und Literatur"* angewiesen sei als auf eine *„Antwort auf seine Frage"*.[212] Dies bebildert er mit einem ratsuchenden Aufsichtsrat, welcher im Rahmen der Offenlegung von Bestechungsvorgängen oder Kartellverstößen im Unternehmen nicht mit theoretischen schriftlichen Ausführungen überfordert werden will. Vielmehr solle ein Anwalt an der Aufsichtsratssitzung teilnehmen, einen ersten eventuell schriftlichen Überblick geben und sein Wissen sodann in einer mündlichen Diskussion zur Verfügung stellen.[213] Weiterhin stellt er fest, dass sich auch die Strafsenate des Bundesgerichtshofes in schwierigen Fragen durch Berichterstatter mündlich über den Sach- und Streitstand informieren ließen, wobei das Bundesverfassungsgericht dies nicht moniere.[214] Obschon einfache Wege oftmals vorzuziehen sind, sollte hinsichtlich der Form der Einzelfall entscheidend und eine mündliche Beratung nicht von vornherein ausgeschlossen sein. Zu komplexe Fragestellungen lassen sich kaum in mündlicher Art und Weise vom Absender beantworten bzw. vom Empfänger nachvollziehen. Hoher Zeitdruck kann jedoch ein Abwarten auf ein Gutachten unzumutbar machen.[215] Wichtig ist jedenfalls schon aus Gründen der Beweisführung, dass die mündliche Beratung schriftlich festgehalten wird.[216] Dies wird im Rahmen von Aufsichtsratssitzungen regelmäßig der Fall sein.

---

210 *Fleischer,* NZG 2010, 121, 125; *Hahn/Naumann,* CCZ 2013, 156, 162; *Strohn,* ZHR 176 (2012), 137, 142.

211 *Fleischer,* NZG 2010, 121, 125; *Hahn/Naumann,* CCZ 2013, 156, 162; *Strohn,* ZHR 176 (2012), 137, 142.

212 *Krieger,* ZGR 2012, 496, 503.

213 *Krieger,* ZGR 2012, 496, 503.

214 *Krieger,* ZGR 2012, 496, 503.

215 Ebenso differenzierend: *Hahn/Naumann,* CCZ 2013, 156, 162; diese nehmen auch Bezug auf die Ision-Rechtsprechung, die durch einen Umkehrschluss mündliche Beratungen nicht ausschließt, obschon sie sich nicht ausdrücklich dafür ausspricht.

216 Ebenfalls *Strohn,* ZHR 176 (2012), 137, 142.

b. Inhaltliche Voraussetzungen des Gutachtens im Rahmen der Plausibilitätskontrolle

Auf Grund der höchstpersönlichen Überwachungspflicht muss der Aufsichtsrat das Gutachten (oder die mündlich dargereichte Information) selbst auf Plausibilität überprüfen. Das Vertrauen in die Fachkompetenz einer Kanzlei befreit von dieser Prüfung nicht.[217] Die Plausibilitätsprüfung setzt notwendigerweise voraus, dass das Gutachten sorgfältig gelesen wurde.[218] Ist das Gutachten viel zu umfangreich und damit der Informationszweck gefährdet, reicht eine Zusammenfassung des Gutachtens aus, welche alle wichtigen Punkte verständlich erklärt.[219] Gerade im Hinblick auf die Aufsichtsratstätigkeit sollte zumeist eine solche Zusammenfassung verlangt werden.

Die Plausibilitätskontrolle nach der Ision-Entscheidung setzt sich aus einem Dreischritt zusammen. Zunächst müssen die betroffenen Organmitglieder die Anknüpfung der Beratung auf zutreffende und vollständige Tatsachen überprüfen. Danach sind evidente Widersprüche oder Begründungslücken zu erkennen und die Ergebnisse mit den eigenen Erfahrungen aus dem Geschäfts- und Wirtschaftsleben abzugleichen. Letztlich ist zu überprüfen, ob das geprüfte Vorhaben überhaupt vom Gegenstand der Beratung gedeckt ist.[220]

In einer jüngeren Entscheidung des Bundesgerichtshofes[221] zur Vorstandshaftung bei fehlerhaften Auskünften beauftragter Dritter wird an diese Plausibilitätskontrolle jedoch kein so strenger Maßstab angelegt. Stattdessen solle das laienhafte Verständnis des Organmitgliedes maßgeblich sein.[222] Hierbei ist zu fragen, ob dem Berater alle notwendigen Unterlagen zur Bearbeitung zur Verfügung gestellt und ob alle relevanten Fragen zum Sachverhalt widerspruchsfrei beantwortet wurden.[223] Das Organmitglied hat also dafür Sorge zu tragen, dass keine Zweifel an der Richtigkeit der Beratung bestehen. Eventuelle Zweifel am Ergebnis oder an der Herangehensweise des Beraters sind, beispielsweise durch Einholung von Ergänzungsgutachten oder einfachen Nachfragen, zu beheben.[224]

217 BGH, AG 2011, 876, 878.
218 *Strohn*, ZHR 176 (2012), 137, 142.
219 *Strohn*, ZHR 176 (2012), 137, 142.
220 Vgl. Aufzählung von *Hahn/Naumann*, CCZ 2013, 156, 162.
221 BGH, DStR 2015, 1635 ff.
222 BGH, DStR 2015, 1635, 1639; so auch schon vorher *Strohn*, ZHR 176 (2012), 137, 141.
223 BGH, DStR 2015, 1635, 1639.
224 *Spindler*, in: MüKo AktG, § 93 AktG, Rn. 82; *Vetter*, NZG 2015, 889, 894.

Die Plausibilitätskontrolle auf einen Laienmaßstab zu begrenzen ist insbesondere hinsichtlich der Aufsichtsratsarbeit im Nebenamt zu begrüßen. Die Entscheidung des BGH[225] befasste sich mit einer Rechtsauskunft hinsichtlich eines Beratervertrages, der lediglich die Frage eines Zustimmungsvorbehaltes zu Grunde lag, obwohl vielmehr die Frage der Vertretungsbefugnis nach § 112 AktG die entscheidende Rechtsfrage war. Der Aufsichtsrat hätte den Beratervertrag schließen müssen, da es sich beim Vertragspartner um eine Ein-Personen-Gesellschaft handelte, mit der ein Vorstandsmitglied wirtschaftlich identisch war, § 112 AktG. Durch Beschluss des Vorstandes wurde der Beratervertrag geschlossen. Der Aufsichtsrat wurde übergangen. Der Beklagte hatte jedoch vorsorglich Rechtsrat eingeholt. Der Rechtsrat beinhaltete allerdings nur die Notwendigkeit eines Zustimmungsvorbehaltes, welcher zu Recht verneint wurde. Die zwingende Auseinandersetzung mit der Vertretungsbefugnis nach § 112 AktG sparte das Gutachten hierbei aus. Das Berufungsgericht sah Mängel hinsichtlich der Vollständigkeit des Gutachtens, welche dem Beklagten bei der Plausibilitätsprüfung hätte auffallen müssen. Hierbei entlastete der Bundesgerichthof den Beklagten jedoch zu Recht. Von einem nicht rechtskundigen Organmitglied kann keine juristische Auseinandersetzung auf Vollständigkeit aller Möglichkeiten erwartet werden. Vielmehr durfte es davon ausgehen, dass das Gutachten alle Möglichkeiten aufzeigt. Mit dem Ergebnis durfte sich der Beklagte zufriedengeben.

Würde hierbei ein strengerer Maßstab – wie nach der Ision-Rechtsprechung[226] – gelten, müsste für hundertprozentige Plausibilität demnach eine *„second opinion"* eingeholt werden.[227] Dies ist wiederum sehr aufwändig, verzögert das Treffen wichtiger und zeitnah erforderlicher Entscheidungen und ist letztlich, gerade im Hinblick auf kleinere Unternehmen, sehr kostspielig. Der Praxis ist die neue Rechtsprechung zuträglicher. Sie berücksichtigt, dass Vorstands- bzw. Aufsichtsratsmitglieder nicht in jedem Fachgebiet kundig sein können und sich auf die

225 BGH, DStR 2015, 1635 ff.

226 BGH, CCZ 2012,76 ff. Der BGH hat die Frage nach der Notwendigkeit eines Zweitgutachtens zwar offengelassen, allerdings würde man sich damit tatsächlich exkulpieren können.

227 So *Schneider*, nach welchem eine zweite Meinung eingeholt werden sollte, sofern Zweifel an der Verlässlichkeit der Auskunft bestehen. Zwar gibt ein zweites Gutachten noch immer keine totale Sicherheit, allerdings wird der *„Vorwurf der Pflichtwidrigkeit [...] haltlos"*: *Schneider*, DB 2011, 99, 103. Anderer Ansicht ist *Wagner*, der keine Befreiung annimmt, wenn sich *„die Experten allesamt geirrt haben"*, *Wagner*, BB 2012, 651, 652.

Expertise von Fachkräften stützen müssen, sofern kein offensichtlicher Widerspruch erkennbar ist. Dies ist auch billig, da unabhängig von der Entlastung des Organmitgliedes der Berater für die falsche oder zumindest mangelhafte Beratung einzustehen hat, §§ 675 Abs. 1, 611 Abs. 1, 280 Abs. 1 S. 1 BGB.

Bedenkt man, dass die strenge Plausibilitätsprüfung den Anforderungen des IDW PS 322 an den Abschlussprüfer gleicht, sofern dieser den Rat von Sachverständigen bewertet[228], so kann dies der Arbeit des Aufsichtsrates nicht gerecht werden. Es ist auch hier wieder hervorzuheben, dass das Amt des Aufsichtsrates ein Nebenamt ist. Höhere Anforderungen an die Plausibilitätsprüfung sind daher nur zu stellen, sofern das in Anspruch genommene Aufsichtsratsmitglied über Fachkenntnisse verfügt, die in dem entsprechenden Fall von Relevanz sind. Insofern weitet sich in diesem Fall die Prüfung auf den Inhalt der Materie aus.[229] Ob eine Plausibilitätsprüfung stattgefunden hat, ist vom in Anspruch genommenen Organmitglied darzulegen und zu beweisen.[230] Wird das Organmitglied in Anspruch genommen, so kann dieses beim gleichfalls haftenden Berater regredieren, § 426 BGB.[231]

6. Delegation einzelner Überwachungspflichten auf einen Ausschuss

Die Einrichtung von Ausschüssen innerhalb des Aufsichtsrats ist nach § 107 Abs. 3 AktG ausdrücklich zugelassen. In Ziff. 5.3.1 DCGK wird die Ausschussbildung sogar empfohlen. Da sich der Aufsichtsrat je nach Umfang der Gesellschaft kaum intensiv mit allen Bereichen einzeln auseinandersetzen kann[232], ist dies auch zur Steigerung der Effizienz geboten.[233] Im Rahmen der Pflicht zur sachgemäßen Organisation kann sich die Ausschussbildung sogar zu einer Pflicht verdichten.[234] In einem Ausschuss können Organmitglieder mit konkret geeigneten Fachkenntnissen intensiv zusammenarbeiten und ihre Ergebnisse dem gesamten Aufsichtsrat vorstellen. Allerdings kann die Überwachungspflicht hierbei nicht im Ganzen konkret übertragen werden, da diese

228 *Wagner,* BB 2012, 651, 652.

229 BGH CCZ 2012, 76 ff.

230 *Vetter,* NZG 2015, 889, 893.

231 *Hahn/Naumann,* CCZ 2013, 156, 163.

232 *Cahn,* WM 2013, 1293, 1301.

233 *Cahn,* WM 2013, 1293, 1299; *Habersack,* in: MüKo AktG, § 107 AktG, Rn. 92.

234 *Habersack,* in: MüKo AktG, § 107 AktG, Rn. 93; *Hopt/Roth,* in: Großkomm-AktG, § 107 AktG, Rn. 262.

grundsätzlich dem Gesamtplenum obliegt.[235] Dies schließt jedoch nicht aus, dass die Überwachung bestimmter Teile der Geschäftsführung durch einen Ausschuss intensiviert wird.[236] Die Ausschussbildung dient lediglich der (Arbeits-) Entlastung des Gesamtplenums, welches sich jedoch auf Grund des Vertrauensgrundsatzes auf die Richtigkeit der Vorarbeit der Ausschüsse verlassen darf.[237] Könnte diese Überwachungsfunktion durch Ausschussbestellung gemindert werden, so *„hätte der Aufsichtsrat seinen Namen nicht verdient."*[238] Werden Teile der Überwachungsaufgabe zur Vorbereitung an einen Ausschuss delegiert, so kann sich der restliche Aufsichtsrat nicht von der Haftung freizeichnen, wenn dieser eine Schlechtleistung ablegt. Der restliche Aufsichtsrat hat die durch den Ausschuss eingeholten Informationen selbst zu verifizieren und muss die Ergebnisse auf ihre Plausibilität hin überprüfen.[239] Eine Verletzung der Organisationspflicht kann vorliegen, sofern der Ausschuss unwirksam gebildet wurde und das Plenum sich im Rahmen seiner Beschlussfassung auf dessen Vorbereitungen verlässt.[240] Der Vertrauensgrundsatz greift hierbei nicht.[241] Typische Ausschüsse sind der Präsidialausschuss, der Personalausschuss, der Finanzausschuss, der Prüfungs- und Kontrollausschuss und (in Banken) der Kreditausschuss.[242] Durchaus sachgemäß geht der Trend derzeit auch zur Errichtung eines Compliance-Ausschusses.[243]

V. Inhalt der Überwachungspflichten

§ 111 AktG bestimmt lediglich, dass der Aufsichtsrat den Vorstand zu überwachen hat. Einen Anhaltspunkt, welche Geschäfte der Aufsichtsrat zu überwachen hat, spart die Norm aus. Da die Arbeit des Aufsichtsrates maßgeblich von den Berichten des Vorstandes abhängig ist, kann sich der Inhalt der

---

235 *Lutter/Krieger/Verse*, Rechte und Pflichten des Aufsichtsrats, Rn. 746.

236 *Habersack*, in: MüKo AktG, § 107 AktG, Rn. 143; *Hopt/Roth*, in: Großkomm-AktG, § 107 AktG, Rn. 371; *Lutter/Krieger/Verse*, Rechte und Pflichten des Aufsichtsrats, Rn. 746.

237 Vertieft zum kapitalmarktrechtlichen Vertrauensgrundsatz: *Fleischer*, ZIP 2009, 1397.

238 Etwas streng, aber dem Grunde nach vollkommen richtig: *Hommelhoff*, in: FS Winfried Werner, Zur Kreditüberwachung im Aufsichtsrat, S. 315.

239 *Cahn*, WM 2013, 1293, 1299 f.

240 *Busekist/Keuten*, CCZ 2016, 119, 125.

241 *Busekist/Keuten*, CCZ 2016, 119, 125.

242 *Gabrysch*, in: Kompendium Gesellschaftsrecht, § 3, Rn. 661.

243 Hierzu ausführlich: *Busekist/Keuten*, CCZ 2016, 119, 119 ff.

Überwachungspflicht zunächst auf den Katalog des § 90 AktG beschränken.[244] Demnach hat der Vorstand dem Aufsichtsrat über die beabsichtigte Geschäftspolitik und andere grundsätzliche Fragen der Unternehmensplanung (Nr. 1), die Rentabilität der Gesellschaft (Nr. 2), den Gang der Geschäfte (Nr. 3) und über Geschäfte, die für die Rentabilität oder Liquidität der Gesellschaft von erheblicher Bedeutung sein könnten (Nr. 4), zu berichten.

1. Beabsichtigte Geschäftspolitik und andere grundsätzliche Fragen der Unternehmensplanung

Nach § 90 Abs. 1 Nr. 1 AktG hat der Vorstand den Aufsichtsrat über seine beabsichtigte Geschäftspolitik und andere grundsätzliche Fragen der Unternehmensplanung zu unterrichten. Die Pflicht zur Festlegung der Geschäfts- und Unternehmenspolitik ergibt sich aus der Leitungsverantwortung des Vorstandes nach § 76 Abs. 1 AktG.[245] Die beabsichtigte Geschäftspolitik umfasst daher Fragen in Bezug auf die Geschäftsfelder Erfolgspotentiale, Kernkompetenzen und Wettbewerbsvorteile der Gesellschaft.[246] Über die Geschäftspolitik und deren Berichte entscheidet der Vorstand im pflichtgemäßen Ermessen[247]. Inwiefern eine pflichtgemäße Berichterstattung nach Nr. 1 vorliegt, ist nicht vorgegebenen und daher an den Umständen des Einzelfalls zu messen.[248] In der Literatur wird richtigerweise vertreten, dass größere M&A-Transaktionen[249] und die Budgetplanung[250] für das jeweils aktuelle Geschäftsjahr grundsätzlich berichtspflichtig sind. Unverzichtbar ist auch die sog. „*Follow-Up*"-Berichterstattung, bei welcher der Aufsichtsrat sich darüber informieren lässt, ob von der letztjährig beabsichtigten Geschäftspolitik abgewichen wurde.[251] Diese Abweichungen sind dem Aufsichtsrat zu erläutern.[252] Der Aufsichtsrat darf eine Abweichung nicht

244 *Hopt/Roth*, in: Großkomm-AktG, § 111 AktG, Rn. 162; *Kenze*, NJW 1998, 3309 ff.; *Koch*, in: Hüffer/Koch, § 111 AktG, Rn. 3.

245 *Fleischer*, in: Spindler/Stilz, § 90 AktG, Rn. 17; *Koch*, in: Hüffer/Koch, § 90 AktG, Rn. 4a; *Müller-Michaels*, in: Hölters, § 90 AktG, Rn. 5.

246 *Fleischer*, in: Spindler/Stilz, § 90 AktG, Rn. 17.

247 *Müller-Michaels*, in: Hölters, § 90 AktG, Rn. 5.

248 *Mertens/Cahn*, in: Kölner Komm. AktG, § 90 AktG, 33 f.; *Müller-Michaels*, in: Hölters, § 90 AktG, S. 5; *Spindler*, in: MüKo AktG, § 90 AktG, Rn. 17.

249 *Cahn*, AG 2014, 525, 526; *Müller-Michaels*, in: Hölters, § 90 AktG, Rn. 5.

250 *Kropff*, in: Semler/v.Schenck, § 8, Rn. 64.

251 *Koch*, in: Hüffer/Koch, § 90 AktG, 4c; *Müller-Michaels*, in: Hölters, § 90 AktG, Rn. 6; *Spindler*, in: MüKo AktG, § 90 AktG, Rn. 20.

252 *Spindler*, in: MüKo AktG, § 90 AktG, Rn. 21.

einfach so hinnehmen. Dieser Bericht hat dem Aufsichtsrat mindestens einmal jährlich vorzuliegen, es sei denn, dass sich die Lage der Gesellschaft ändert oder neue Fragen stellen, die eine erneute Berichterstattung notwendig machen, § 90 Abs. 2 Nr. 1 AktG.[253]

2. Rentabilität

Der Vorstand hat den Aufsichtsrat, ausweislich des § 90 Abs. 1 Nr. 2 AktG, auch über die Rentabilität (Verzinsung[254]) der Gesellschaft zu unterrichten. Nur wenn der Aufsichtsrat Kenntnis vom Rentabilitätsbericht hat, kann er sachgemäß über die Bilanzfeststellung und den Gewinnverwendungsvorschlag an die Hauptversammlung entscheiden.[255] Der Rentabilitätsbericht ist demnach von zentraler Bedeutung für die Entscheidung über den Jahresabschluss.[256] Daher ist der Bericht auch in der Sitzung zu erstatten, in welcher über den Jahresabschluss verhandelt wird, § 90 Abs. 2 Nr.2 AktG. Unter Rentabilität wird „*die Kennzahl für den wirtschaftlichen Erfolg des Unternehmens*“ verstanden, die „*sich aus dem Verhältnis des erzielten Gewinns zum eingesetzten Kapital oder Umsatz ergibt*“.[257] In § 90 Abs. 1 Nr. 2 AktG hebt der Gesetzgeber besonders die Berichterstattung über die Eigenkapitalrentabilität hervor. Die Eigenkapitalrentabilität ergibt sich aus der Summe der nach § 266 Abs. 3 HGB auf der Passivseite der Bilanz unter A auszuweisenden Beträge.[258] Nach der herrschenden Meinung sollte der Rentabilitätsbericht jedoch immer auch Informationen über die Gesamtkapitalrentabilität, Umsatzrenditen, Cashflow[259] und die Rentabilität wesentlicher Investitionen beinhalten.[260] Nach einzelnen Stimmen der Literatur soll in börsennotierten

253 *Spindler*, in: MüKo AktG, § 90 AktG, Rn. 21.

254 *Kort*, in: GroßKomm AktG, § 90 AktG, Rn. 48.

255 *Fleischer*, in: Spindler/Stilz, § 90 AktG, Rn. 26.

256 *Kort*, in: GroßKomm AktG, § 90 AktG, Rn. 52.

257 *Fleischer*, in: Spindler/Stilz, § 90 AktG, Rn. 25.

258 *Fleischer*, in: Spindler/Stilz, § 90 AktG, Rn. 25; *Koch*, in: Hüffer/Koch, § 90 AktG, Rn. 5; *Kort*, in: GroßKomm AktG, § 90 AktG, Rn. 48.

259 „Jahresergebnis nach Steuern, zuzüglich Abschreibungen, Wertberichtigungen und Rückstellungen, abzüglich nicht einnahmewirksamer Erträge wie der Auflösung von Rückstellungen und dem Buchgewinn aus Anteilsveräußerungen“: Kort, in: GroßKomm AktG, § 90 AktG, Rn. 50.

260 *Bürgers/Körber*, in: Bürgers/Körber, § 90 AktG, Rn. 10; *Fleischer*, in: Spindler/Stilz, § 90 AktG, Rn. 25; *Koch*, in: Hüffer/Koch, § 90 AktG, Rn. 5; *Kort*, in: GroßKomm AktG, § 90 AktG, Rn. 49 f.; *Mertens/Cahn*, in: Kölner Komm. AktG, § 90 AktG, Rn. 36; *Spindler*, in: MüKo AktG, § 90 AktG, Rn. 26.

Gesellschaften auch über den Gewinn pro Aktie berichtet werden[261]. Der Aufsichtsrat steht daher auf der sicheren Seite, wenn er im Rahmen der Sitzung, die sich mit dem Jahresabschluss befasst, auf die Vollständigkeit der genannten Punkte achtet und ggf. weitere Berichte anfordert.

3. Gang der Geschäfte

Der Aufsichtsrat hat sich auch über den Gang der Geschäfte berichten zu lassen, § 90 Abs. 1 S. 1 AktG. Hierunter werden Informationen zu Umsatz und Lage der Gesellschaft verstanden.[262] Der Bericht muss also über das gesamte operative Geschäft Aufschluss geben.[263] Die gegenwärtige Situation der Gesellschaft muss konkret und begründet dargelegt werden.[264] Hierfür bedarf es einer Planrechnung, deren Soll-Ist-Vergleich durch sachgerechte Gliederung auch aussagekräftig sein muss.[265] Der Aufsichtsrat hat daher streng auf Begründungen des Berichtes zu achten und diese ggf. nachzufordern. Es muss erkennbar sein, warum Soll- und Ist-Zustand auseinanderfallen. Darüber hinaus besteht sinngemäß die Verpflichtung des Vorstandes zur Follow-Up-Berichterstattung.[266] Der Bericht über den Gang der Geschäfte ist dem Aufsichtsrat vierteljährlich vorzulegen, bzw. ist vom Aufsichtsrat einzufordern; bestehen besondere rechtfertigende Gründe, kann bzw. muss sich der Aufsichtsrat öfter berichten lassen.[267]

4. Geschäfte von erheblicher Bedeutung

Der Vorstand hat den Aufsichtsrat nach § 90 Abs. 1 Nr. 4 AktG auch über Geschäfte von erheblicher Bedeutung für die Rentabilität und Liquidität der Gesellschaft zu berichten. Welche Geschäfte darunter fallen, bemisst sich nach der Lage und der Größe der Gesellschaft[268], allerdings auch nach der Art des

---

261 *Fleischer*, in: Spindler/Stilz, § 90 AktG, Rn. 25; *Krieger/Sailer-Coceani*, in: K.Schmidt/Lutter, § 90 AktG, Rn. 17; *Lutter/Krieger/Verse*, Rechte und Pflichten des Aufsichtsrats, Rn. 204.

262 *Spindler*, in: MüKo AktG, § 90 AktG, Rn. 28.

263 *Kort*, in: GroßKomm AktG, § 90 AktG, Rn. 56.

264 *Spindler*, in: MüKo AktG, § 90 AktG, Rn. 28.

265 *Kort*, in: GroßKomm AktG, § 90 AktG, Rn. 56; *Spindler*, in: MüKo AktG, § 90 AktG, Rn. 28.

266 *Spindler*, in: MüKo AktG, § 90 AktG, Rn. 27.

267 z.B. monatlich: *Spindler*, in: MüKo AktG, § 90 AktG, Rn. 28.

268 *Dauner-Lieb*, in: Henssler/Strohn, § 90 AktG, Rn. 14; *Koch*, in: Hüffer/Koch, § 90 AktG, Rn. 14; *Spindler*, in: MüKo AktG, § 90 AktG, Rn. 29.

Geschäftes, seinem Umfang und dem dort beinhalteten Risiko.[269] Maßgeblich ist eine vernünftige kaufmännische Prognose.[270] Zustimmungspflichtige Geschäfte zählen grundsätzlich nicht dazu, da die Beweggründe des Zustimmungsvorbehaltes nicht unbedingt die Rentabilität und Liquidität der Gesellschaft berühren müssen.[271] Der Vorstand hat den Aufsichtsrat rechtzeitig vor Abschluss des Geschäftes zu unterrichten (§ 90 Abs. 2 Nr.4 AktG), damit dieser ausreichend Zeit für eine Stellungnahme hat.[272] Eine Ausnahme kann dann bestehen, wenn ein schneller Abschluss des Geschäftes notwendig und ein Abwarten unvertretbar ist. Im Anschluss muss der Vorstand dann jedoch nachträglich darüber berichten.[273]

VI. Prüfungsmaßstab der Überwachungspflicht

Der Aufsichtsrat hat die Geschäftsführung im Hinblick auf Recht-, Ordnungs-, Zweckmäßigkeit und Wirtschaftlichkeit hin zu überprüfen.[274] Vereinzelt wird auch vertreten, dass soziale Belange ebenfalls einfließen müssten.[275] Bei der Überprüfung darf sich der Aufsichtsrat jedoch nicht als Geschäftsherr „*aufspielen*“, sondern hat den Ermessensspielraum der Geschäftsführung zu berücksichtigen, § 111 Abs.4 S. 1 AktG.[276] Dies bedeutet, dass er nicht verpflichtet ist, *„das Verhalten des Vorstandes allein deswegen zu beanstanden, weil er selbst als Geschäftsherr anders handeln würde“*.[277]

---

269 *Dauner-Lieb*, in: Henssler/Strohn, § 90 AktG, Rn. 14.

270 *Koch*, in: Hüffer/Koch, § 90 AktG, Rn. 7.

271 *Spindler*, in: MüKo AktG, § 90 AktG, Rn. 29.

272 *Dauner-Lieb*, in: Henssler/Strohn, § 90 AktG, Rn. 15; *Spindler*, in: MüKo AktG, § 90 AktG, Rn. 30.

273 *Dauner-Lieb*, in: Henssler/Strohn, § 90 AktG, Rn. 15; *Spindler*, in: MüKo AktG, § 90 AktG, Rn. 30.

274 So unter anderem: BGH, BB 1991, 1068, 1068 f.; *Drygala*, in: K.Schmidt/Lutter, § 111 AktG, Rn. 20; *Grigoleit/Tomasic*, in: Grigoleit, § 111 AktG, Rn. 15; *Koch*, in: Hüffer/Koch, § 111 AktG, Rn. 14; *Lutter*, AG 2008, S. 1, 2; *Lutter/Krieger/Verse*, Rechte und Pflichten des Aufsichtsrats, Rn. 73; *Mertens/Cahn*, in: Kölner Komm. AktG, § 111 AktG, Rn. 14; *Säcker/Rehm*, DB 2008, 2814, 2817; *Semler*, Leitung und Überwachung der Aktiengesellschaft, Rn. 183; *Spindler*, in: Spindler/Stilz, § 111 AktG, Rn. 14.

275 *Heermann*, in: Baumbach/Hueck, § 52 GmbHG, Rn. 87.

276 *Habersack*, in: MüKo AktG, § 111 AktG, S. 96; *Spindler*, in: Spindler/Stilz, § 111 AktG, Rn. 61.

277 *Winter*, in: FS Hüffer, Die Verantwortlichkeit des Aufsichtsrats für "Corporate Compliance", 1103, 1109.

1. Rechtmäßigkeit

Zu der Überwachung der Rechtmäßigkeit gehört selbstredend die Einhaltung des geltenden Rechtes, welches sich aus den oben genannten Rechtsquellen ergibt, sog. Legalitätsprinzip. Hierzu zählt zusätzlich auch die Einhaltung ausländischer Rechtsnormen.[278] Da der Aufsichtsrat die Einhaltung der Pflichten des Vorstandes nach § 93 Abs. 1 AktG überwachen soll, handelt es sich dem Grunde nach immer um eine Rechtmäßigkeitsprüfung.[279] Erlangt der Aufsichtsrat Kenntnis über das Vorliegen oder das Bevorstehen einer rechtswidrigen Handlung, hat er Maßnahmen zu treffen, durch welche die rechtswidrige Handlung geheilt wird oder erst gar nicht aufkeimt.[280] Eine Ausnahme auf Grund ökonomischer Effizienz, also im Fall, dass der Rechtsbruch wirtschaftliche Vorteile mit sich bringt, gibt es nicht.[281] Letztlich wird zur Überwachung der Rechtmäßigkeit gezählt, dass Gewissheit darüber bestehen soll, dass alle Vorstandsmitglieder gleich behandelt werden und dass der Vorstand den satzungsgemäß bestimmten Unternehmensgegenstand nicht auf unzulässige Art und Weise ausdehnt.[282]

2. Ordnungsmäßigkeit

Der Aufsichtsrat hat das Vorstandshandeln auch anhand seiner Ordnungsmäßigkeit zu beurteilen. Darunter ist in erster Linie zu verstehen, dass der Vorstand entsprechend der Komplexität des Unternehmens aufgestellt ist und er das Unternehmen unter Beachtung aller betriebswirtschaftlichen Erkenntnisse und Erfahrungen leiten und steuern kann.[283] Zuvörderst zählt zur sinnvollen Organisation das Planungs- und Rechnungswesen.[284] Hierzu zählt auch die Überwachung der Errichtung eines Compliance-Management-Systems[285] und

278 *Spindler*, in: Spindler/Stilz, § 111 AktG, Rn. 15.

279 *Habersack*, in: MüKo AktG, § 111 AktG, Rn. 42.

280 *Habersack*, in: MüKo AktG, § 111 AktG, Rn. 42; *Koch*, in: Hüffer/Koch, § 111 AktG, Rn. 5; *Winter*, in: FS Hüffer, Die Verantwortlichkeit des Aufsichtsrats für "Corporate Compliance", 1103, 1109.

281 *Drygala*, in: K.Schmidt/Lutter, § 111 AktG, Rn. 20.

282 *Spindler*, in: Spindler/Stilz, § 111 AktG, Rn. 15.

283 *Lutter/Krieger/Verse*, Rechte und Pflichten des Aufsichtsrats, Rn. 79. Dazu sollen insbesondere das Planungs- und Rechnungswesen gehören (*Koch*, in: Hüffer/Koch, § 111 AktG, Rn. 14).

284 *Spindler*, in: Spindler/Stilz, § 111 AktG, Rn. 21.

285 *Habersack*, in: MüKo AktG, § 111 AktG, S. 42; *Kropff*, NZG 2003, S. 346, 350; *Lutter/Krieger/Verse*, Rechte und Pflichten des Aufsichtsrats, Rn. 85; *Spindler*,

eines Risikomanagementsystems nach § 91 Abs. 2 AktG.[286] Da jedoch der Vorstand bei diesen beiden Ausgestaltungen einen weiten Ermessensspielraum hat, beschränkt sich die deren Prüfung auf Plausibilität und Effizienz.[287]

3. Wirtschaftlichkeit

Die Überwachung durch den Aufsichtsrat erstreckt sich auch auf die Wirtschaftlichkeit der Maßnahmen des Vorstandes.[288] Erträge erwirtschaftet nur ein gesundes Unternehmen, welches sich am Markt gegenüber den Mitbewerbern behaupten kann und liquide ist. Der Vorstand hat daher Entscheidungen zu treffen, die der Sicherung der Liquidität, der angemessenen Finanzierung, der Ertragskraft und der Stellung am Markt entsprechen.[289]

4. Zweckmäßigkeit

Hinsichtlich der Zweckmäßigkeit hat der Aufsichtsrat die Unternehmensplanung zu Existenz und dauerhafter Rentabilität zu überprüfen.[290] Nach *Habersack* ist die Zweckmäßigkeit eng verbunden mit dem Prüfungsmaßstab der Wirtschaftlichkeit.[291] Andere Stimmen der Literatur wollen die Zweckmäßigkeit nicht als eigenen Maßstab verstehen, sondern sehen ihn als Unterpunkt des Wirtschaftlichkeitsgebotes.[292] Letztlich ändert die Einstufung als eigener Prüfungsmaßstab oder als Unterpunkt der anderen Kriterien nichts am allgemeinen Prüfungsmaßstab, so dass die genaue Zuordnung dahinstehen kann.

---

in: Spindler/Stilz, § 111 AktG, Rn. 21; *Winter*, in: FS Hüffer, Die Verantwortlichkeit des Aufsichtsrats für "Corporate Compliance", S. 1103, 1108.

286 *Spindler*, in: Spindler/Stilz, § 111 AktG, Rn. 21.

287 *Arnold*, ZGR 2014, 76, 86 ff.; *Bürkle*, BB 2007, 1797, 1800; *Habersack*, AG 2014, 1, 4 f.; *Habersack*, in: FS Stilz, Zur Aufklärung gesellschaftsinternen Fehlverhaltens durch den Aufsichtsrat der AG, 191, 194; *Lutter*, in: FS Hüffer, Aufsichtsrat und Sicherung der Legalität in Unternehmen, S. 617, 617 f.; *Spindler*, in: Spindler/Stilz, § 111 AktG, Rn. 21.

288 *Drygala*, in: K.Schmidt/Lutter, § 111 AktG, Rn. 21; *Koch*, in: Hüffer/Koch, § 111 AktG, Rn. 14; *Lutter/Krieger/Verse*, Rechte und Pflichten des Aufsichtsrats, Rn. 89.

289 *Lutter/Krieger/Verse*, Rechte und Pflichten des Aufsichtsrats, Rn. 89. En détail: *Semler*, Leitung und Überwachung der Aktiengesellschaft, Rn. 191.

290 *Habersack*, in: MüKo AktG, § 111 AktG, Rn. 42; *Koch*, in: Hüffer/Koch, § 111 AktG, Rn. 15.

291 *Habersack*, in: MüKo AktG, § 111 AktG, Rn. 42.

292 *Lutter/Krieger/Verse*, Rechte und Pflichten des Aufsichtsrats, Rn. 90.

Im Rahmen der Beurteilung der Zweckmäßigkeit muss der Aufsichtsrat beachten, dass er sein Ermessen nicht an die Stelle des Ermessens des Vorstandes stellen darf. Er muss auf Grund des Geschäftsführungsverbotes aus § 111 Abs. 4 S. 1 AktG den weiten unternehmerischen Beurteilungs- und Ermessenspielraum des Vorstandes anerkennen, dessen Einhaltung er jedoch voll überprüfen kann. Dazu kann der Aufsichtsrat überprüfen, ob der Sachverhalt durch den Vorstand richtig und vollständig ermittelt wurde.

5. Reputationsrisiko

Als Unterfall der Wirtschaftlichkeit ist das Reputationsrisiko bei Entscheidungen des Vorstandes ebenso zu beurteilen. Der Verlust des Vertrauens der Stakeholder oder Kunden durch als unethisch angesehene legale Entscheidungen kann auf Dauer schwer wiegen, selbst wenn die Maßnahme im ersten Moment durchaus gewinnbringend erscheint. Reputationsrisiken und „*Reputational Risk Management*" sind daher wichtige Compliance-Themen geworden.[293] Hinweise, dass die gute Reputation der Gesellschaft als Teil der Entscheidungsgrundlage des Aufsichtsrates beachtet werden sollte, finden sich auch in der ARAG-Garmenbeck-Entscheidung des Bundesgerichtshofes. Demnach kann der Aufsichtsrat von der Verfolgung von Schadensersatzansprüchen gegen den Vorstand absehen, wenn dies zu Reputationsschäden führen könnte, die schwerer wiegen als die Verfolgung von Schadenersatzansprüchen.[294]

6. Berücksichtigung sozialer Aspekte?

Durch die Regelungen zur Arbeitnehmermitbestimmung liegt es nahe, dass der Aufsichtsrat auch soziale Gesichtspunkte im Rahmen seiner Überwachungstätigkeit berücksichtigen sollte.[295] In der Literatur wird dies jedoch größtenteils – und größtenteils auch ohne Begründung – abgelehnt.[296] Soziale Aspekte sollten

---

293 *Schulz,* BB 2017, 1475, 1477.

294 BGH, NJW 1997, 1926, 1928.

295 So auch ohne Begründung: *Heermann*, in: Baumbach/Hueck, § 52 GmbHG, Rn. 87; *Zöllner/Noack*, in: Baumbach/Hueck, § 52 GmbHG, Rn. 243.

296 *Koch*, in: Hüffer/Koch, § 111 AktG, Rn. 14; *Spindler*, in: Spindler/Stilz, § 111 AktG, Rn. 19 Nach *Habersack* darf die dauerhafte Wahrnehmung sozialer Belange nicht auf Kosten der Rentabilität gehen (*Habersack*, in: MüKo AktG, § 111 AktG, Rn. 42). Anderer Ansicht sind *Zöllner/Noack*, da wohl soziale Belange dem „*wohlverstandenen Interesse*" der Gesellschaft dienen. Allerdings ist diese Begründung, die nicht einmal konkret auf dieses Merkmal bezogen wird, doch wohl ein wenig zu knapp gehalten

dennoch immer in die Entscheidungen einfließen, da diese eng mit dem Reputationsrisiko zusammenhängen. Hierbei ist *Habersack* zuzustimmen, dass im Rahmen des Gebotes der Wirtschaftlichkeit darauf geachtet werden solle, dass die sozialen Belange nicht zu hohe Kosten im Rahmen des Unwirtschaftlichen erzeugen.[297] Der Aufsichtsrat kann dem Vorstand hierbei nicht anlasten, dass er unternehmensbezogen Schwerpunkte im Shareholder Value setzen würde.[298] Den sozialen Aspekten wird zukünftig jedoch mehr Gewicht zu Teil werden. Mit dem 2017 in Kraft getretenen Gesetz zur Stärkung der nichtfinanziellen Berichterstattung der Unternehmen in ihren Lage- und Konzernlageberichten (CSR-Richtlinie-Umsetzungsgesetz) müssen größere Kapitalgesellschaften nach § 289b Abs. 1 HGB zukünftig unter anderem über soziale Aspekte und umweltbezogene Informationen berichten.[299]

VII. Intensität der Überwachung durch den Aufsichtsrat

Welches Ausmaß Art und Umfang der Überwachung durch den Aufsichtsrat annehmen muss, bemisst sich nach der Größe, dem Risikoprofil und den Besonderheiten des Unternehmens.[300] Je größer das Unternehmen ist, desto unübersichtlicher gestalten sich die Entscheidungen des Vorstandes und deren Tragweite. Damit sind auch die Anforderungen an die Überwachung des Vorstandes erhöht. Die Intensität der Überwachung richtet sich weiterhin (natürlich) auch am Zustand der Gesellschaft aus. Bei einer gesunden Gesellschaft kann es ausreichen, wenn der Aufsichtsrat den Jahresabschluss nebst Lage- und Regelberichten des Vorstandes überprüft und diesen dabei berät.[301] Für ein Unternehmen in finanziell desolater (Risiko-)Lage kann allerdings schon ein kleiner Fehler schwere Folgen nach sich ziehen. In diesen Fällen ist eine strengere Überwachung nicht nur angebracht, sondern obligatorisch.[302] Eine derart strenge

---

im Hinblick auf diese Mindermeinung, *Zöllner/Noack*, in: Baumbach/Hueck, § 52 GmbHG, Rn. 243.

297 *Habersack*, in: MüKo AktG, § 111 AktG, Rn. 42.

298 Vgl. *Spindler*, in: Spindler/Stilz, § 111 AktG, Rn. 19.

299 Vertiefend: *Hennrichs/Pöschke*, NZG 2017, 121, 121 f.

300 *Winter*, in: FS Hüffer, Die Verantwortlichkeit des Aufsichtsrats für "Corporate Compliance", S. 1103, 1110.

301 *Winter*, in: FS Hüffer, Die Verantwortlichkeit des Aufsichtsrats für "Corporate Compliance", S. 1103, 1110.

302 OLG Düsseldorf, AG 2013, 171; *Altmeppen*, in: MüKo AktG, § 314, Rn. 21; *Habersack*, in: MüKo AktG, § 111 AktG, Rn. 46; *Hambloch-Gesinn/Gesinn*, in: Hölters,

Überwachung ist in krisenfreien Zeiten allerdings nicht nur nicht notwendig, sondern auch nicht angebracht, da es die vertrauliche Beziehung zwischen Aufsichtsrat und Vorstand beeinträchtigen würde.[303] Eine Ausnahme hiervon machte das OLG Stuttgart[304] im Fall *Piëch*, welches ebenfalls eine intensivere Überwachung außerhalb von Krisenzeiten als verpflichtend annahm, wenn eine Maßnahme mit eheblichen Risiken für die Gesellschaft verbunden ist, wobei die Maßnahme selbstständig eingeschätzt werden müsse. Es entlaste den Aufsichtsrat daher nicht, wenn der Vorstand nicht auf die erhebliche Tragweite einer Entscheidung hinweise. Die Entscheidung wurde vom Bundesgerichtshof bestätigt.[305] Die Einschätzung hinsichtlich des Vorliegens einer etwaigen Risikolage hat hierbei der Aufsichtsrat nicht als Gesamtorgan festzulegen, sondern hat von jedem Einzelnen zu erfolgen.[306] *Semler* schlägt daher zu Recht eine dreifache Abstufung der Überwachungspflicht des Aufsichtsrates vor, die im Folgenden dargestellt wird.[307]

1. Begleitende Überwachung

Im Rahmen der begleitenden Überwachung soll der Aufsichtsrat während des normalen Geschäftsbetriebes ohne Besonderheiten zurückhaltend agieren und lediglich eine allgemeine Kontrolle durchführen. Die Arbeit eines fehlerfrei arbeitenden Vorstandes dürfe der Aufsichtsrat nicht durch überstrapazierte Überwachung beeinträchtigen und dadurch die weiterhin positive Entwicklung des Unternehmens hemmen. Daher seien im Rahmen der begleitenden Überwachung nur die Führungsfunktionen des Vorstandes auf Grundlage seiner Berichte nach § 90 Abs. 1 AktG zu überprüfen.[308]

---

§ 111 AktG, Rn. 20; *Koch*, in: Hüffer/Koch, § 111 AktG, Rn. 15; *Semler*, Leitung und Überwachung der Aktiengesellschaft, Rn. 465.

303 *Winter*, in: FS Hüffer, Die Verantwortlichkeit des Aufsichtsrats für "Corporate Compliance", S. 1103, 1111.

304 OLG Stuttgart, GWR 2012, 156, 156.

305 BGH, CCZ 2013, 174.

306 OLG Stuttgart, GWR 2012, 156, 156, *Koch*, in: Hüffer/Koch, § 111 AktG, Rn. 15.

307 *Semler*, AG 1983, 141, 141; *Semler*, Leitung und Überwachung der Aktiengesellschaft, Rn. 232; zustimmend: OLG Brandenburg, AG 2009, 662 f.; Ablehnend: *Mertens/Cahn*, in: Kölner Komm. AktG, § 111 AktG, Rn. 25, da sich die Stadien nicht so leicht unterscheiden ließen und eine Abstufung im AktG keine Entsprechung fände.

308 *Semler*, Leitung und Überwachung der Aktiengesellschaft, Rn. 232.

2. Unterstützende Überwachung

Sofern sich eine Verschlechterung des Gesellschaftswohles anbahnt, sollen entsprechende Berichte intensiv angefordert und ggf. Zustimmungsvorbehalte beschlossen werden (sog. *unterstützende Überwachung*).[309] Hierbei sei es dem Aufsichtsrat jedoch nicht erlaubt, in die Geschäftsführung des Vorstandes einzugreifen. Vielmehr seien in diesem Fall Zustimmungsvorbehalte in einem derart angemessenen Umfang vorzunehmen, dass die Geschäftsführung faktisch nicht doch durch den Aufsichtsrat ausgeführt wird.[310]

3. Gestaltende Überwachung

Befindet sich die Gesellschaft bereits tief in einer Krisensituation, sollte sich der Aufsichtsrat in einer gestaltenden Überwachungsphase befinden (sog. *gestaltende* oder *führende Überwachung*).[311] Hierbei müsse er die Eignung und Besetzung des Vorstandes überprüfen und ggf. aus seiner Personalhoheit heraus korrigierend einwirken. Zwar habe der Aufsichtsrat dann die höchste Verantwortung innerhalb der Gesellschaft, allerdings habe er nicht die Geschäfte des Vorstandes zu führen, sondern lediglich für einen pflichtgemäß funktionierenden Vorstand zu sorgen. Sobald dies wieder der Fall sei, müsse der Aufsichtsrat wieder begleitend überwachen.[312]

4. Kritik an der Drei-Stufen-Theorie *Semlers*

Folgt man dieser Dreistufentheorie im Groben, so wird sich ein Haftungsfall für den Aufsichtsrat vermeiden lassen. Kritiker werfen der Drei-Stufen-Theorie *Semlers* jedoch vor, dass die einzelnen Stadien nur schwer voneinander zu trennen seien[313] und das Gesetz keine dreigliedrige Überwachungspflicht im Rahmen des § 111 AktG kenne.[314] Ebenso sei für den Haftungsfall eine genaue Feststellung des

309 *Semler*, Leitung und Überwachung der Aktiengesellschaft, Rn. 233.
310 *Semler*, Leitung und Überwachung der Aktiengesellschaft, Rn. 233.
311 *Semler*, Leitung und Überwachung der Aktiengesellschaft, Rn. 233.
312 *Semler*, Leitung und Überwachung der Aktiengesellschaft, Rn. 234.
313 *Mertens/Cahn*, in: Kölner Komm. AktG, § 111 AktG, Rn. 25, wobei die Verfasser im gleichen Absatz eine Intensivierung der Überwachungspflicht bei signifikanter Verschlechterung des Unternehmens bejahen. Dieser Zustand ist dann also doch erkennbar.
314 *Mertens/Cahn*, in: Kölner Komm. AktG, § 111 AktG, Rn. 25; *Huthmacher*, Pflichten und Haftung der Aufsichtsratsmitglieder, S. 74.

Zeitpunktes notwendig, an welchem sich die Phasen ändern, wodurch es zu einem unsachgemäßen Haftungsrisiko komme.[315] Dieser Kritik ist nicht zu folgen. Das Erkennen einer anbahnenden Verschlechterung muss objektiv und im Rahmen der normalen Überwachungstätigkeit möglich gewesen sein. Es spielt daher keine Rolle, dass sich die Gesellschaft faktisch bald in einer Krisensituation befindet, wenn es nicht möglich ist, diese vorauszusehen. Für die Frage pflichtgemäßer Überwachung kann es daher nur auf den Zeitpunkt des Kennenmüssens ankommen und nicht auf den Zeitpunkt realer Verschlechterung des Gesellschaftswohls. Wird eine solche Situation erkannt, sind ohnehin korrigierende Maßnahmen, wie durch die Setzung von Zustimmungsvorbehalten, zu treffen. Insofern ändert sich durch die Dreigliederung nicht viel, zumal die Ausübung der Personalkompetenz regelmäßig ultima ratio ist. Vielmehr gibt die Unterteilung dem Aufsichtsrat sogar einen sicheren Rahmen, an welchem er sich orientieren kann. Daher kann es auch dahinstehen, dass der Gesetzgeber keine ausdrückliche Gliederung der Überwachungspflicht vorgesehen habe. Das Argument, dass der Aufsichtsrat zu jedem Zeitpunkt den Vorstand zu überwachen und die zur Verfügung stehenden Mittel auszuschöpfen habe[316], spricht auch nicht gegen die Dreistufigkeit. Im Rahmen der ersten Stufe erfolgt eine sachgemäße Überwachung, die auch risikoreichen Geschäften entgegenwirkt. Die zweite Phase tritt schon dann in Kraft, wenn sich eine Schieflage, beispielsweise durch ein bevorstehendes sehr risikoreiches Geschäft, anbahnt und der Aufsichtsrat darüber Kenntnis erlangt hat. Auf Grund der Tatsache, dass die von Semler vorgeschlagene Dreistufigkeit vom Prinzip her nur eine Erläuterung der Überwachungspflicht nach § 111 AktG und keine Korrektur oder Erweiterung darstellt, ist den Kritikern Semlers nicht zu folgen.

5. Intensität der Überwachung bei Unternehmenskäufen

Ob intensivere Überwachungspflichten im Rahmen von M&A-Transaktionen bestehen, ist fraglich. *Grooterhorst* bejaht eine solche, da Unternehmenskäufe auf Grund dort enthaltener finanzieller Risiken das *„Fortbestehen der Gesellschaft“* in Frage stellen könnten.[317] Eine intensive Prüfung solle also nicht erst dann geschehen, wenn sich das Unternehmen in einer deswegen ausgelösten Krise befinde, sondern müsse rein präventiv stattfinden. Diese Ansicht ist jedoch abzulehnen. Unternehmenskäufe können nicht als per se risikoreich verallgemeinert werden. Der Zukauf eines großen Konkurrenten wird sicherlich anders zu bewerten sein als das Einverleiben eines kleinen, noch strukturlosen Start-Ups. Ohne bedenkliches

---

315 *Huthmacher*, Pflichten und Haftung der Aufsichtsratsmitglieder, S. 75.
316 *Huthmacher*, Pflichten und Haftung der Aufsichtsratsmitglieder, S. 77.
317 *Grooterhorst,* NZG 2011, 921, 923, 924.

Risiko gibt es keinen Anlass zu einem Eingriff in die Geschäftsführungsbefugnis des Vorstandes. Letztlich sind Maßnahmen mit erheblichen Risiken ohnehin intensiver zu überwachen, so dass es einer allgemeinen Verpflichtung zur intensiveren Überwachung bei Unternehmenskäufen schon nicht bedarf.

VIII. Inhaltliche Reichweite der Überwachungspflicht

Nach § 111 Abs. 1 AktG besteht die Kardinalspflicht des Aufsichtsrates in der *„Überwachung der Geschäftsführung"*. Wie der Begriff der Geschäftsführung im Wesentlichen zu verstehen ist, ergibt sich aus der einfachen Betrachtung der Norm allerdings nicht. Vom reinen Wortlaut her bezieht sich die Überwachung auf die Leitungsfunktion des Vorstandes. Eine darüberhinausgehende Überwachung des Vorstandes wäre damit ausgeschlossen.[318] Da nach § 111 Abs. 2 AktG jedoch auch die Hauptversammlung über Fragen der Geschäftsführung beschließen kann, könnte anzunehmen sein, dass dem Aufsichtsrat dementsprechend auch gegenüber der Hauptversammlung eine Überwachungspflicht obliegt. Auf Grund der strengen Kompetenzabgrenzung kann dies jedoch nicht der Fall sein.[319] Die Überwachung ist von ihrem Sinn und Zweck her auf Handlungen des Vorstandes reduziert. Dies betrifft jedoch nicht die gesamte Geschäftsführung, sondern nur Geschäftsführungsmaßnahmen mit besonderer Bedeutung für die Leitung der Gesellschaft.[320] Nicht jede Handlung bedarf einer Kontrolle. Der Aufsichtsrat muss nicht wie ein *„ständiger Schatten"*[321] über dem Vorstand liegen. Diese restriktive Auslegung ist zum einen notwendig, da ansonsten der Aufsichtsrat ein Leitungsorgan wäre, und zum anderen, da der Nebentätigkeitscharakter der Aufsichtsratsfunktion durch die große Menge an *„kleinen"* Entscheidungen verloren gehen würde.[322] Es reicht daher, wenn der Aufsichtsrat seine *„Kontrolle auf bedeutsame Schwerpunkte der Vorstandstätigkeit"* konzentriert.[323]

---

318 *Spindler*, in: Spindler/Stilz, § 111 AktG, Rn. 6.

319 *Spindler*, in: Spindler/Stilz, § 111 AktG, Rn. 6.

320 *Koch*, in: Hüffer/Koch, § 111 AktG, Rn. 2; *Oetker*, in: Erfurter Kommentar, § 111 AktG, Rn. 2; *Säcker/Rehm*, DB 2008, 2814, 2814 f.

321 *Lutter/Krieger/Verse*, Rechte und Pflichten des Aufsichtsrats, Rn. 67.

322 *Pitkowitz*, Praxishandbuch Vorstands- und Aufsichtsratshaftung, Rn. 145.

323 *Lutter*, Information und Vertraulichkeit im Aufsichtsrat, Rn. 113; *Lutter/Krieger/Verse*, Rechte und Pflichten des Aufsichtsrats, Rn. 67.

IX. Zusammenfassung

Im vorangegangenen Kapitel wurde der Begriff der Überwachung näher beleuchtet und gezeigt, dass sich dieser nur auf den Vorstand und nicht auf diesem nachgeordnete Ebenen bezieht. Auf Grund der Höchstpersönlichkeit des Amtes darf die Überwachungsflicht jedoch nicht an Externe übertragen werden. Allerdings darf sich der Aufsichtsrat durch Andere beraten lassen, die pflichtgemäß ausgewählt wurden. Auf das Ergebnis darf sich der Aufsichtsrat nicht blind verlassen, sondern hat das Ergebnis auf seine Plausibilität und Vollständigkeit hin zu überprüfen. Obwohl der Gesamtaufsichtsrat zur Überwachung verpflichtet ist, können bestimmte Teile der Überwachung auch auf einen Ausschuss des Aufsichtsrates übertragen werden, wobei durch die Pflicht zur selbstständigen Organisation der Überwachung das Ermessen zur Ausschussbildung unter Umständen eingeschränkt sein kann. Je nach Lage der Gesellschaft hat der Aufsichtsrat seine Überwachung zu intensivierten oder zu lockern. Inhaltlich ist zu beachten, dass das Reputationsrisiko als Unterfall der Wirtschaftlichkeitsbetrachtung in die Überwachung einfließen muss und dass die sozialen Aspekte zukünftig mehr Gewicht erhalten. Letztlich hat der Aufsichtsrat nur Entscheidungen des Vorstandes zu überwachen. Die wesentlichen Überwachungsmaßnahmen werden im folgenden Kapitel dargestellt.

F. Die Überwachung der Geschäftsführung im Besonderen

I. Überwachung anhand der Berichte des Vorstandes nach § 90 AktG

Ein Großteil der Überwachung erfolgt durch die Berichte des Vorstandes an den Aufsichtsrat. Nach § 90 AktG hat der Vorstand den Aufsichtsrat in regelmäßigen Abständen (Abs. 2) über die in Abs. 1 genannten Punkte zu unterrichten. Die Berichte umfassen demnach, wie bereits im Rahmen des letzten Kapitels dargestellt, Auskünfte über die beabsichtigte Geschäftspolitik und andere grundsätzliche Fragen der Geschäftspolitik, Rentabilität, Gang der Geschäfte und Geschäfte, die für Rentabilität und Liquidität der Gesellschaft von erheblicher Bedeutung sind. Ohne diese Berichtspflichten hätte der Aufsichtsrat auf Grund der strengen Trennung beider Boards kaum eine Möglichkeit, einen Einblick in die Arbeit des Vorstandes zu erhalten. Diese Berichte bilden demnach die Grundlage jeder Überwachung.[324] Nach *Lutter* hat *„der Aufsichtsrat ein nahezu unbeschränktes Informationsrecht. Was der Vorstand weiß, darf auch der Aufsichtsrat wissen.“*[325]. Die Berichte sind rechtzeitig und in Textform (dazu zählt auch die E-Mail[326]) vorzulegen.[327] Der Wortlaut des § 90 Abs. 4 S. 2 AktG überlässt der Form durch seinen Wortlaut *„in der Regel“* jedoch eine gewisse Flexibilität, wodurch schriftliche Berichte mündlich erörtert oder mündliche Erörterungen später schriftlich fixiert werden können.[328] In dringenden besonderen Eilsituationen kann ausnahmsweise ein mündlicher Bericht genügen[329], wobei hierbei Gesprächsnotizen erstellt werden sollten.

---

324 *Semler*, NZG 2013, 771; Lutter bezeichnet dies zu Recht als *„Eigentümlichkeit“*, da der Vorstand der überwacht werden soll auch Herr über die Informationen in seinen Berichten ist (siehe *Lutter/Krieger/Verse*, Rechte und Pflichten des Aufsichtsrats, Rn. 191).

325 *Lutter*, Information und Vertraulichkeit im Aufsichtsrat, S. 289; *Lutter/Krieger/Verse*, Rechte und Pflichten des Aufsichtsrats, Rn. 191.

326 *Manger*, NZG 2010, 1255, 1256.

327 *Fleischer*, in: Spindler/Stilz, § 90 AktG, Rn. 58; *Koch*, in: Hüffer/Koch, § 90 AktG, Rn. 13; Es besteht eine Ausnahme bei sehr aktuellen Entwicklungen oder besonders geheimhaltungsbedürftigen Umständen: *Fleischer*, in: Spindler/Stilz, § 90 AktG, Rn. 49.

328 *Manger*, NZG 2010, 1255, 1256.

329 *Manger*, NZG 2010, 1255, 1256.

Die Berichtspflicht des Vorstandes ist jedoch keine einseitige Pflicht. Der Aufsichtsrat muss wiederum seinen Anspruch aus der Berichtspflicht umsetzen; es herrscht insofern auch Informationspflicht im Rahmen einer Holschuld.[330] Dem Vorstand hingegen obliegt durch seine Berichtspflicht eine Bringschuld.[331] Die Informationspflicht ist unabhängig von der Berichtspflicht zu beurteilen und hängt daher nicht von dieser ab. Der Aufsichtsrat kann einen Mangel seiner Informationsplicht daher nicht mit einem Mangel der Berichtspflicht des Vorstandes begründen. Einen Mangel an der Berichterstattung muss der Aufsichtsrat immer und unverzüglich melden und fehlende Berichte nachfordern. Er muss daher streng auf Vollständigkeit der Berichte achten. *Nolte* sieht zu Recht die Gefahr, dass der Vorstand relevante Berichte ansonsten erst grundsätzlich auf Nachfrage des Aufsichtsrates herausgeben könnte.[332] Fehlen dem Aufsichtsrat notwendige Informationen, ist der Berichtsanspruch mangels Erfüllung nicht untergegangen. Insoweit müssen fehlende Dokumente hierdurch noch nachgefordert werden. Hat der Aufsichtsrat alle notwendigen Berichte erhalten, muss er diesen gegenüber nicht über die Maße hinaus misstrauisch sein. Eine Pflicht zum Misstrauen würde dem Interesse des Gesetzgebers an einer vertrauensvollen Zusammenarbeit zwischen Vorstand und Aufsichtsrat widersprechen.[333] Er darf ihnen jedoch naturgemäß auch nicht blind vertrauen.[334]

Ähnlich wie bei der Beauftragung Dritter sollte der Bericht einer Plausibilitätskontrolle unterworfen werden. Ergibt diese, dass wichtige Dokumente für die Schlüssigkeit des Berichtes fehlen, so sind diese vom Vorstand einzufordern, § 90 Abs. 3 AktG.[335] Ergeben die Berichte, Informationen und Unterlagen des Vorstandes ein schlüssiges Gesamtbild, kann sich der Aufsichtsrat auf deren Richtigkeit verlassen. Fordert der Aufsichtsrat weitere Informationen an, obliegt es dem Vorstand festzustellen, ob das Berichtsverlangen des Aufsichtsrates noch in seinen Aufgabenbereich fällt.[336] Im Rahmen einer konkreten Missbrauchsgefahr besteht ein Verweigerungsrecht des Vorstandes.[337] Dies ist beispielweise

330 *Busekist/Keuten,* CCZ 2016, 119, 121; *Habersack,* AG 2014, 1, 4; *Habersack,* in: MüKo AktG, § 111 AktG, Rn. 47.

331 *Nolte,* AR 03 2006, 7, 7.

332 *Nolte,* AR 03 2006, 7, 8.

333 *Cahn,* WM 2013, 1293, 1298.

334 *Hambloch-Gesinn/Gesinn*, in: Hölters, § 111 AktG, Rn. 15.

335 Vgl. *Cahn,* WM 2013, 1293, 1298.

336 *Fleischer*, in: Spindler/Stilz, § 90 AktG, Rn. 9.

337 *Fleischer*, in: Spindler/Stilz, § 90 AktG, Rn. 47. Gleiches gilt nach *Fleischer* auch bei schikanösem und querulatorischem Verhalten.

der Fall, sofern das berichtsanfordernde Mitglied des Aufsichtsrates auch für einen Mitbewerber der Gesellschaft tätig und es nicht auszuschließen ist, dass diese Informationen rechtswidrig weitergereicht werden.[338] Sofern der Vorstand davon überzeugt ist, dass ein Aufsichtsratsmitglied, welches einen Bericht alleine anfordert, hierbei eigene Interessen verfolgt, kann bzw. muss eine Auskunft verweigert werden.[339] Damit ist die Funktion des Aufsichtsrates als Überwachungsorgan jedoch nicht außer Kraft gesetzt. Vielmehr hat der Vorstand zusammen mit dem gesamten Aufsichtsrat zu erörtern, ob die Berichtsverweigerung zu Recht erfolgte. Den Anspruch auf Leistung der Berichte gegenüber dem Vorstand kann der Aufsichtsrat als Organ, aber auch jedes einzelne Aufsichtsratsmitglied, gerichtlich durchsetzen.[340] Ist letzteres Verlangen erfolgreich, erhält nicht der Kläger die fehlenden Berichte, sondern der Aufsichtsrat in seiner Gesamtheit.[341] Empfänger der Berichte nach § 90 AktG ist immer der Aufsichtsrat als Organ, vertreten durch den Aufsichtsratsvorsitzenden.[342]

II. Überwachung durch Einsichtnahme in Bücher und Schriften der Gesellschaft, § 111 Abs. 2 AktG

Daneben besteht das Recht des Aufsichtsrates, in die Bücher und Schriften der Gesellschaft Einsicht zu nehmen, § 111 Abs. 2. AktG. Der Begriff „*Bücher und Schriften*" bezieht sich heute jedoch auf alle Informationsquellen.[343] Er bezieht sich auch in räumlicher Hinsicht auf alle Geschäftsräume der Gesellschaft, unabhängig von ihrem Nutzungszweck.[344] Bei dem Recht der Einsichtnahme handelt es sich auf Grund der besonderen Informationspflichten um ein sog.

338 *Fleischer*, in: Spindler/Stilz, § 90 AktG, Rn. 46; *Koch*, in: Hüffer/Koch, § 90 AktG, Rn. 12; *Spindler*, in: MüKo AktG, § 90 AktG, Rn. 41; Für die den Fall einer Auskunfts- und Einsichtsbegehr eines GmbH-Gesellschafters: OLG Karlsruhe, GmbHR 1985, 362. Als weiterer Grund für die Verweigerung der Herausgabe von Informationen gilt schikanöses und querulatorisches Verhalten (*Fleischer*, in: Spindler/Stilz, § 90 AktG, Rn. 47).

339 *Manger*, NZG 2010, 1255, 1257; *Schenck*, NZG 2002, S. 64, 66; *Spindler*, in: MüKo AktG, § 90 AktG, Rn. 58.

340 *Manger*, NZG 2010, 1255, 1258.

341 *Bürgers/Körber*, in: Bürgers/Körber, § 90 AktG, Rn. 17; *Fleischer*, in: Spindler/Stilz, § 90 AktG, Rn. 46; *Koch*, in: Hüffer/Koch, § 90 AktG, Rn. 12; *Spindler*, in: MüKo AktG, § 90 AktG, Rn. 42.

342 *Manger*, NZG 2010, 1255, 1256.

343 *Spindler*, in: Spindler/Stilz, § 111 AktG, Rn. 38.

344 *Spindler*, in: Spindler/Stilz, § 111 AktG, Rn. 38.

Pflichtrecht.[345] Allerdings sollte von diesem Instrumentarium zurückhaltend Gebrauch gemacht werden, da hierdurch Misstrauen zum Ausdruck gebracht werden könnte.[346] Insofern unterliegt diese Entscheidung dem Ermessen des Aufsichtsrates.[347] Ergeben sich durch die Berichte des Vorstandes Unklarheiten oder entstehen Zweifel an deren Wahrheitsgehalt, so werden kaum Gründe gegen eine Einsichtnahme bestehen. Über diese beschließt der Aufsichtsrat durch Beschluss, wobei die Aufgabe als solche auf ein einzelnes Mitglied delegiert werden kann.[348] Hat der Aufsichtsrat Zweifel an der Vollständigkeit oder dem Wahrheitsgehalt der Berichte des Vorstandes, so hat er zunächst ergänzende Berichte einzuholen. Bleiben die Zweifel danach noch immer bestehen, hat der Aufsichtsrat abzuwägen, ob das Interesse an der Einsichtnahme das Risiko eines zerrütteten Vertrauensverhältnisses überwiegt. Dies wird bei offensichtlich vorsätzlich zurückbehaltenen Informationen regelmäßig der Fall sein.

III. Überwachung der Jahresabschlussprüfung und des Lageberichtes

Nach § 171 Abs. 1 S. 1 AktG obliegt es dem Aufsichtsrat im Rahmen seiner Überwachungspflicht nach § 111 Abs. 1 AktG, den Jahresabschluss, den Lagebericht und den Vorschlag für die Verwendung des Bilanzgewinns zu prüfen. Hierbei tritt die Überwachungspflicht am deutlichsten hervor. Seit April 2017 hat der Aufsichtsrat gem. § 171 Abs. 1 S. 4 AktG auch den nichtfinanziellen Bericht gem. § 289b HGB zu prüfen, sofern dieser erstellt wurde und nicht schon Teil des Lageberichtes ist.[349] Anders als die Verortung in § 171 AktG vermuten lässt, beschränkt sich diese Prüfung jedoch auf das Vorhandensein und die Plausibilität.[350]

Ziel der Überprüfung nach § 171 AktG ist zum einen die Vorbereitung des Berichtes für die Hauptversammlung nach § 171 Abs. 2 AktG und zum anderen die Feststellung, dass der Jahresabschluss des Vorstandes nach § 173 Abs. 1 S. 2 AktG gebilligt wird.[351] Hierbei übt der Aufsichtsrat großen

345 *Fleischer*, in: Spindler/Stilz, § 90 AktG, Rn. 46; *Koch*, in: Hüffer/Koch, § 90 AktG, Rn. 12; *Theisen*, Information und Berichterstattung des Aufsichtsrats, S. 23.

346 *Habersack*, in: MüKo AktG, § 111 AktG, Rn. 66; *Hambloch-Gesinn/Gesinn*, in: Hölters, § 111 AktG, Rn. 49.

347 *Spindler*, in: Spindler/Stilz, § 111 AktG, Rn. 40.

348 *Habersack*, in: MüKo AktG, § 111 AktG, Rn. 62.

349 *Hennrichs/Pöschke*, NZG 2017, 121, 123.

350 *Hennrichs/Pöschke*, NZG 2017, 121, 127.

351 *Suchan/Gerdes*, in: Semler/v.Schenck, § 171 AktG, Rn. 8.

Einfluss auf die Geschäftsgestaltung der Gesellschaft aus. Billigt der Aufsichtsrat den Jahresabschluss gem. § 172 AktG nicht, muss die Hauptversammlung gem. § 173 Abs. 1 S. 1 Alt. 2 AktG darüber entscheiden. Aus diesem Grund kann der Aufsichtsrat seine Billigung gegenüber dem Vorstand unter die Bedingung von Änderungen stellen und somit einen erheblichen Einfluss auf die Bilanzierung und Rücklagenbildung ausüben.[352] § 171 AktG gibt jedoch keinen Aufschluss darüber, wie und in welchem Umfang der Jahresabschluss zu prüfen ist und was diese Prüfungspflicht ausmacht.

Aus der Überwachungsaufgabe ergibt sich jedoch, dass sich die Prüfung auf die Übereinstimmung mit Gesetz und Satzung, die bilanzpolitischen Ermessensentscheidungen und der Prüfung der Bildung und Auflösung von Rücklagen beziehen muss.[353] Grundsätzlich gelten im Rahmen der Überwachung nach § 111 Abs. 1 AktG die bereits benannten allgemeinen Überwachungsmaßstäbe. Da durch § 171 AktG der Überprüfung des Jahresabschlusses eine besondere Bedeutung zukommt, könnten hier erschwerend die allgemeinen (Jahresabschluss-) Überprüfungsgrundsätze des § 317 Abs. 1 HGB anzuwenden sein. Dadurch wäre nach Satz 1 auch eine Überprüfung der Buchführung verpflichtend. Eine solche würde im Einklang mit der Überprüfung der Rechtmäßigkeit stehen, da sich die Rechtmäßigkeit des Jahresabschlusses gerade auf eine ordentliche Buchführung stützt.[354]

Im Rahmen der Prüfung der Buchführung bestehen Streitigkeiten auf Grund der Tatsache, dass der Aufsichtsrat hinsichtlich der Abschlussprüfung kein Expertengremium ist[355], obschon jedes Aufsichtsratsmitglied über solide Grundkenntnisse der Bilanzierung und Gewinn- und Verlustrechnung (GuV) zu verfügen (oder sich diese Kenntnisse bis zum Jahresabschluss anzueignen) hat.[356] Auch wenn nach § 100 Abs. 5 AktG in Aufsichtsräten kapitalmarktorientierter Gesellschaften mindestens ein unabhängiger Finanzexperte zu sitzen hat, kann die Intensität der Prüfung nicht gleichgestellt sein mit der eines Wirtschaftsprüfers. Letztlich hat der Aufsichtsrat, obwohl seine Mitglieder nur im Nebenamt tätig sind, lediglich einen Monat Zeit, den Bericht des Abschlussprüfers

---

352 *Pöschke/Hennrichs*, in: MüKo AktG, § 171 AktG, Rn. 29.

353 So auch: *Pöschke/Hennrichs*, in: MüKo AktG, § 171 AktG, Rn. 31 ff.

354 *Velte*, NZG 2010, 930, 931.

355 So auch: *Hennrichs/Pöschke,* NZG 2017, 121, 126.

356 Dies gilt auch für neue Mitglieder des Aufsichtsrates gerade in der Situation, dass alle Mitglieder ihr Mandat niederlegen. Die Prüfung des Jahresabschlusses darf dadurch nicht beeinträchtigt werden (OLG Düsseldorf, Urt. v. 06.11.2014, Az.: 1-6 U 16/14, openJur 2015, 6186 Rn. 38 ff.).

gegenüber dem Vorstand zu verifizieren, § 171 Abs. 3 S. 1 AktG. Aus diesen zeitlichen Gründen lehnen auch *Adler/Düring/Schmaltz* eine Überprüfung der Buchführung ab.[357] Etwas anderes gelte nach der herrschenden Lehre, sofern keine Abschlussprüfung stattfinde, da in diesem Fall höhere Anforderungen an die Sorgfaltspflicht des Aufsichtsrats gestellt würden.[358] Nach *Schulz* habe der Aufsichtsrat auch bei einer Abschlussprüfung die Rechtmäßigkeit selbstständig zu überprüfen. Allerdings müsse er hierbei Bücher, Inventar und Belege gerade nicht einsehen. Eine zweite Abschlussprüfung neben der des unabhängigen Wirtschaftsprüfers solle nicht stattfinden.[359]

Brönner sieht eine zwingende Intensivierung der Prüfungspflicht nur bei Beanstandungen nach Versagung oder Einschränkung des Bestätigungsvermerks des Abschlussprüfers, § 322 Abs. 7 HGB.[360] Eine stichprobenartige Untersuchung der Bücher gehe zu weit, sofern keine hinreichenden Bedenken vorliegen.[361] Überdies sei die gesamte Überprüfung des Prüfungsberichtes schon nicht vereinbar mit der hohen Stellung des Abschlussprüfers.[362] Wäre eine Überprüfung in diesem Maße vom Gesetzgeber gewollt, hätte dies in § 171 Abs. 1 AktG aufgeführt werden müssen.[363] Letztlich zieht *Brönner* dennoch § 317 HGB als Maßstab heran, grenzt dabei jedoch die Überprüfung der Bücher aus, denn die Pflicht der Überprüfung der Bücher liege alleine beim Abschlussprüfer.[364]

Diese Ansichten werden auch von der herrschenden Lehre[365] vertreten. Sofern ein Bestätigungsvermerk des Abschlussprüfers vorliege sowie keine besonderen Verdachtsmomente bestehen, ergebe sich keine Pflicht zur Überprüfung der

---

357 *Adler/Düring/Schmaltz u.a.*, Rechnungslegung und Prüfung der Unternehmen, S. 171.

358 So auch unter Anderem: *Pöschke/Hennrichs*, in: MüKo AktG, § 171 AktG, Rn. 108; *Schulz*, in: Bürgers/Körber, § 171 AktG, Rn. 3; *Suchan/Gerdes*, in: Semler/v.Schenck, § 171 AktG, Rn. 14.

359 *Hennrichs/Pöschke*, NZG 2017, S. 121, 124; *Schulz*, in: Bürgers/Körber, § 171 AktG, Rn. 3.

360 *Brönner*, in: Großkomm-AktG, § 171 AktG, Rn. 6.

361 *Brönner*, in: Großkomm-AktG, § 171 AktG, Rn. 6.

362 *Brönner*, in: Großkomm-AktG, § 171 AktG, Rn. 6.

363 *Brönner*, in: Großkomm-AktG, § 171 AktG, Rn. 6.

364 *Brönner*, in: Großkomm-AktG, § 171 AktG, Rn. 6.

365 So auch unter Anderem: *Drygala*, in: K.Schmidt/Lutter, § 171 AktG, Rn. 7; *Ekkenga*, in: Kölner Komm. AktG, § 171 AktG, Rn. 23; *Grigoleit/Zellner*, in: Grigoleit, § 171 AktG, Rn. 6; *Hennrichs/Pöschke*, NZG 2017, 121, 125; *Schulz*, in: Bürgers/Körber, § 171 AktG, Rn. 3.

Buchführung.[366] Dies sehen *Prühs* und *Schmalenbach* im Hinblick auf die zentrale Rolle der ordnungsgemäßen Buchführung zur Überprüfung der Rechtmäßigkeit kritisch. Der Aufsichtsrat könne sich seiner besonderen Überwachungspflicht nicht durch Übertragung an einen externen Prüfer entledigen.[367] Entsprechend sieht es auch *Künzel*, der sich für eine stichprobenartige Prüfung ausspricht, da „*bei komplizierter Buchführung [...] eine sorgfältige Revision der Bücher durch den Aufsichtsrat geradezu unmöglich*" sei.[368] Dieser Meinung schließt sich auch *Velte*[369] an, der in Hinblick auf die Finanzskandale der Vergangenheit eine intensivere Prüfung des Aufsichtsrates für notwendig erachtet. Seine Aussage stützt er auf die Klarstellungen des Bilanzrechtsmodernisierungsgesetzes, nach welchem der Aufsichtsrat oder ein eingerichteter Ausschuss eine Überwachung des Rechnungslegungsprozesses vornehmen soll.[370] Neben dieser aktuellen Klarstellung zieht er jedoch auch ein Urteil des Reichsgerichtes aus dem Jahre 1937[371] heran, wonach eine Nichtbilligung des Jahresabschlussprüfers eine Pflichtverletzung der Überwachungspflicht des Aufsichtsrates nicht ausschließe.[372] *Velte* lässt jedoch den Mangel an fachlichen und zeitlichen Ressourcen im Aufsichtsrat nicht außer Acht, so dass er eine zweite Buchführungsprüfungspflicht ablehnt. Stattdessen sollen auch ohne Verdachtsmomente stichprobenartige Prüfungen der Buchführung durchgeführt werden.

Die Argumente von *Velte* sind nicht von der Hand zu weisen, vermögen jedoch schlussendlich nicht zu überzeugen. Eine verpflichtende Prüfung der Buchführung – wenn auch nur stichprobenartig – ist abzulehnen. Die Kenntnisse der Aufsichtsratsmitglieder beschränken sich nur auf Grundsätze der Bilanzierung und Rechnungslegung.[373] Überdies ist es zeitlich kaum möglich, die Ergebnisse

---

366 So auch unter Anderem: *Drygala*, in: K.Schmidt/Lutter, § 171 AktG, Rn. 7; *Ekkenga*, in: Kölner Komm. AktG, § 171 AktG, Rn. 23; *Grigoleit/Zellner*, in: Grigoleit, § 171 AktG, Rn. 6; *Hennrichs/Pöschke*, NZG 2017, 121, 125; *Schulz*, in: Bürgers/Körber, § 171 AktG, Rn. 3.

367 *Prühs*, AG 1970, 347, 347 f.; *Schmalenbach*, ZfhF 1911, 271.

368 *Küntzel*, Der Aufsichtsrat der Aktiengesellschaft, seine Rechte und Pflichten, S. 42.

369 *Velte*, NZG 2010, 930, 930 ff.

370 BT-Drucks. 16/10067, S. 103.

371 Reichsgericht, Urt. v. 17.8. 1937, in: Deutsche Justiz 1937, S. 1686.

372 *Velte*, NZG 2010, 930, 932.

373 *von Werder* und *Wieczorek* haben in diesem Rahmen zehn Punkte bezüglich der Anforderungen für Aufsichtsräte zusammengestellt (DB 2007, 297 ff.). Nicht jedes Aufsichtsratsmitglied muss über den gesamten dort zusammengestellten Strauß an Qualifikationen verfügen. Es reicht allerdings, wenn der Aufsichtsrat als gesamte Einheit über diese Kenntnisse verfügt. Wenn also nur der Aufsichtsrat als Ganzes

des Abschlussprüfers zu überprüfen. Daran ändert auch die lediglich stichprobenartige Prüfung nichts. Das Aufsichtsratsmandat bleibt auch hierbei ein Nebenamt. Bei der Bestellung des Prüfers durch den Aufsichtsrat sind ohnehin schon hohe Anforderungen zu beachten, bei der auch ein pflichtwidriges Ermessen eine Haftung zur Folge haben kann. Auf Grund dieses Vertrauens kann der Aufsichtsrat nach der Billigung des Prüfers von der Rechtmäßigkeit der Buchführung ausgehen. Dies löst ihn nicht von der Pflicht, im Falle der Nichtbilligung oder aufgekommener Zweifel eine intensivere Prüfung zu veranlassen oder den Bericht auf Plausibilität zu prüfen. Das Recht zur Einsichtnahme der Bücher nach § 111 Abs. 2 AktG verformt sich nicht zur Pflicht. Dies ist offensichtlich auch nicht die Intention des Gesetzgebers, der trotz entsprechender Anmerkungen zum BilMoG[374] eine solche Verpflichtung nicht angeordnet hat.

IV. Überwachung der Besetzung und Zusammenarbeit des Vorstandes

Der Aufsichtsrat hat im Rahmen seiner Überwachungspflicht ebenfalls zu überwachen, ob der Vorstand ordnungsgemäß besetzt und funktionsfähig ist.[375] Dazu hat er die Aufgabe, die Mitglieder des Vorstandes zu bestellen und zu entlassen, § 84 AktG, Ziff. 5.1.2 DCGK. *Peltzer* sieht die Personalhoheit und -verantwortung hinsichtlich des Vorstandes sogar als die Hauptaufgabe des Aufsichtsrates und die Überwachung und Beratung als subsidiär an, obwohl sie weniger haftungsträchtig ist.[376] In jedem Fall ist der hohen Priorität dieser Aufgabe wohl zuzustimmen, da mit der sorgfältigen Auswahl der Geschäftsleiter der Grundstein für einen ordnungsgemäßen Geschäftsgang[377] und den wirtschaftlichen Erfolg der Gesellschaft[378] gelegt wird. *Labbe* spricht in Bezugnahme auf *Peltzer* gar von der vornehmsten, weil hoheitlichen Aufgabe.[379] Mit

---

über diese Qualifikationen verfügen muss, sind mehrere Sitzungen notwendig um die Bücher auch nur stichprobenartig zu überprüfen. Die gesetzliche Mindestanzahl an Sitzungen würde niemals ausreichen.

374 BT-Drucks. 16/10067, S. 103.

375 *Habersack*, in: MüKo AktG, § 111 AktG, S. 2; *Hambloch-Gesinn/Gesinn*, in: Hölters, § 111 AktG, Rn. 17.

376 *Peltzer*, in: Wellhöfer/Peltzer/Müller, § 18, Rn. 4.

377 Damit schließe ich mich den Argumenten *Peltzers* vollumfänglich an, *Peltzer*, in: Wellhöfer/Peltzer/Müller, § 18, Rn. 4.

378 *Behme/Zickgraf*, AG 2015, 841, 857, ähnlich *Bernhardt*, ZHR 159 (1995), 310, 318.

379 *Labbé*, ZCG 2009, 101, 101.

Verwunderung sucht man daher fast vergebens nach umfangreicher Literatur oder einschlägiger Rechtsprechung.[380]

Die Besetzung des Vorstandes als Teil der Überwachungspflichten des Aufsichtsrates ist nicht direkt im Rahmen von § 111 AktG normiert, wird jedoch von großen Teilen der Lehre so angenommen.[381] Sie könnte sich auch aus Abs. 1 ergeben, da die Überwachung der Geschäftsführung eine solche zum einen erfordert und zum anderen auch deren Funktionsfähigkeit voraussetzt. Im Hinblick auf die Besetzung kommt insbesondere der Gedanke der Prävention[382] zum Tragen, so dass hierin eine zukunftsorientierte Maßnahme zu sehen ist.[383] Aber auch für die Wiederherstellung der Funktionsfähigkeit eines unverantwortlich handelnden Vorstandes in Krisenzeiten ist die Personalkompetenz unabdingbar. Unabhängig von der Pflicht, einen Vorstand zu bestellen, besteht die Pflicht der *„Überwachung“* (i.S.v. Begutachtung) der in Frage kommenden Bewerber.

Als Teil der Überwachungspflicht stellt die Personalkompetenz daher ebenso eine höchstpersönliche Aufgabe dar, die nicht auf Dritte delegiert werden darf. Eine Beratung durch Dritte ist gleichwohl nicht ausgeschlossen. Bei der Suche nach externen Bewerbern empfiehlt sich daher unterstützend die Beauftragung eines Personalberaters im Bereich Executive Search, der sich auf das Recruiting von Führungspersönlichkeiten und Managern spezialisiert hat. Dies ist unter anderem deshalb von Vorteil, da hierdurch außenstehende Dritte für die Aufgabe in Betracht kommen und die klassische Überkreuzverflechtung damit so gut wie ausgeschlossen ist. Der Personalberater wird dem Aufsichtsrat in den meisten Fällen eine sog. Short-List vorlegen, auf welcher geeignete Kandidaten gelistet sind. Der Aufsichtsrat hat sodann die geeignete Person daraus auf ihre Tauglichkeit hin zu überprüfen und ggf. zu einem Vorstellungsgespräch einzuladen. Auf die Informationen des Personalberaters darf sich der Aufsichtsrat nicht blind verlassen. Der Vorschlag eines geeigneten Kandidaten ist nicht anders zu handhaben als ein Gutachten. Auch hier ist der Vorschlag auf seine Plausibilität, also auf die Erfüllung der Anforderungen der offenen Position, hin zu überprüfen.

380 Mit ähnlicher Verwunderung *Behme/Zickgraf*, AG 2015, 841, 857.

381 So auch: *Habersack*, in: MüKo AktG, § 111 AktG, Rn. 5; *Hambloch-Gesinn/Gesinn*, in: Hölters, § 111 AktG, Rn. 16; *Henssler*, in: Henssler/Strohn, § 111 AktG, Rn. 3.

382 *Labbé*, ZCG 2009, 101, 103.

383 Auch hier soll nicht der Begriff der zukunftsbezogenen Überwachung zum Tragen kommen, obwohl diese Maßnahme diesem Begriff noch am nächsten käme.

1. Kompetenzen des Personalausschusses

Obwohl das Gesamtplenum über die Auswahl geeigneter Vorstandskandidaten entscheiden muss, ist es üblich – und im Hinblick auf verfahrensökonomische Erwägungen[384] durchaus auch die Pflicht –, einen Personalausschuss einzurichten. Ziff. 5.1.2 DCGK lässt dies ausdrücklich zu, wobei hierin wohl auch eine Empfehlung zu lesen ist. Der Personalausschuss darf jedoch keinen Beschluss über die Berufung und Abbestellung von Vorstandsmitgliedern treffen, § 107 Abs. 3 S. 3 AktG. Hierbei stellt sich die Frage, wie weit die Kompetenzen des Ausschusses im Hinblick auf den Beschluss des Gesamtplenums gehen. Nach höchstrichterlicher Rechtsprechung soll es schon ausreichen, sofern der Ausschuss nur einen einzigen Kandidaten zur Abstimmung vorstellt.[385] Dagegen wird allerdings argumentiert, dass der Ausschuss dem Gesamtplenum mindestens zwei Kandidaten vorschlagen müsse, da der Gesamtaufsichtsrat über die Anstellung eines Vorstandsmitglieds entscheide und der Vorschlag lediglich einer einzelnen Person daher dieses Ermessen deutlich einschränke.[386] Der Ausschuss dürfe sich ausnahmsweise nur dann auf die Vorstellung eines Kandidaten beschränken, wenn die Anforderungen an den Kandidaten vorweg im Gesamtplenum besprochen wurden.[387]

Obschon die Möglichkeit besteht, gegen die Bestellung eines Vorstandsmitglieds zu stimmen, sind durch eine Ablehnung jedoch durchaus auch Haftungsfälle denkbar. Der Aufsichtsrat hat dafür Sorge zu tragen, dass der Vorstand funktionsfähig bleibt. Man stelle sich daher eine zeitgedrängte Situation vor, in der ein Vorstandsposten zu vergeben ist, dessen Vakanz auf Dauer für die Gesellschaft untragbar ist. Der Personalausschuss empfiehlt die Anstellung einer Person, die die fachlichen Mindestqualifikationen zwar erfüllt, jedoch hat das Gesamtplenum des Aufsichtsrates starke Bedenken an seiner charakterlichen Eignung. Lehnt der Aufsichtsrat diese Person daher ab, verhindert er die optimale Funktionsfähigkeit des Vorstandes. Gleichfalls sollte der Aufsichtsrat bei solchen Bedenken auch nicht anders entscheiden. Die Aufgabe des Aufsichtsrates konstatiert sich vielmehr in dem „*Wie*“ der Anstellung. Das „*Ob*“ ergibt sich

---

384 Da der Aufsichtsrat, der sich wenige Male im Jahr trifft, sich wohl kaum „*im Detail mit der Suche und den Biografien einer Vielzahl potentieller Kandidaten*“ befassen kann, s. *Behme/Zickgraf*, AG 2015, 841, 842.

385 BGH, AG 1993, 464 ff.; wobei daher im Personalausschuss mitbestimmter Gesellschaften zwingend auch Arbeitnehmervertreter sitzen müssen.

386 *Götz*, AG 1995, 337, 348.

387 *Götz*, AG 1995, 337, 348.

aus der Notwendigkeit der Gesellschaft heraus. Insofern sollte der Personalausschuss zumindest zwei Personen vorschlagen, die er für das Amt für geeignet hält. Personalberater schlagen in der Regel mehrere Personen vor, die über die notwendigen Anforderungen verfügen.

2. Mindestqualifikation der zu bestellenden Person

Eine Pflichtverletzung des Vorstandes bei der Bestellung eines Vorstandsmitgliedes liegt immer schon dann vor, wenn der Platzierte nicht über die notwendigen Mindestqualifikationen verfügt. Nach dem Hertie-Urteil und Stimmen der Literatur muss das zu bestellende Vorstandsmitglied über die Fähigkeit verfügen *„unternehmerisch zu handeln und die grundlegenden wirtschaftlichen Zusammenhänge der Gesellschaft ohne fremde Hilfe zu erfassen“*.[388] *Behme/Zickgraf* gehen darauf etwas genauer ein, indem sie behaupten, dass ein jedes Vorstandsmitglied über das *„Verständnis der elementaren wirtschaftlichen Vorgänge und Zusammenhänge in der Gesellschaft“* verfügen müsse, um *„unternehmerisch zu handeln“*.[389] Neben Grundkenntnissen in Buchführung und Bilanzierung müsse es Fehlentwicklungen erkennen und entgegenschreiten. Es müsse Verständnis für komplexe Sachverhalte haben und geeignetes Führungspersonal erkennen und einsetzen.[390] Diese Voraussetzungen sind jedoch kaum überprüfbar. Grundkenntnisse in Buchführung und Bilanzierung können jedem Absolventen eines Bachelorstudienganges der Betriebswirtschaften zugerechnet werden. Unternehmerisches Handeln lässt sich wiederum von einem Gremium nur schwer beurteilen oder gar gerichtlich nachvollziehen. Zu Recht ziehen *Behme/Zickgraf* daher die vom Gesetzgeber definierten Kriterien für die Eignung von Vorständen in Kreditinstituten und Versicherungsunternehmen heran (§ 25c Abs. 1 S. 2 KWG; § 7a Abs. 1 S. 2 VAG) und modifizieren diese hinsichtlich der „*Normal*“-Wirtschaft.[391] Demnach könne davon ausgegangen werden, dass die oben genannten Kriterien erfüllt sind, sofern die zu bestellende Person bereits mindestens drei Jahre in einer vergleichbaren Position oder an der *„Leitungsspitze eines Unternehmens der nächstkleineren Größenklasse“* stand.[392]

---

388 BGHZ, 85, 293, 295 f.; *Hommelhoff*, ZGR 1983, 551, 571, 572; *Spindler*, in: MüKo AktG, § 84 AktG, Rn. 39. Für Aufsichtsratsmitglieder und daher umso mehr für den Vorstand: *Dreher*, in: FS Boujong, Die Qualifikation der Aufsichtsratsmitglieder, S. 71, 75.

389 *Behme/Zickgraf*, AG 2015, 841, 847.

390 *Behme/Zickgraf*, AG 2015, 841, 847.

391 *Behme/Zickgraf*, AG 2015, 841, 849.

392 *Behme/Zickgraf*, AG 2015, 841, 849.

Da jedoch das größte Gefährdungspotential für eine Gesellschaft der schlechte Führungsstil des Vorstandes hat[393], könnte es gerade auch auf menschliche Qualitäten ankommen, damit der Vorstand nicht Gefahr läuft, hasardeurhafte Fehlentscheidungen zu treffen. Ein Mangel an Integrität eines Vorstandsmitgliedes kann zu hohen Schäden durch Verlust von Reputation und Vermögen führen.[394] Als eine Möglichkeit zur Erkennung eines solchen Gefährdungspotentials könnten Formen der psychoanalytischen Diagnose herangezogen werden, die solche Faktoren der Persönlichkeit herausstellen können, welche darauf hindeuten, dass ein Mensch bspw. eher zu stark risikobehaftetem Handeln neigt oder der Aufgabe in Stresssituationen nur schwer Herr werden kann.[395] Eine Verpflichtung zur Durchführung solcher Tests lässt sich jedoch aus der Überwachungspflicht nicht entnehmen und würde auch zu weit führen. Hinsichtlich der Bestellung eines neuen Vorstandsmitglieds sollte daher dem Aufsichtsrat auch ein großer Ermessenspielraum beigemessen werden, nachdem die fachliche Geeignetheit festgestellt wurde. Für das Amt wesentliche Charaktereigenschaften sind unter Anderem Zuverlässigkeit, Beharrungsvermögen, Zähigkeit, Führungsfähigkeit und Intelligenz.[396] Diese Einschätzung ist so subjektiv geprägt, dass sie

---

393 *Labbé*, ZCG 2009, 101, 103.

394 *Labbé*, ZCG 2009, 101, 103.

395 Beispielsweise das *Psychopathic Personality Inventory (PPI)*: Dieser Test setzt sich aus acht Persönlichkeitsdimensionen zusammen: machiavellistischer Egoismus, rebellische Risikofreude, Schuldexternalisierung, sorglose Planlosigkeit, Furchtlosigkeit, sozialer Einfluss, Stressimmunität und Kaltherzigkeit. Der Test besteht aus 167 Items. Die acht Dimensionen können sich hierbei aufspalten in: egozentrische Impulsivität, furchtlose Dominanz und Kaltherzigkeit. Obwohl dies im ersten Moment schrecklich klingt – denn niemand möchte ein Psychopath sein – finden sich hierbei durchaus positive Eigenschaften für die Geschäftsführung, die abzuwägen wären. (*Lilienfeld/ Andrews,* Journal of Personality Assessment Nr. 3 (1996), S. 488.).

396 Auflistung von *Peltzer*, in: Wellhöfer/Peltzer/Müller, § 18, Rn. 28. So auch der ehemalige Vorstandsvorsitzende der *Bayer AG, Hermann Joseph Strenger*: *„Ich bin da der vielleicht ein bisschen konservativen Meinung, dass es hier so etwas wie die zehn Gebote der Unternehmensführung gibt, aus denen sich die Ansprüche an die Unternehmerpersönlichkeit ableiten. Zu diesem Profil gehört eine gute Ausbildung, ein gewisses Ausstrahlungsvermögen – das aber nicht überzubewerten ist –, auf jeden Fall Pflichtbewusstsein und eine Portion Demut im positiven Sinne, auch wenn diese Worte heute etwas in den Hintergrund getreten sind. Auf der anderen Seite muss natürlich Kommunikationsfähigkeit vorhanden sein. So jemand braucht allerdings auch ein gutes Bauchgefühl, nennen Sie es z.B. Riecher oder Antenne, eben den positiven Instinkt für Entwicklung und Personen, ohne die man kein Unternehmen führen kann.“* Gefunden: *Peltzer*, in: Wellhöfer/ Peltzer/Müller, § 18, Fn. 21.

gerichtlich dem Grunde nach nur durch Potentialanalysen überprüfbar wäre, welche jedoch mangels Verpflichtung des Aufsichtsrates zu dieser Durchführung auch in der gerichtlichen Überprüfung nicht heranzuziehen sind. Der Aufsichtsrat sollte sich auf sein „*Bauchgefühl*" verlassen dürfen und im Hinblick auf eine vertrauensvolle Zusammenarbeit auch geringfügig geringer qualifizierten Kandidaten der Vorzug gegeben werden, wenn diese dem Gesamtplenum vertrauensvoller erscheinen. Immerhin ist ein solches „*Bauchgefühl*" auch nicht von der Hand zu weisen, da der Beschluss vom Gesamtplenum des Aufsichtsrates gefasst wird. Der Entscheidung liegt damit das Unbehagen oder die Sympathie der Mehrheit der Mitglieder zu Grunde. Zwar bietet eine solche Entscheidung keine Sicherheit über den Erfolg der Bestellung, allerdings ermöglicht sie eine vertrauensvolle Zusammenarbeit von Anfang an.

V. Überwachung des Compliance Management Systems

1. Compliance-Pflichten des Vorstandes

Die Legalitätspflicht ist der „*Kernbereich der Sorgfaltspflichten*".[397] Im Falle eines Verstoßes gegen diese spricht man heute von Compliance-Verstößen bzw. der sog. Non-Compliance.[398] Der Begriff der „Compliance" ist im Aktienrecht relativ neu und hängt eng mit den eingangs genannten Wirtschaftsskandalen zusammen. Oftmals wird Compliance auch als „*Haftungsvermeidung*" übersetzt[399], wobei natürlich gerade dort nur Haftung vermieden wird, wo Rechtsbrüche eben nicht (von außen) aufgedeckt werden. Immerhin definiert der DCGK in Ziffer 4.1.3 die Compliance als „*die Einhaltung der gesetzlichen Bestimmungen und der unternehmensinternen Richtlinien [durch den Vorstand]*". *U. & S. Schneider* bezeichnen die Compliance daher als moderne „*Binsenweisheit*", wobei sie die Notwendigkeit von dem, was der Begriff „*Compliance*"[400] überdies ausmacht, nicht in Frage stellen. Denn über die Legalitätspflicht[401] hinaus bedeutet Compliance die Kontrolle nachgeordneter Ebenen auf regeltreues Verhalten[402]

397 *Habersack*, in: FS Uwe H. Schneider, Die Legalitätspflicht des Vorstands der AG, 429, 431.

398 Dazu ausführlich: *Reichert/Ott*, NZG 2014, 241.

399 *Kark*, AR 2014, 54, 54.

400 *Schneider/Schneider*, ZIP 2007, 2061; Zustimmend: *Huthmacher*, Pflichten und Haftung der Aufsichtsratsmitglieder, S. 65; *Winter*, in: FS Hüffer, Die Verantwortlichkeit des Aufsichtsrats für "Corporate Compliance", S. 1103, 1104.

401 *Harbarth*, ZHR 179 (2015), 136, 137.

402 *Fleischer*, in: Spindler/Stilz, § 91 AktG, Rn. 41.

bzw. konzerndimensionales Konzept zur Rechtmäßigkeitsgewähr[403]. Hierzu zählt nicht nur die Einhaltung gesetzlicher, sondern auch unternehmensinterner Richtlinien.[404] Compliance führt zur verbesserten Effizienz der Geschäftsprozesse, da ein gutes Geschäft nicht durch Sanktionierung auf Grund von Compliance-Verstößen geschmälert wird.[405]

Die Grundlage für die Einhaltung der Compliance ergibt sich aus der Leitungsaufgabe des Vorstandes[406], aber auch aus der allgemeinen Sorgfaltspflicht nach § 93 Abs. 1 AktG.[407] Zu ihrer Sicherung ist der Vorstand durch § 91 Abs. 1 AktG verpflichtet, ein Frühwarn- und Überwachungssystem zu errichten. Demnach hat der Vorstand *„geeignete Maßnahmen zu treffen, insbesondere ein Überwachungssystem einzurichten, damit den Fortbestand der Gesellschaft gefährdende Entwicklungen früh erkannt werden".*[408] Auch der DCGK empfiehlt in Ziff. 4.1.3. die Einsetzung angemessener und an der Risikolage des Unternehmens ausgerichteter Maßnahmen. Durch das comply-or-explain-Prinzip des § 161 Abs. 1 S. 1 AktG ist beim Fehlen eines CMS zu erklären, dass und warum ein solches nicht existiert.[409]

Die Compliance-Organisation ist so einzurichten, dass sie der *„Pflichtentrias"*[410] des Vorstandes hinsichtlich der ihm obliegenden Leitungsverantwortung gerecht wird. Diese besteht aus

- der Pflicht zur Aufklärung des Sachverhaltes,
- der Pflicht zur Abstellung des rechtswidrigen Verhaltens
- und der Pflicht zur angemessenen Sanktionierung des Rechtsverstoßes.[411]

403 *Reichert/Ott,* NZG 2014, 241, 241; *Schneider/Schneider,* ZIP 2007, 2061, 2061; *Winter,* in: FS Hüffer, Die Verantwortlichkeit des Aufsichtsrats für "Corporate Compliance", S. 1103, 1106.

404 *Harbarth,* ZHR 179 (2015), 136, 138.

405 *Kark,* AR 2014, 54, 54.

406 *Koch,* in: Hüffer/Koch, § 76 AktG, Rn. 11.

407 *Bürgers,* ZHR 179 (2015), 173, 175.

408 Die Errichtung ergibt sich nur mittelbar aus der Norm: *Fleischer,* in: Spindler/Stilz, § 91 AktG, S. 29. Andere wollen die Pflicht aus der Leitungsverantwortung aus § 93 Abs. 1 AktG herauslesen: *Winter,* in: FS Hüffer, Die Verantwortlichkeit des Aufsichtsrats für "Corporate Compliance", S. 1103, 1104.

409 *Bings,* CCZ 2017,118, 118 f.

410 *Reichert/Ott,* NZG 2014, 241, 242.

411 *Reichert/Ott,* NZG 2014, 241, 242.

Wie das Compliance Management System en détail aufgebaut und ausgerichtet sein soll, kann nicht verallgemeinert werden.[412] Nach Ziff. 4.1.3. DCGK hat sich die Ausrichtung an der Angemessenheit und Risikolage des Unternehmens zu orientieren. Größere Unternehmen mit komplexeren Strukturen werden auch ein komplexeres Überwachungssystem brauchen, um Regelverstöße zu erkennen und diesen vorzubeugen. Der Vorstand hat daher die Größe und regionale Ausrichtung der Gesellschaft und vorangegangene Non-Compliance bei der Ausgestaltung des CMS zu berücksichtigen.[413] Diese steht hierbei – anders als die Entscheidung über die Einrichtung eines solchen – im unternehmerischen Ermessen des Vorstandes und unterfällt daher auch der Business Judgement Rule des § 93 Abs. 1 S.2 AktG.[414]

Dass der Vorstand regelwidriges Verhalten durch organisatorische Maßnahmen unterbinden muss, ist unumstritten.[415] Die Frage nach einer Pflicht zur Errichtung einer institutionalisierten Compliance-Organisation wurde hingegen noch nicht einheitlich beantwortet.[416]

Nach einem Teil der Literatur[417] besteht eine solche Verpflichtung für alle Gesellschaften, die dem AktG unterliegen. *Bürkle* betont zwar, dass es im Organisationsermessen des Vorstandes liege, für die Einhaltung von Regelungen zu sorgen. Dieses Ermessen verdichte sich aber zur Pflicht, da ein solches System ein *„praxisorientiertes organisatorisches Instrument zur Einhaltung rechtlicher Rahmenbedingungen“* und damit notwendig sei.[418] Andere Befürworter lesen eine solche Pflicht zwar nicht ausdrücklich aus dem Gesetz, wollen diese allerdings aus anderen gesetzlichen Organisationspflichten ableiten. Demnach gelte die Pflicht zur Errichtung eines Überwachungssystems aus § 80 WpHG nicht nur für Wertpapierdienstleistungsunternehmen[419], sondern für alle Aktiengesellschaften. Dies resultiere zwar nicht ausdrücklich aus dem Gesetz, allerdings

412 Zur Angemessenheit eines CMS: *Withus*, CCZ 2015, 139.

413 *Habersack*, AG 2014, 1, 4.

414 *Bürkle*, BB 2007, 1797, 1798; *Gelhausen*, CCZ 2010, 208, 210; *Hoffmann/Schieffer*, NZG 2017, 401, 403; *Paefgen*, WM 2016, 433, 437, 438.

415 Vgl. *Koch*, in: Hüffer/Koch, § 76, Rn. 13.

416 Vgl. *Koch*, in: Hüffer/Koch, § 76, Rn. 13.

417 *U.H. Schneider*, ZIP 2013, 645, 648 f.; *Bürkle*, BB 2005, 565, 568 ff.; *Fleischer*, AG 2003, 291, 298 ff.

418 *Bürkle*, BB 2005, 565, 569.

419 *U.H. Schneider* benennt ursprünglich § 33 WpHG a.F., U.H. Schneider, ZIP 2013, 645, 648 f.

aus einem Zusammenspiel von Normen, wie beispielsweise §§ 76, 91, 93 AktG, § 130 OWiG[420], und den allgemeinen Organisationspflichten des Vorstandes.[421]

Andere Teile der Literatur lehnen eine solche generelle Pflicht jedoch ab.[422] Die von den Befürwortern herangezogenen Normen zur Begründung einer Errichtungspflicht seien bewusst nicht in das AktG übernommen worden.[423] Überdies bestehe zwar Einigkeit über die Tatsache, dass der Vorstand die Sorge für die Einhaltung der Legalitätspflicht auf unteren Ebenen trage, allerdings begründe dies noch keine Pflicht zur Einrichtung institutionalisierter Compliance-Strukturen. Dem Vorstand stehe ein weites Organisationsemessern in dieser Frage zu.[424] Nach der Ansicht *Harbarths* kann der Vorstand insbesondere bei besonders kleinen Aktiengesellschaften von der Einrichtung einer institutionalisierten Compliance-Organisation absehen.[425]

Dieser Ansicht ist auch zu folgen.[426] Eine Pflicht zur Errichtung institutionalisierter Compliance-Organisationen ist dem Gesetz für Gesellschaften außerhalb der Kreditvergabe und des Wertpapierhandels nicht zu entnehmen. Der Legalitätspflicht ist ebenfalls keine generelle Verpflichtung zur Einrichtung einer solchen zu entnehmen. Die Einhaltung der Legalitätspflicht lässt sich nur am Ergebnis und nicht am Umgang mit dieser messen. Es ist daher den Gegnern der Einrichtungspflicht zuzustimmen, dass die Einhaltung der Legalitätspflicht neben der Pflicht zur ordnungsgemäßen Organisation steht. Der Vorstand hat im Rahmen einer Ermessensentscheidung darüber zu befinden, ob ein solches System notwendig ist, um die Einhaltung des Rechts gewährleisten zu können. Hierbei wird es regelmäßig auch auf die Größe des Unternehmens und Komplexität der Unternehmensstrukturen ankommen.

---

420 *Fleischer,* AG 2003, 291, 299.

421 *U.H. Schneider,* ZIP 2013, 645, 648 f.; *Koch* in: Hüffer/Koch, § 76 AktG, Rn. 13; *Hölters* in: *Hölters,* § 93 AktG, Rn. 92.

422 *Koch,* in: Hüffer/Koch, § 76 AktG, Rn. 14.

423 *Koch,* in: Hüffer/Koch, § 76 AktG, Rn. 14.

424 *Koch,* in: Hüffer/Koch, § 76 AktG, Rn. 14; *Spindler* in: MüKo AktG, § 91 Rn. 67; *Ott,* ZGR 2017, 149, 163.

425 *Harbarth,* ZHR 179 (2015), 136, 151, 153.

426 Zustimmend insbesondere zu *Koch,* in: Hüffer/Koch, § 76 AktG, Rn. 14.

2. Überwachung der Funktionsfähigkeit des Compliance Management Systems als Aufgabe des Aufsichtsrates?

Der Aufsichtsrat darf auf Grund der Leitungskompetenz des Vorstandes keine Compliance-Ordnung für den Vorstand festlegen oder in Gang setzen.[427] Er hat jedoch auf eine Errichtung durch den Vorstand hinzuwirken, sofern er die Notwendigkeit hierfür annimmt.[428] Unterlässt er dies, könnte er sich bei einem aufgedeckten Compliance-Verstoß ebenfalls haftbar machen.

Ob er jedoch auch die Funktionsfähigkeit eines bestehenden CMS zu überprüfen hat, ist im Schrifttum umstritten. *Winter*[429] sieht die Compliance und die Gestaltung ihrer Funktionsfähigkeit als absolute und alleinige Aufgabe des Vorstandes an. Der Aufsichtsrat habe seine Überwachungspflicht schon dann erfüllt, wenn er keine Zweifel an den Berichten des Vorstandes hinsichtlich der Funktion des Compliance-Systems und erfolgter Sanktion bei Verstößen hat. Eine besonders intensive Überprüfung des Compliance-Systems hat nur in besonderen Fällen stattzufinden; zum Beispiel dann, wenn sich Compliance-Verstöße mehren oder die Vorstandsberichte unzureichend informieren oder gar unrichtig sind. *Huthmacher*[430] weist die Ansicht *Winters* teilweise ab. Es könne kein anderer Maßstab bei der Beaufsichtigung der Corporate Compliance als bei anderen Regelverstößen des Vorstandes gelten. Der Aufsichtsrat dürfe daher die Funktionsfähigkeit des CMS nicht nur oberflächlich überprüfen. Da nicht nur die Errichtung, sondern auch die Sicherung der Funktionsfähigkeit dem Vorstand obliege, müsse der Aufsichtsrat der Kontrolle dieser Funktionsfähigkeit nachkommen. Dies bedeute, dass der Aufsichtsrat nicht blind auf die Berichte des Vorstandes vertrauen dürfe, sondern stichprobenartig Compliance-Fälle und deren Verfolgung aufzuarbeiten habe. Nur dann könne sich der Aufsichtsrat vergewissern, dass das CMS funktionstüchtig sei.

Die Ansicht *Huthmachers* überzeugt. Dem Aufsichtsrat obliegt die Verantwortung für die Einhaltung von Recht und Gesetz in der Gesellschaft und im Konzern.[431] Dazu gehört auch die Überwachung der Einhaltung der Pflichtentrias

---

427 *Lutter*, in: FS Hüffer, Aufsichtsrat und Sicherung der Legalität in Unternehmen, S. 617, 617.

428 *Huthmacher*, Pflichten und Haftung der Aufsichtsratsmitglieder, S. 69; *Schmidt*, in: Hauschka/Moosmayer/Lösler, § 45 - Wirtschaftsprüfung und CMS-Prüfung, Rn. 12.

429 *Winter*, in: FS Hüffer, Die Verantwortlichkeit des Aufsichtsrats für "Corporate Compliance", S. 1103, 1118 ff.

430 *Huthmacher*, Pflichten und Haftung der Aufsichtsratsmitglieder, S. 69 f.

431 *Fuhrmann*, AG 2015, 328, 328; *Habersack*, in: MüKo AktG, § 111 AktG, Rn. 42.

der Compliance. Demnach hat er seine Überwachung auch darauf auszudehnen, dass Compliance-Verletzungen seitens des Vorstands untersucht und aufgeklärt, Fehler des CMS bereinigt und Non-Compliance angemessen geahndet werden.[432] Durch die Überprüfung hat er festzustellen, dass die gegen Rechtsverstöße eingerichteten Barrieren auch taugliche Schutzmechanismen sind.[433] Diese Tauglichkeit kann jedoch nur in der Überprüfung von Einzelfällen festgestellt werden. In der Literatur wird daher empfohlen, dass der Aufsichtsrat zu den entsprechenden Sitzungen neben den Vorstand mit dessen Einverständnis den nachgeordneten Leiter des Compliance-Bereichs einzuladen und sich über die entsprechende Handhabung des CMS zu informieren habe.[434] Letztlich kann der Aufsichtsrat dann annehmen, dass das CMS angemessen und wirksam ist, wenn eine Prüfung nach IDW PS 980 stattgefunden hat und erfolgreich war.[435]

3. Möglichkeit der Informationsgewinnung zur Überprüfung des CMS durch Anhörung von dem Vorstand nachgeordneten Ebenen

Ob der Aufsichtsrat im Rahmen der Einzelfallüberprüfung der Tauglichkeit des CMS zur Informationsgewinnung auch auf Mitarbeiter der dem Vorstand nachgeordneten Ebenen zurückgreifen darf, ist umstritten. Dem Grunde nach gebietet die aktienrechtliche Kompetenzverteilung im dualistischen System dies nicht. Die eigene Befragung von Mitarbeitern würde gegen das nach der herrschenden Lehre bestehende „*Informationsvermittlungsmonopol*" des Vorstandes gegenüber dem Aufsichtsrat verstoßen.[436] Unbestritten ist daher, dass der Aufsichtsrat mit Zustimmung des Vorstandes Mitarbeiteranhörungen durchführen darf.[437]

---

432 *Habersack,* AG 2014, 1, 5; *Koch*, in: Hüffer/Koch, § 111 AktG, Rn. 3; *Lutter*, in: FS Hüffer, Aufsichtsrat und Sicherung der Legalität in Unternehmen, S. 617, 618 ff.; *Reichert/Ott,* NZG 2014, 241, 242.

433 *Fuhrmann,* AG 2015, 328, 328; *Habersack*, in: MüKo AktG, § 111 AktG, Rn. 42.

434 *Hambloch-Gesinn/Gesinn*, in: Hölters, § 107 AKtG, Rn. 111; *Lutter*, in: FS Hüffer, Aufsichtsrat und Sicherung der Legalität in Unternehmen, S. 617, 619; *Reichert/Ott,* NZG 2014, S. 241, 245; *Winter*, in: FS Hüffer, Die Verantwortlichkeit des Aufsichtsrats für "Corporate Compliance", S. 1103, 1115.

435 *Schmidt*, in: Hauschka/Moosmayer/Lösler, § 45 - Wirtschaftsprüfung und CMS-Prüfung, Rn. 13.

436 *Eichner/Höller,* AG 2011, 885, 889; *Koch*, in: Hüffer/Koch, § 90 AktG, Rn. 11; *Kropff,* NZG 2003, S. 346; *Lutter/Krieger/Verse*, Rechte und Pflichten des Aufsichtsrats, Rn. 246; *Mertens/Cahn*, in: Kölner Komm. AktG, § 90 AktG, Rn. 52.

437 U.A.: *Kropff,* NZG 2003,346, 349.

a. Mitarbeiteranhörung ohne Zustimmung des Vorstandes bei Verdacht pflichtwidrigen Vorstandshandelns

Es besteht Einigkeit, dass dieses Kompetenzgefüge ausnahmsweise dann durchbrochen werden darf, wenn die Gefahr besteht, dass sich der Vorstand erheblich pflichtwidrig verhält, dem Aufsichtsrat Informationen vorenthält oder das Vertrauen zwischen beiden nachhaltig zerstört ist.[438] Es bestehe insofern das Recht auf eine verdachtsabhängige Befragung von Mitarbeitern, die zwingend notwendig ist, um Non-Compliance aufzudecken oder falsche Verdachtsmomente aus der Welt zu räumen und wieder zu einer vertrauensvollen Zusammenarbeit zurückzukehren.

b. Mitarbeiteranhörung ohne Zustimmung des Vorstandes ohne Verdacht pflichtwidrigen Vorstandshandeln

Ob Mitarbeiter jedoch ohne Verdacht auf einen Compliance-Verstoß angehört werden dürfen, wird in der Literatur uneinheitlich bewertet. *Bürgers*[439] sieht in der verdachtsunabhängigen Befragung von Mitarbeitern einen klaren Verstoß gegen das dualistische System. Grundsätzlich habe der Aufsichtsrat die Informationen durch den Vorstand zu erhalten. Für die Heranziehung der erforderlichen Informationsquellen sei das Aktiengesetz flexibel genug. So sei durch § 90 Abs. 3 AktG und die direkte Mitarbeiterbefragung bei konkretem Verdacht gegen ein Vorstandsmitglied für ausreichend Informationen gesorgt. Es sei nicht erkennbar, warum der Aufsichtsrat auf die Information nachgeordneter Ebenen angewiesen sei. Immerhin würde durch eine direkte Befragung ohne die Einbindung des Vorstandes im Rahmen der Routineberichterstattung ein evidentes Misstrauen zum Tragen kommen, welches die vertrauensvolle Zusammenarbeit beider Organe gefährde. Auch könne es zu Loyalitätskonflikten kommen, da die Mitarbeiter sowohl dem Vorstand als auch dem Aufsichtsrat verpflichtet wären. Wem soll der Mitarbeiter bei unterschiedlicher Auffassung beider Organe folgen? Neben *Bürgers*[440] erkennt auch *Arnold*[441] das Problem einer möglichen Pflichtenerhärtung zur Informationsbeschaffung im Unternehmen. Wird schon ein Recht zur verdachtsunabhängigen Mitarbeiterbefragung anerkannt, so kann

---

438 *Koch*, in: Hüffer/Koch, § 90 AktG, Rn. 11; *Mertens/Cahn*, in: Kölner Komm. AktG, § 90 AktG, Rn. 52.

439 *Bürgers*, ZHR 179 (2015), 173, 195 ff.

440 *Bürgers*, ZHR 179 (2015), 173, 199.

441 *Arnold*, ZGR 2014, 76, 92.

sich dieses Recht unter Umständen zu einer Pflicht verdichten, dessen Reichweite gänzlich ungeklärt wäre und zu einer undefinierbaren Erhöhung des Haftungsrisikos führen könnte. Überdies betont *Arnold*, dass den Angestellten gegenüber dem Aufsichtsrat überhaupt keine Auskunftspflicht obliege. So seien Mitarbeiter schon auf Grund des alleinig beim Vorstand liegenden arbeitsrechtlichen Direktionsrechtes nicht verpflichtet, sich vom Aufsichtsrat anhören zu lassen.[442] Letztlich sieht auch *Kropff* die Gefahr, dass die Einholung von Informationen *„über den Kopf des Vorstandes hinweg"* als Vertrauensbruch gedeutet werden könne und die Zusammenarbeit beider Organe gefährde.[443] Diese Gefahr müsse der Aufsichtsrat gegenüber seinem Interesse an der Informationsgewinnung abwägen, um die Vorstandsautorität zu schonen.[444]

Dem allgemeinen Lebensgrundsatz *„Vertrauen ist gut, Kontrolle ist besser"* folgend, bewertet *Roth*[445] hingegen eine verdachtsunabhängige Informationsbeschaffung bei Angestellten als notwendig und im Rahmen des Überwachungsauftrages sogar als zwingend. Immerhin lasse jede Kontrolle das Gefühl des Misstrauens aufkommen. Dieses Misstrauen durch die *„institutionalisierte Kontrolle"* des Aufsichtsrates sei jedoch für das Rollengefüge zwischen Vorstand und Aufsichtsrat notwendig. Ein allgemeines Misstrauen könne nicht als *„besonderes Misstrauen gegenüber der zu kontrollierenden Person gewertet werden"*. Vertrauen könne letztlich nur wachsen, wenn kontrolliert werde. Auch *Habersack*[446] geht *„im Interesse einer unbefangenen Informationsverteilung"* von einem Recht des Aufsichtsrates zur Kontrolle nachgeordneter Ebenen im Rahmen von § 111 Abs. 2 S. 1 AktG aus. Es liege kein Verstoß gegen das Geschäftsführungsverbot des Aufsichtsrates nach § 111 Abs. 4 S. 1 AktG vor, da die Befragung von Angestellten die Überwachung des Vorstandes effektuiere. Den Loyalitätskonflikten der Angestellten könne durch eine Regelung über die Existenz und Ausübung des Rechts der Befragung in der allgemeinen Informationsordnung entgegengewirkt werden.[447]

Den Befürwortern einer verdachtsunabhängigen Informationsbeschaffung im Unternehmen ist jedoch nicht zuzustimmen. Hätte der Gesetzgeber gewollt,

442 *Arnold*, ZGR 2014, 76, 94.

443 *Kropff*, NZG 2003, 346, 348.

444 *Kropff*, NZG 2003, 346, 348.

445 *Roth*, AG 2004, 1, 8 f.

446 *Habersack*, in: FS Stilz, Zur Aufklärung gesellschaftsinternen Fehlverhaltens durch den Aufsichtsrat der AG, 191, 199, 200.

447 *Habersack*, AG 2014, 1, 7.

dass der Aufsichtsrat im Rahmen der Überwachung des Vorstandes auch die nachgeordneten Ebenen kontrollieren sollte, so hätte er dies eindeutig kodifiziert. Stattdessen orientiert sich das Aktiengesetz streng am dualistischen Prinzip, ohne eine solche Maßnahme hierbei auch nur anzudeuten. Zwar wäre eine Kontrolle des Vorstandshandelns durch die Kontrolle der nachgeordneten Ebenen sicherlich effektiver, allerdings überwiegt der vertrauensbrechende psychologische Effekt, den eine ständige Überprüfung nachgeordneter Ebenen auslöst. Liegen Anhaltspunkte vor, dass der Vorstand Informationen zurückbehält oder falsche Informationen herausgibt, so besteht ohnehin die Möglichkeit, eigenständig unternehmensinterne Informationen einzuholen. Im Rahmen der vertrauensvollen Arbeit zwischen Vorstand und Aufsichtsrat kann erwartet werden, dass ohne hinreichend konkreten Verdacht, jedoch bei Interesse an einer Überprüfung innerhalb der nachgeordneten Ebenen, der Vorstand um entsprechende Einwilligung gebeten wird. Letztlich dürfte im Falle einer willkürlichen und unbegründeten Verweigerung möglichweise ein Verdachtsmoment bestehen, das eine Überprüfung wiederum zulässt. Der Einwand, dass dadurch ohnehin ein Befragungsrecht bestünde, da es dahinstehen könne, wie der Vorstand entscheide, wäre nicht unberechtigt. Allerdings liegen die Dinge in diesem dann Fall offen und eine Überprüfung findet nicht hinter dem Rücken des Vorstandes statt.

c. *Eigene Verfolgung von Non-Compliance durch den Aufsichtsrat?*

Ebenfalls ist umstritten, ob der Aufsichtsrat selbst interne Compliance-Untersuchungen durchführen darf bzw. unter bestimmten Umständen sogar dazu verpflichtet ist. Grundsätzlich obliegt die Pflicht zur Aufklärung von Compliance-Sachverhalten, wie bereits dargelegt, dem Vorstand im Rahmen seiner Leitungsfunktion.[448] Durch das Geschäftsführungsverbot ist dies dem Aufsichtsrat dem Grunde nach untersagt. Bleibt man bei der strikten und ausnahmslosen Trennung der Aufgaben von Vorstand und Aufsichtsrat, so ist es noch immer die Pflicht des Vorstandes selbst, die Compliance-Untersuchung zu führen, auch wenn alle aktiven Vorstandsmitglieder am Verstoß beteiligt wären.[449] Der Vorstand kann sich durch seine eigene Befangenheit nicht von der Untersuchungspflicht befreien und die Untersuchung auf den Aufsichtsrat abwälzen. Hat der Aufsichtsrat Kenntnis von einer etwaigen Befangenheit

448 *Koch*, in: Hüffer/Koch, § 76 AktG, Rn. 11.
449 *Arnold*, ZGR 2014, 76, 100.

Einzelner – in der Minderheit stehender – Vorstandsmitglieder, hat er seine Überwachung zu intensivieren und den Aufklärungsprozess des Vorstandes genauestens zu beobachten.[450] Hierbei sollte die Aufklärung des Sachverhaltes zwingend bei den nicht-befangenen Vorstandsmitgliedern liegen.[451] Sofern jedoch die Mehrheit der Vorstandsmitglieder im Verdacht der Befangenheit steht, ist der Aufsichtsrat verpflichtet, eigene Untersuchungen durchzuführen.[452] Nach *Arnold* könnte es in diesem Fall schon reichen, wenn der Aufsichtsrat von seiner Personalkompetenz Gebrauch macht, indem er den Vorstand ganz oder teilweise auswechselt.[453] Dieser Ansicht folgt *Bürgers* zu Recht nicht, da die Aufklärungsarbeit der sofortigen Abbestellung auf Grund der Wahrung des Verhältnismäßigkeitsgrundsatzes vorzuziehen ist.[454] Es kommt entsprechend zu einer Pflichtenverhärtung des Aufsichtsrates zur Durchführung eigener Compliance-Untersuchungen, wenn der Vorstand mehrheitlich in den Compliance-Verstoß einbezogen ist. Währenddessen ist der Vorstand jedoch nicht von eigenständigen Untersuchungen befreit.

aa. Getrennte Untersuchung von Vorstand und Aufsichtsrat

In Betracht kommen daher zunächst zwei getrennte Untersuchungen: durch den Vorstand und durch den Aufsichtsrat. Die Untersuchung des Aufsichtsrats leitet sich dabei aus seiner Überwachungspflicht und die des Vorstandes aus der Leitungsaufgabe ab.[455] *Habersack* weist jedoch zu Recht darauf hin, dass eine doppelte Untersuchung für die Gesellschaft nicht nur einen organisatorischen und finanziellen Mehraufwand erfordere, sondern auch der Atmosphäre innerhalb der Gesellschaft abträglich ist.[456] Darüber hinaus bedeuten zwei unterschiedliche Untersuchungen auch nicht zwingend einen Mehrgewinn an Aufklärung.[457]

---

450 *Reichert/Ott,* NZG 2014, 241, 249.

451 *Reichert/Ott,* NZG 2014, 241, 249.

452 Auch: *Bürgers,* ZHR 179 (2015), 173, 201; *Reichert/Ott,* NZG 2014, 241, 249 f.

453 *Arnold,* ZGR 2014, 76, 100.

454 *Bürgers,* ZHR 179 (2015), 173, 201.

455 *Arnold,* ZGR 2014, 76, 103; *Roth,* AG 2004, 1, 10.

456 *Habersack*, in: FS Stilz, Zur Aufklärung gesellschaftsinternen Fehlverhaltens durch den Aufsichtsrat der AG, 191, 196.

457 *Habersack*, in: FS Stilz, Zur Aufklärung gesellschaftsinternen Fehlverhaltens durch den Aufsichtsrat der AG, 191, 196.

bb. Gemeinsame Aufklärungsarbeit von Vorstand und Aufsichtsrat

Aus Kostengründen, wegen des Mehraufwandes und im Interesse der vertrauensvollen Atmosphäre im Unternehmen kann es geboten – zumindest aber ratsam – sein, dass sich Vorstand und Aufsichtsrat gemeinsam zum Wohl der Gesellschaft um Aufklärung des Sachverhaltes bemühen.[458] Damit sowohl Vorstand als auch Aufsichtsrat ihren Aufgaben nachkommen, müssen sich beide Organe dergestalt informieren, wie sie es eigenständig täten. Die gemeinsame Zusammenarbeit beschränkt sich entsprechend nur auf die Sachverhaltsermittlung und nicht auf die gemeinsame Abstimmung des Ergebnisses[459], welches in Anbetracht möglicher und mehrheitlicher Befangenheit des Vorstandes zweckwidrig wäre. *Arnold* empfiehlt hierbei, eine organisatorische Vereinbarung zwischen beiden Organen zu schließen, die bestimmt, wie die Informationsbeschaffung verteilt sein soll. Hierbei empfiehlt sich eine Vereinbarung über die Verpflichtung des Vorstandes, seine Angestellten zur Auskunft anzuweisen.[460]

Nach *Reichert/Ott*[461] sei es sinnvoll, wenn der Aufsichtsrat sich der Ermittlungen bei Fragen um Vorstandsmitglieder annehme. Der Vorstand hingegen solle unterhalb der Vorstandsebene die notwendigen Ermittlungen durchführen. Dies sei natürlich nur dann sinnvoll, sofern der Vorstand trotz eventueller Involvierung in die Sache ohne Bedenken eine *„ordnungsgemäße und unvoreingenommene Untersuchung“* gewährleisten könne.[462]

Habersack weist in diesem Rahmen darauf hin, dass das Problem der mehrheitlichen Befangenheit des Vorstandes nicht dadurch aus der Welt geräumt sei, dass der Vorstand nur einen Teil der Sachverhaltsermittlungen übernehme. Entsprechend scheint ihm eine eigenständige Sachverhaltsermittlung vorzugswürdig.[463] Hierbei kommt es natürlich auf die Umstände des Einzelfalles an. Sofern nur einige Mitglieder des Vorstandes befangen sein sollten, könnten diese aus dem Prozess der Sachverhaltsermittlung ausgeschlossen werden, so dass sich diese Problematik nicht mehr stellt.

Da die Pflicht zur Sachverhaltsaufklärung durch den Vorstand niemals entfällt, der Aufsichtsrat jedoch ebenfalls Sachverhaltsaufklärung betreiben muss,

---

458 *Arnold,* ZGR 2014, 76, 103.
459 *Arnold,* ZGR 2014, 76, 104.
460 *Arnold,* ZGR 2014, 76, 104.
461 *Reichert/Ott,* NZG 2014, 241, 250.
462 *Reichert/Ott,* NZG 2014, 241, 250.
463 *Habersack,* in: FS Stilz, Zur Aufklärung gesellschaftsinternen Fehlverhaltens durch den Aufsichtsrat der AG, 191, 194.

sollte auf Grund der Kosten des Mehraufwandes und des noch nicht durch gänzliche Befangenheit zerrütteten Vertrauensverhältnisses zwischen Vorstand und Aufsichtsrat die Sachverhaltsermittlung durch beide Organe durchgeführt werden. Ob der Vorstand hierbei zwingend die Ermittlungen unterhalb der Vorstandsebene führen sollte, scheint fraglich. Eine organisatorische Vereinbarung über die Informationsbeschaffung wäre auf Grund der vielfältigen Umstände des Einzelfalles vorzuziehen. Ist bekannt, welche Vorstandsmitglieder befangen sind, so sind diese von den Ermittlungen auszuschließen.

cc. *Eigenständige Sachverhaltsaufklärung durch den Aufsichtsrat*

Für den Fall, dass der Vorstand derart befangen ist, dass an einer ordnungsgemäßen Ermittlung im Aufklärungsprozess zu zweifeln ist, ist der Aufsichtsrat gehalten, eigene Ermittlungen zu führen.[464] Verdichtet es sich zur Pflicht des Aufsichtsrates, dass eigene Ermittlungen zu führen sind, so kann sich der Vorstand jedoch nicht von seiner Ermittlungsaufgabe freizeichnen[465] – auch wenn es trotz mehrheitlicher Befangenheit als ein Kuriosum wirkt, dass dessen Ermittlungsergebnis überhaupt verwertbar sein soll. Der Vorstand wird dieser Aufgabe seinerseits jedoch auch ohne eigene Ermittlungen gerecht, sofern er die Ermittlungsergebnisse des Aufsichtsrates überprüft und feststellt, dass damit auch die *„Belange des Vorstandes umfasst"* sind.[466] Der Aufsichtsrat hat daher schon zum Schutz des Wohles der Gesellschaft die Pflicht, den Vorstand an seinen Ermittlungsergebnissen vollständig teilhaben zu lassen; natürlich nur unter der Bedingung, dass weitergehende Ermittlungsergebnisse dadurch nicht gefährdet sind.

VI. Überwachung des Corporate Reputation Management

Wenig Beachtung findet indes innerhalb der Literatur das sog. Corporate Reputation Management. Das geringe Maß verwundert, da sich sämtliche Entscheidungen am Unternehmenswohl orientieren sollen, allerdings für dieses die Reputation von maßgeblicher Bedeutung ist.[467] Unternehmen mit einem

---

464 *Bürgers,* ZHR 179 (2015), 173, 201; *Eichner/Höller,* AG 2011, 885, 889; *Habersack,* in: FS Stilz, Zur Aufklärung gesellschaftsinternen Fehlverhaltens durch den Aufsichtsrat der AG, S. 191, 196; *Reichert/Ott,* NZG 2014, 241, 249 f.

465 *Habersack,* AG 2014, 1, 6.

466 *Habersack,* in: FS Stilz, Zur Aufklärung gesellschaftsinternen Fehlverhaltens durch den Aufsichtsrat der AG, 191, 197 Weiterhin: *Arnold,* ZGR 2014, 76, 104; *Bürgers,* ZHR 179 (2015), 173, 202.

467 *Seibt,* DB 2015, 171.

hervorragenden Ruf, beispielsweise hinsichtlich der Qualität der Leistung und der ethischen Unternehmensführung, können höhere Preise rechtfertigen als Unternehmen, zu denen das Vertrauen gering ist.[468] Der Unternehmensruf beeinflusst daher maßgeblich die Einschätzung der Stakeholder einer Gesellschaft über deren Entwicklung.[469] Damit ist die Reputation sowohl ein Disziplinierungsmittel zur Einhaltung gesetzlicher und insbesondere untergesetzlicher Regeln und Standards und auch ein Vermögensgegenstand.[470] Reputationsschäden werden definiert als *„der abgezinste Wert aller künftigen Mehrkosten und Mindereinnahmen der Gesellschaft, die darauf beruhen, dass die Stakeholder der Gesellschaft an der Fähigkeit oder Bereitschaft zur Einhaltung ihrer expliziten und impliziten Versprechen zweifeln“*[471]. Als bekannte Fälle von Reputationsschäden zählen *Klöhn* und *Schmolke* auf: den Rückruf von Produkten, eine Flugkatastrophe, die Einleitung eines Verwaltungsverfahren wegen irreführender Werbung, Fehlinformation an den Kapitalmarkt, öffentliche Berichterstattung über Fehlverhalten gegenüber Kunden, Geschäfts- und Vertragspartnern sowie die Verurteilung der Gesellschaft wegen kriminellen Fehlverhaltens.[472] Anders als Verstöße gegen die Legalitätspflicht können sich diese oft schwer messbaren Schäden daher aus ganz rechtmäßigen Entscheidungen heraus ergeben.[473] Sie müssen nicht nur *„ökonomisch nützlich und rechtlich zulässig“*, sondern auch *„gegenüber der Öffentlichkeit vertretbar sein“*.[474] Daher versteht *Seibt* die Planung des Corporate Reputation Managements zu Recht als Teil der Leitungsaufgabe des Vorstandes.[475] Demnach bestehe auch die Pflicht des Aufsichtsrates zur Überwachung der Reputationsstrategie.

Der Aufsichtsrat der Deutsche Bank AG hat unter anderem für diesen Zweck einen *„Integritätsausschuss“* begründet. Dieser überwacht nicht nur das gesamte Unternehmen hinsichtlich seiner Unternehmenskultur und der Einhaltung der Wertemuster, die sich die Deutsche Bank AG durch Ethik- und Verhaltenskodizes selbst auferlegt hat, sondern auch Reputationsrisiken.[476] Der Risikobericht der Deutsche Bank AG definiert diese als *„die Gefahr, dass die öffentliche*

468 *Klöhn/Schmolke*, NZG 2015, 689 ff.
469 *Klöhn/Schmolke*, NZG 2015, 689, 690.
470 *Klöhn/Schmolke*, NZG 2015, 689, 690.
471 *Klöhn/Schmolke*, NZG 2015, 689, 691.
472 *Klöhn/Schmolke*, NZG 2015, 689, 692.
473 *Plagemann*, NZG 2013, 1293, 1299.
474 *Plagemann*, NZG 2013, 1293, 1299.
475 *Seibt*, DB 2015, 171 ff.
476 *Plagemann*, NZG 2013, 1293, 1299.

Transaktion, ein Geschäftspartner oder eine Geschäftspraxis, an der ein Kunde beteiligt ist, das öffentliche Vertrauen in das Unternehmen negativ beeinflusst."[477] Der Aufsichtsrat sollte demnach darauf hinwirken, dass der Vorstand Maßnahmen zum Erhalt oder der Steigerung der Unternehmensreputation ergreift. *Seibt*[478] spricht sich daher für eine „*latente Überwachungspflicht*" des Aufsichtsrates für die Unternehmensreputation aus. Der Aufsichtsrat sollte sich über die Corporate-Reputation-Planung mindestens einmal jährlich vom Vorstand berichten lassen.[479] Damit sei sichergestellt, dass es überhaupt eine Corporate Management Planung gibt. Weiterhin rät er dem Aufsichtsrat zum Erhalt oder der Steigerung der Reputation dazu, die Unternehmensreputation auch an die variable Vorstandsvergütung zu knüpfen und Verhaltensrichtlinien – Code of Ethics – aufzustellen.[480] Auch außerdienstliches Verhalten der Vorstandsmitglieder kann zum Vertrauensbruch der Stakeholder führen und damit einen wichtigen Grund zum Widerruf der Bestellung nach § 84 Abs. 3 AktG bieten.

Es bietet sich je nach Größe der Gesellschaft wie im Falle der Deutsche Bank AG an, einen sog. Integritätsausschuss zu bilden, der überwacht, dass der Vorstand in seinen Entscheidungen die Reputationsrisiken berücksichtigt hat. Gleichermaßen hat der Aufsichtsrat, sofern er Kenntnis von abnehmender Qualität der Leistungen der Gesellschaft erlangt, darauf hinzuwirken, dass der Vorstand entsprechende Maßnahmen zur Korrektur durchführt, um beispielsweise nicht die Rolle als „*das Markenprodukt*" oder „*der Dienstleister seiner Branche*" zu verlieren. Hat ein Aufsichtsrat sodann Bedenken hinsichtlich des Reputationsrisikos, so muss er diese äußern. Steht ein Geschäftspartner längerfristig in der öffentlichen Kritik, muss überprüft werden, ob diese Verbindung zu vermögenswirksamen Reputationsschäden führen kann oder ob es sich hierbei um „*bloße Reputationsschäden*" ohne bedenkenswerte Auswirkungen auf die Gesellschaft handelt. Im Falle erhöhten Reputationsrisikos kann bzw. muss der Aufsichtsrat von der Abbestellung eines Vorstandsmitgliedes und von Zustimmungsvorbehalten Gebrauch machen.

---

477 Finanzbericht der Deutsche Bank AG 2012, S. 62 (https://www.db.com/ir/de/download/Deutsche_Bank_Finanzbericht_2012.pdf; abgerufen am: 30.04.2018).

478 *Seibt*, DB 2015, 171, 171 ff.

479 *Seibt*, DB 2015, 171, 179.

480 *Seibt*, DB 2015, 171, 177.

VII. Weitergehende Maßnahmen aus der Überwachungspflicht

1. Beratung des Vorstandes

Der Aufsichtsrat ist im Rahmen seiner Überwachungsaufgabe auch zur Beratung des Vorstandes verpflichtet. Sie ist gesetzlich nicht normiert, gehört jedoch zum Bild des modernen Aufsichtsrates.[481] Lediglich in Ziff. 5.1.1 des DCGK wird die Rolle des Aufsichtsrates als Berater des Vorstandes hervorgehoben. Der Bundesgerichtshof sieht den Aufsichtsrat in der Beratungspflicht und diese selbst als das *„vorrangige Mittel der in die Zukunft gerichteten Kontrolle des Vorstandes"*[482]. Die Beratung durch den Aufsichtsrat wird als Teil der präventiven Überwachung angesehen, da die Berichte aus der Berichtspflicht des Vorstandes nach § 90 Abs. 1 S. 1 Nr. 1 und 4 AktG zukünftige Maßnahmen zum Inhalt haben,[483] und ist als Teil der Überwachungspflicht, seit dem eben benannten Urteil des Bundesgerichtshofs, allgemein anerkannt.[484] Der Bundesgerichtshof führt weiter aus, dass eine wirksame Kontrolle nur durch ständige Diskussion mit dem Vorstand, und insofern durch dessen laufende Beratung, ausgeübt werden könne. Hinsichtlich der Adjektive „*ständig*" und „*laufend*" hat der damals amtierende Vorsitzende des II. Zivilsenates *Boujong* klargestellt, dass durch diese Worte lediglich das kontinuierliche Element der Überwachung herausgestellt werden sollte, nicht jedoch die Dichte oder die Erstreckung auf den operativen Geschäftsbetrieb.[485] Initiative und Planungszuständigkeit lägen immer beim Vorstand.[486] Vielmehr handelt es sich bei der Beratungspflicht um ein Spiegelbild des Überwachungsgegenstandes.[487]

Inhaltlich muss der Aufsichtsrat die vom Vorstand zu treffenden Entscheidungen und Vorhaben auf ihre Plausibilität und Rentabilität prüfen.[488] Treten

---

481 *Drygala*, in: K.Schmidt/Lutter, § 111 AktG, Rn. 18.

482 BGH, NJW 1991, 1830 ff.

483 *Bürgers/Israel*, in: Bürgers/Körber, § 111 AktG, Rn. 4; *Drygala*, in: K.Schmidt/Lutter, § 111 AktG, Rn. 18; *Habersack*, in: MüKo AktG, § 111 AktG, Rn. 39.

484 Insbesondere seit BGH, NJW 1991, 1830.

485 *Boujong*, AG 1995, 203, 205.

486 *Schütz*, in: Semler/v.Schenck, § 111 AktG, Rn. 344.

487 Vgl. *Bürgers/Israel*, in: Bürgers/Körber, § 111 AktG, Rn. 4; *Spindler*, in: Spindler/Stilz, § 111 AktG, Rn. 10; BGHZ 114, 127, 130.

488 So u.A.: *Drygala*, in: K.Schmidt/Lutter, § 111 AktG, Rn. 19; *Lutter/Krieger/Verse*, Rechte und Pflichten des Aufsichtsrats, S. 103; *Schütz*, in: Semler/v.Schenck, § 111 AktG, Rn. 19; wobei dieser Maßstab natürlich für die gesamte Überwachung gilt.

hierbei Bedenken im Rahmen des üblichen Sorgfaltsmaßstabes auf, so hat sich der Aufsichtsrat hierzu zu äußern. Mehr kann diesem auf Grund des Nebenamtscharakters nicht abverlangt werden.[489] Handelt der Vorstand jedoch gegen den Rat des Aufsichtsrates, so muss dieser auf die Entscheidung des Vorstandes einwirken, beispielsweise durch die Setzung von Zustimmungsvorbehalten.

Die Beratung im Sinne der Überwachungspflicht erfolgt nicht durch den Aufsichtsrat als Organ, sondern durch die einzelnen Aufsichtsratsmitglieder, wobei deren Auffassungen dem gesamten Aufsichtsrat zugerechnet werden, sofern niemand widerspricht.[490] Der Rat eines Aufsichtsratsmitglieds folgt lediglich dann der Beratungspflicht, wenn dieser im Rahmen einer Aufsichtsratssitzung erfolgt oder ein formelles Beschlussverfahren eingeleitet wurde.[491] Wird der Vorstand durch den Aufsichtsrat falsch oder nicht beraten, entlastet dies den Vorstand nicht.[492] Dieser ist für sein Handeln immer eigenverantwortlich.

Die Überwachungspflicht aus dem Nebenamt Aufsichtsrat verpflichtet nicht zu hauptamtlicher Beratung, sofern das notwendige spezielle Fachwissen beruflich begründet vorhanden ist.[493] Ist jedoch die professionelle Beratung eines Aufsichtsratsmitgliedes gewünscht, so können außerhalb der Überwachungspflicht Dienst- bzw. Werkverträge geschlossen werden, § 114 Abs. 1 AktG.

2. Bestimmung von Zustimmungsvorbehalten

Als weiteres Mittel der Einwirkung des Aufsichtsrates auf Entscheidungen des Vorstandes im Rahmen der Überwachungspflicht muss der Aufsichtsrat bestimmte Entscheidungen des Vorstandes unter einem Zustimmungsvorbehalt als Vetorecht[494] nach §§ 111 Abs. 4 AktG erteilen. Hierdurch wird dem Aufsichtsrat ein erhebliches Maß an Mitwirkung an der Geschäftsführung eingeräumt bzw. vorgeschrieben.[495]

---

489 Ausdrücklich und für viele: *Mertens/Cahn*, in: Kölner Komm. AktG, § 111 AktG, Rn. 40.

490 *Semler*, NZG 2007, 881, 882.

491 *Semler*, NZG 2007, 881, 882.

492 *Schütz*, in: Semler/v.Schenck, § 111 AktG, S. 346, verweisend auf: BGH, CCZ 2012, 76.

493 Sehr wohl muss von diesem Fachwissen jedoch i.R.d. Überwachungspflicht Gebrauch gemacht werden.

494 *Habersack*, in: MüKo AktG, § 111 AktG, Rn. 96; *Koch*, in: Hüffer/Koch, § 111 AktG, Rn. 33; *Spindler*, in: Spindler/Stilz, § 111 AktG, Rn. 62.

495 *Spindler*, in: Spindler/Stilz, § 111 AktG, Rn. 62.

a. *Zustimmungsvorbehalte im Allgemeinen*

Seit dem TransPuG 2002 haben die Satzung oder der Aufsichtsrat durch § 111 Abs. 4 S. 2 AktG Zustimmungsvorbehalte anzuordnen, sofern es sich hierbei um *„bestimmte Arten von Geschäften"* des Vorstandes handelt, auf die im Folgenden noch eingegangen wird. Große Veränderungen brachte das TransPuG – abgesehen von der Verpflichtung zur Erstellung eines Zustimmungskataloges – jedoch nicht, da es zwar bereits ein Ermessen des Aufsichtsrates bei der Setzung von Zustimmungsvorbehalten gab, diese jedoch auf Grund möglicher Ermessensreduktion (bei bestimmten Arten von Geschäften) auf null faktisch auch verpflichtend waren.[496]

Zustimmungsvorbehalte dienen der Vorwegkontrolle im *„4-Augen-Prinzip"*[497] und der Verhinderung von im Alleingang getroffenen Entscheidungen des Vorstandes. Der Vorstand soll den Aufsichtsrat über wichtige Maßnahmen und Entscheidungen informieren.[498] Der Gesetzgeber hat die Zustimmungsvorbehalte als ein effektives Überwachungsinstrument im präventiven Sinne erachtet und sich eine deutliche Verbesserung der Corporate Governance versprochen.[499] Die Wirkung des Zustimmungsvorbehaltes entfaltet sich jedoch nur im Innenverhältnis der Gesellschaft. Im Außenverhältnis ist der Vorstand nicht von der Zustimmung des Aufsichtsrates abhängig, obschon er sich im Innenverhältnis gegenüber der Gesellschaft schadensersatzpflichtig machen könnte.[500] Darüber hinaus kann eine Missachtung eines Zustimmungsvorbehaltes einen Grund für die Abberufung oder sogar für eine fristlose Kündigung des Anstellungsverhältnisses eines Vorstandsmitglieds darstellen.[501] Diesen Zustimmungsvorbehalten sind jedoch enge Grenzen im Rahmen der Leitungsverantwortung des Vorstandes (§ 76 Abs. 1 AktG) und des Geschäftsführungsverbotes des Aufsichtsrates (§ 111 Abs. 4 S. 1 AktG) gesetzt. Der Aufsichtsrat darf sich nicht zum indirekten Entscheidungstreffer erheben und jedwede unkonkreten Entscheidungen unter einen Zustimmungsvorbehalt stellen.[502] Im Rahmen außerordentlich wichtiger

496 BGHZ 124, 111, 127; *Mertens/Cahn*, in: Kölner Komm. AktG, § 111 AktG, Rn. 103; *Spindler*, in: Spindler/Stilz, § 111 AktG, Rn. 62.

497 *Lutter/Krieger/Verse*, Rechte und Pflichten des Aufsichtsrats, Rn. 118.

498 BegrRegE BT-Drs. 14/8769, S. 17.

499 *Koch*, in: Hüffer/Koch, § 111 AktG, Rn. 35.

500 *Kropff*, in: Semler/v.Schenck, § 8, S. 13; *Spindler*, in: Spindler/Stilz, § 111 AktG, Rn. 62.

501 *Kropff*, in: Semler/v.Schenck, § 8, S. 13; *Spindler*, in: Spindler/Stilz, § 111 AktG, Rn. 62.

502 *Bürgers/Israel*, in: Bürgers/Körber, § 111 AktG, Rn. 23; *Drygala*, in: K.Schmidt/Lutter, § 111 AktG, Rn. 55; *Lutter/Krieger/Verse*, Rechte und Pflichten des Aufsichtsrats,

Entscheidungen darf er sich ausnahmsweise jedoch zum Teilhaber an der Unternehmensführung aufschwingen.[503]

Die Erteilung von Zustimmungsvorbehalten erfolgt durch Beschluss des Gesamtplenums.[504] Die Entscheidung über die Errichtung eines solchen darf nicht auf einen Ausschuss delegiert werden, § 107 Abs. 3 S. 3 AktG. Nach der herrschenden Lehre besteht die Verpflichtung zur Errichtung eines ganzen Vorbehaltskataloges.[505] Üblicherweise ist dieser Katalog Teil der Geschäftsordnung des Aufsichtsrates oder des Vorstandes.[506] Der Aufsichtsrat kann jedoch über den erlassenen Katalog hinaus Zustimmungsvorbehalte erteilen bzw. kann unter Umständen zu einem solchen ad-hoc-Vorbehalt verpflichtet sein.[507] Eine solche Verpflichtung ergibt sich beispielsweise bei rechtswidrigen Maßnahmen des Vorstandes, die der Aufsichtsrat erkannt hat.[508]

b. Der Begriff „bestimmter Arten" *nach § 111 Abs. 4 S. 2 AktG*

Der Gesetzgeber hat bewusst auf eine genauere Definition der *„bestimmten Arten"* von Geschäften verzichtet, da es im Besonderen auf Art und Umfang des entsprechenden Unternehmens ankomme.[509] Die Errichtung eines allgemeinen Kataloges, schließt der deutsche Gesetzgeber damit aus.[510] In der Gesetzesbegründung zum TransPuG erklärt sich der Gesetzgeber hierzu etwas genauer,

---

Rn. 118; *Mertens/Cahn*, in: Kölner Komm. AktG, § 111 AktG, Rn. 85; *Spindler*, in: Spindler/Stilz, § 111 AktG, Rn. 64.

503 *Goette*, in: FS 50 Jahre BGH, Leitung, Aufsicht, Haftung, S. 128.

504 *Habersack*, in: MüKo AktG, § 111 AktG, Rn. 105.

505 *Habersack*, in: MüKo AktG, § 111 AktG, Rn. 102; *Hambloch-Gesinn/Gesinn*, in: Hölters, § 111 AktG, Rn. 72; *Lieder*, DB 2004, 2251, 2252; *Oetker*, in: Erfurter Kommentar, § 111 AktG, Rn. 7; andere Ansicht *Mertens/Cahn*, da § 111 Abs. 4 S. 2 AktG, welche lediglich verlangen, von der Möglichkeit der Anordnung von Zustimmungsvorbehalten Gebrauch zu machen. Ein Pflichtenkatalog sei nur reine Formalie, da der Aufsichtsrat bei Entscheidungen von existenzieller Bedeutung ohnehin mit dem Vorstand abgestimmt sein muss. Außerdem führe eine solche Pflicht zu einem viel zu umfangreichen Katalog, um sich nicht der Haftung auszusetzen. Stimmen sich Vorstand und Aufsichtsrat im Rahmen der Beratungspflicht von Vornherein über eine Maßnahme ab, *„würde ein formloser Zustimmungsvorbehalt zur sinnlosen Pflichtübung"*: *Mertens/Cahn*, in: Kölner Komm. AktG, § 111 AktG, Rn. 104.

506 *Lutter/Krieger/Verse*, Rechte und Pflichten des Aufsichtsrats, Rn. 116.

507 *Lutter/Krieger/Verse*, Rechte und Pflichten des Aufsichtsrats, Rn. 115.

508 *Habersack*, in: MüKo AktG, § 111 AktG, Rn. 115.

509 *Spindler*, in: Spindler/Stilz, § 111 AktG, Rn. 64.

510 *Fleischer*, BB 2013, S. 835, 838; *Spindler*, in: Spindler/Stilz, § 111 AktG, Rn. 63.

indem er wie folgt erklärt: *„Entscheidungen oder Maßnahmen, die nach den Planungen oder Erwartungen die Ertragsaussichten der Gesellschaft oder ihre Risikoexposition grundlegend verändern und damit von existentieller Bedeutung für das künftige Schicksal der Gesellschaft sind, müssen vom Votum beider Organe, des Vorstands und des Aufsichtsrats, getragen werden."*[511] Als Faustregel wird daher in der Kommentarliteratur vertreten, dass nur Geschäfte von besonderer Bedeutung[512] durch ihr Risiko unter einen Zustimmungsvorbehalt gesetzt werden können, wobei gleichsam auch betont wird, dass nicht alle wichtigen Entscheidungen pauschal unter einen Zustimmungsvorbehalt gestellt werden dürfen (bspw. als Generalklausel *„alle wesentlichen Geschäfte"*[513]).[514] Andere Stimmen wiederum ziehen den Begriff der *„außergewöhnlichen Geschäfte"* des § 116 Abs. 2 HGB heran, wonach solche Entscheidungen unter einen Zustimmungsvorbehalt gesetzt werden sollen, die über den gewöhnlichen Geschäftsbetrieb hinausgehen.[515] Fest steht zumindest, dass es sich im Rahmen der Zustimmungsvorbehaltspflicht nicht um allgemeine Geschäfte des täglichen Geschäftsverkehrs handeln soll.[516]

Für sowohl zustimmungsvorbehaltspflichtige als auch insbesondere zustimmungsvorbehaltsfähige Geschäfte kommt *Fleischer* im Rahmen einer sehr ausführlichen historischen Auslegung zu dem Schluss, dass die Regierungsbegründung zum TransPuG als *„authentische Interpretation des § 111 Abs. 4 S. 2 AktG"* zu verstehen sei.[517] Dies würde auch durch die Berichtspflichten des § 90 AktG unterstrichen.[518] Für den Beschluss eines Zustimmungsvorbehaltes seien demnach Rentabilität und Ertragslage mit dem Bestandsinteresse und der Risikoexposition abzuwägen.[519] Mittelbar würden demnach hierzu auch grundlegende

---

511 BegrRegE BT-Drs. 14/8769, S. 17.

512 *Drygala*, in: K.Schmidt/Lutter, § 111 AktG, Rn. 56; *Hambloch-Gesinn/Gesinn*, in: Hölters, § 111 AktG, Rn. 72; *Hopt/Roth*, in: Großkomm-AktG, § 111 AktG, Rn. 641; *Mertens/Cahn*, in: Kölner Komm. AktG, § 111 AktG, Rn. 84; *Spindler*, in: Spindler/Stilz, § 111 AktG, Rn. 65.

513 *Koch*, in: Hüffer/Koch, § 111 AktG, Rn. 41.

514 *Koch*, in: Hüffer/Koch, § 111 AktG, Rn. 36; *Lutter/Krieger/Verse*, Rechte und Pflichten des Aufsichtsrats, Rn. 121.

515 *Hambloch-Gesinn/Gesinn*, in: Hölters, § 111 AktG, Rn. 72; *Hopt/Roth*, in: Großkomm-AktG, § 111 AktG, Rn. 641.

516 Vgl. *Koch*, in: Hüffer/Koch, § 111 AktG, Rn. 42.

517 *Fleischer*, BB 2013, 835, 840.

518 *Fleischer*, BB 2013, 835, 840.

519 *Fleischer*, BB 2013, 835, 840.

Strategieentscheidungen und das Reputationsrisiko zählen.[520] Hierzu böte sich die individuelle Setzung von Schwellenbeträgen an.[521] *Thiessen* widerspricht *Fleischer* jedoch im praktischen Ergebnis anhand seiner methodischen Auslegung. Demnach hätten der Aufsichtsrat und der Satzungsgeber unabhängig von der Risikoexposition oder der Vermögens-, Finanz- oder Ertragslage der Gesellschaft einen weiten Ermessensspielraum für Zustimmungsvorbehalte.[522] Immerhin können sich viele kleine unternehmerische Fehler zu einem existenzbedrohlichen summieren.[523] Auch entgegnet er, dass diese Abwägung die Grenze zwischen bloß vorbehaltsfähigen und vorbehaltspflichtigen Geschäften verwische.[524] Dieser Ansicht sich anschließend, schlägt *Koch* daher richtigerweise aus Gründen der Praktikabilität vor, dass typischerweise riskante Geschäfte, wie beispielsweise ein Grundstücksgeschäft oder der Erwerb von Unternehmensbeteiligungen, ebenfalls unter einen Zustimmungsvorbehalt gestellt werden dürfen, ganz unabhängig von einem Schwellenbetrag.[525]

Der Ansicht *Thiessens* und *Kochs* ist zuzustimmen. Der Gesetzgeber hat, wie er selbst begründet, nur die Grundvoraussetzungen für obligatorische Zustimmungsvorbehalte bestimmt.[526] Der Aufsichtsrat kann seiner Überwachungsaufgabe aber nur dann gerecht werden, wenn er sich auch außerhalb dieses Rahmens bewegen kann. Die historische Herleitung *Fleischers* steht im Gegensatz zur Intention des Gesetzgebers, der, wie *Thiessen* richtig ausführt, den Aufsichtsrat zu mehr Zustimmungsvorbehalten animieren möchte. Unter welchen Voraussetzungen jedoch fakultative Zustimmungsvorbehalte unzulässig sein sollen, spart der Gesetzgeber in seiner Regierungsbegründung aus.[527] Gleichsam begründet er die Anordnungsverpflichtung in Bezug auf Zustimmungsvorbehalte nicht mit der Notwendigkeit eines Eingriffes in die Geschäftsführung als vielmehr mit der Information des Aufsichtsrates durch den Vorstand, der (damals) den Aufsichtsrat auch bei wesentlichen Maßnahmen und Entscheidungen der Gesellschaft betreffend die Ertragsaussichten oder Risikoexposition oftmals nicht informiert. Der Gesetzgeber wollte durch obligatorische Zustimmungsvorbehalte demnach erreichen, dass wichtige Maßnahmen und Entscheidungen von beiden Gremien

---

520 *Fleischer,* BB 2013, 835, 840.
521 *Fleischer,* BB 2013, 835, 840; *Grooterhorst,* NZG 2011, 921, 922.
522 *Thiessen,* AG 2013, 573, 573 f.
523 *Thiessen,* AG 2013, 573, 578 f.
524 *Thiessen,* AG 2013, 573, 578, zustimmend: *Koch,* in: Hüffer/Koch, § 111 AktG, Rn. 42.
525 *Koch,* in: Hüffer/Koch, § 111 AktG, Rn. 42.
526 *Thiessen,* AG 2013, S. 573, 578; BegrRegE BT-Drs. 14/8769, S. 17.
527 BegrRegE BT-Drs. 14/8769, S. 17.

getragen werden. Dass der Aufsichtsrat hierdurch eine aktivere Rolle einnimmt, ist vom Gesetzgeber sogar erwünscht.[528]

3. Einberufung der Hauptversammlung

Nach § 111 Abs. 3 AktG ist der Aufsichtsrat zur Einberufung der Hauptversammlung sowohl berechtigt als auch verpflichtet, wenn das *„Wohl der Gesellschaft"* gefährdet ist. Dies ist der Fall, wenn die Interessen der Gesellschaft beeinträchtigt oder zumindest gefährdet wären, wenn es nicht zur Einberufung der Hauptversammlung käme.[529] Ein solcher Fall ist in der Praxis sehr selten, da der Aufsichtsrat den Vorstand zumeist zur Einberufung der Hauptversammlung drängen wird.[530] Dies kann jedoch insbesondere im Hinblick auf die Holzmüller/Gelatine-Rechtsprechung der Fall sein, wenn der Vorstand die Einberufung der Hauptversammlung auf Grund unternehmenswichtiger und strukturändernder Maßnahmen hätte beschließen müssen, dies jedoch (auch nach Aufforderung des Aufsichtsrates) unterlassen hat.[531] Typischerweise dient auch die Gelegenheit zum Vertrauensentzug eines Vorstandsmitgliedes nach § 84 Abs. 3 S. 2 AktG dem Wohl der Gesellschaft, damit der Aufsichtsrat diese sodann nach § 84 Abs. 3 S. 1 AktG abberufen kann.[532] Nach der Frosta-Entscheidung[533] des Bundesgerichtshofes fällt dagegen die Entscheidung über ein beabsichtigtes Delisting nicht unter die Kompetenzen der Hauptversammlung; diese ist daher in diesem Fall nicht zwingend einzuberufen.[534]

---

528 BegrRegE BT-Drs. 14/8769, S. 17.

529 *Habersack*, in: MüKo AktG, § 111 AktG, Rn. 91.

530 *Spindler*, in: Spindler/Stilz, § 111 AktG, Rn. 57.

531 *Habersack*, in: MüKo AktG, § 111 AktG, Rn. 91; *Spindler*, in: Spindler/Stilz, § 111 AktG, Rn. 57.

532 *Habersack*, in: MüKo AktG, § 111 AktG, Rn. 91; *Hambloch-Gesinn/Gesinn*, in: Hölters, § 111 AktG, Rn. 68; *Koch*, in: Hüffer/Koch, § 111 AktG, Rn. 30; *Lutter/Krieger/Verse*, Rechte und Pflichten des Aufsichtsrats, Rn. 136; *Spindler*, in: Spindler/Stilz, § 111 AktG, Rn. 57.

533 BGH, NJW 2014, 146.

534 Ebenso *Spindler*, in: Spindler/Stilz, § 111 AktG, Rn. 57; a.A. mit guter Begründung: *Stöber*, welcher das Delisting und das Downlisting als vergleichbar mit den in § 119 Abs. 1 AktG ausdrücklich aufgezählten Fällen betrachtet und die Vorschrift daher analog heranzieht; danach sei ein Hauptversammlungsbeschluss mit einfacher Mehrheit für ein Delisting und ein Downlisting notwendig; s. *Stöber*, WM 2014, 1760 f.

Ob die Hauptversammlung zum Zwecke der Erörterung von Geschäftsführungsfragen einberufen werden kann, wird in der Literatur unterschiedlich betrachtet. Die herrschende Lehre lehnt eine Einberufung der Hauptversammlung zu diesem Zweck ab.[535] Demnach könne das Unternehmensinteresse die Einberufung der Hauptversammlung durch den Aufsichtsrat gegen den Willen des Vorstandes selbst dann nicht rechtfertigen, wenn es sinnvoll erscheine, dass der Vorstand sich ein Bild von der Haltung seiner Shareholder mache.[536] Überdies liege die Kompetenz für Fragen der Geschäftsführung nach § 119 Abs. 2 AktG alleine beim Vorstand.[537] Auch räume § 111 Abs. 3 AktG dem Aufsichtsrat kein Ermessen ein, durch welches er entscheiden könne, zu welcher Meinungsbilderörterung er die Hauptversammlung einberufen könne und zu welcher nicht.[538] Letztlich sei die Erteilung von Zustimmungsvorbehalten durch den Aufsichtsrat das vorzugwürdigere Mittel, denn gem. § 111 Abs. 4 AktG könne dies zur Vorlage des umstrittenen Themas an die Hauptversammlung führen.[539]

Andere Stimmen halten die Einberufung der Hauptversammlung zum Zwecke der Erörterung von Geschäftsführungsfragen jedoch für zulässig. Wenngleich lediglich der Vorstand über diese Fragen letztlich entscheiden könne, sollen besonders wichtige Fragen unverbindlich erörtert werden können.[540] Zwar liege die Entscheidung über Geschäftsführungsmaßnahmen gem. §119 Abs. 2 AktG nicht bei der Hauptversammlung, sondern beim Vorstand, allerdings untersage dies nicht deren Erörterung.[541] Überdies müsse der Hauptversammlung das Recht zur Erörterung von Geschäftsführungsfragen schon deshalb zustehen, da sie vor der Entscheidung über einen Vertrauensentzug zunächst die

---

535 *Grigoleit/Tomasic*, in: Grigoleit, § 111 AktG, Rn. 36; *Habersack*, in: MüKo AktG, § 111 AktG, Rn. 90; *Koch*, in: Hüffer/Koch, § 111 AktG, Rn. 31; *Spindler*, in: Spindler/Stilz, § 111 AktG, Rn. 57.

536 *Koch*, in: Hüffer/Koch, § 111 AktG, Rn. 31.

537 *Grigoleit/Tomasic*, in: Grigoleit, § 111 AktG, Rn. 37; *Koch*, in: Hüffer/Koch, § 111 AktG, Rn. 31; *Spindler*, in: Spindler/Stilz, § 111 AktG, Rn. 58.

538 *Spindler*, in: Spindler/Stilz, § 111 AktG, Rn. 58.

539 *Koch*, in: Hüffer/Koch, § 111 AktG, Rn. 31; welcher den diesbezüglichen Ausführungen von *Mertens/Cahn* zustimmt (*Mertens/Cahn*, in: Kölner Komm. AktG, § 111 AktG, Rn. 74).

540 *Lutter/Krieger/Verse*, Rechte und Pflichten des Aufsichtsrats, Rn. 136.

541 *Steinbeck*, Überwachungspflicht und Einwirkungsmöglichkeiten des Aufsichtsrats in der Aktiengesellschaft, S. 168.

Geschäftsführungsqualitäten des Vorstandes beurteilen müsse.[542] Außerdem sei eine solche gemeinsame Erörterung von Vorteil, da sie den Zusammenhalt zwischen Aktionären und Verwaltung zeige.[543]

Die Ansichten der Befürworter überzeugen nicht. Die Einberufung der Hauptversammlung durch den Aufsichtsrat gegen den Willen des Vorstandes zum Zwecke der Erörterung von Geschäftsführungsfragen muss unzulässig sein. Es darf nicht vermischt werden, dass die Hauptversammlung zwar über Fragen der Geschäftsführung – insbesondere auch im Rahmen eines Vertrauensentzuges – diskutieren darf. Eine Einberufung durch den Aufsichtsrat rechtfertigt dies jedoch nicht. Hierdurch könnte die vertrauensvolle Zusammenarbeit zwischen Vorstand und Aufsichtsrat zerstört werden, zumal es sich bei der Hauptversammlung um ein offen tagendes Gremium handelt und so vertrauliche Informationen der breiten Öffentlichkeit zugänglich gemacht werden[544], was ein autonomes Handeln des Vorstandes möglicherweise einschränken könnte. Damit würde der Aufsichtsrat sich gegebenenfalls eigenständig Geschäftsführungskompetenzen aneignen und somit gegen die strikte Kompetenzverteilung verstoßen. Der Meinung, hierin sei ein Vorteil zu sehen, weil dies in kritischen wirtschaftlichen Situationen von Nutzen sei, um den Zusammenhalt von Aktionären und Verwaltung zu demonstrieren, kann nicht gefolgt werden. Eine Einberufung durch den Aufsichtsrat kann nicht im Sinne des Vorstandes liegen, da dieser die Hauptversammlung sonst selbst einberufen hätte. Vielmehr deutet dies auf Unstimmigkeiten auf höchster Ebene hin, was auch in nicht-kritischen wirtschaftlichen Lagen keinen Vorteil darstellt.

VIII. Zusammenfassung

Im vorangegangenen Kapitel wurde dargestellt, wo die wesentlichen Überwachungsschwerpunkte der Aufsichtsratstätigkeit liegen. Eine gründliche Überwachung ist erst auf Grund der Berichtspflicht des Vorstandes nach § 90 AktG zu realisieren. Sie sorgt dafür, dass der Aufsichtsrat immer aktuell informiert ist und somit auch beratend tätig werden kann, was ebenfalls unter die Überwachungsaufgaben fällt. Große Beachtung kommt der Prüfung des Jahresabschlusses und

542 *Steinbeck*, Überwachungspflicht und Einwirkungsmöglichkeiten des Aufsichtsrats in der Aktiengesellschaft, S. 168.

543 *Steinbeck*, Überwachungspflicht und Einwirkungsmöglichkeiten des Aufsichtsrats in der Aktiengesellschaft, S. 168.

544 Ähnlich: *Biener*, BFuP 1977, 489, 497.

des Lageberichtes nach § 171 AktG, aber auch der Prüfung des CMS zu, wohingegen die Prüfung des CMR leider noch vernachlässigt wird. Die wegweisendste Entscheidung des Aufsichtsrates für die Gesellschaft ist jedoch die Besetzung des Vorstandes. Eine gute Besetzung des Vorstandes ist geeignet, Pflichtverletzungen in der Zukunft zu vermeiden. Hat der Aufsichtsrat im Rahmen seiner Prüfungen eine oder mehrere Pflichtverletzungen festgestellt, ist er zum Handeln gezwungen. Im folgenden Kapitel werden die verschiedenen Einwirkungsmöglichkeiten von der Äußerung von Bedenken bis hin zur Geltendmachung von Schadensersatzansprüchen für die Gesellschaft dargestellt.

G. Pflichten des Aufsichtsrates nach Feststellung von Pflichtverstößen des Vorstandes

Stellt der Aufsichtsrat eine oder mehrere Pflichtverletzungen des Vorstandes fest, so muss er diesen Missständen entsprechend entgegenwirken. Auch dies ist ein wichtiger Bestandteil der Überwachungspflicht, da eine Überwachung ohne Einwirkung letztlich sinnwidrig wäre. Dem Aufsichtsrat stehen dazu vielseitige Werkzeuge zur Verfügung, die im Folgenden in sehr knapper Form vorgestellt werden sollen. Diese haben teilweise wenig juristisches Streitpotential und werden entsprechend in der Kommentarliteratur äußerst knapp behandelt.

I. Äußerung der Bedenken

Hält der Aufsichtsrat eine Maßnahme für pflichtwidrig, so sollte er dem Vorstand zunächst seine Bedenken mitteilen.[545] Dies kann auch auf Grundlage eines Meinungsbeschlusses erfolgen.[546] Hierbei sollten auch die Maßnahmen dargestellt werden, die der Aufsichtsrat treffen wird, sofern sich der Vorstand entgegen dessen Empfehlung verhält.[547] Die Äußerung der Bedenken ist für den Vorstand unverbindlich.[548] Relevant kann sie jedoch im Rahmen der Geschäftsleiterhaftung sein, wenn, trotz der geäußerten Zweifel des Aufsichtsrates, die umstrittene Entscheidung getroffen wurde und sie sich im Endeffekt auch als falsch herausstellt.[549]

II. Formelle Beanstandungen

Ebenfalls rechtsunverbindlich ist eine formale Beanstandung seitens des Aufsichtsrates.[550] Sie führt jedoch dazu, dass der Aufsichtsrat diese in seinem Bericht an die Hauptversammlung zu erwähnen hat, § 171 Abs. 2 S. 2 AktG.[551]

---

545 *Hambloch-Gesinn/Gesinn*, in: Hölters, § 111 AktG, Rn. 31; *Lutter/Krieger/Verse*, Rechte und Pflichten des Aufsichtsrats, Rn. 110.

546 *Hambloch-Gesinn/Gesinn*, in: Hölters, § 111 AktG, Rn. 31.

547 *Hambloch-Gesinn/Gesinn*, in: Hölters, § 111 AktG, Rn. 31.

548 *Lutter/Krieger/Verse*, Rechte und Pflichten des Aufsichtsrats, Rn. 110.

549 *Hambloch-Gesinn/Gesinn*, in: Hölters, § 111 AktG, Rn. 32; *Lutter/Krieger/Verse*, Rechte und Pflichten des Aufsichtsrats, Rn. 110.

550 *Lutter/Krieger/Verse*, Rechte und Pflichten des Aufsichtsrats, Rn. 110.

551 *Hambloch-Gesinn/Gesinn*, in: Hölters, § 111 AktG, Rn. 33.

III. Bestimmung eines ad-hoc-Zustimmungsvorbehaltes

Wie bereits als Instrument der Überwachung dargestellt, hat der Aufsichtsrat bei bestimmten Maßnahmen die Möglichkeit, Zustimmungsvorbehalte zu erteilen. Dies erfolgt zumeist präventiv durch einen Zustimmungsvorbehaltskatalog, den der Aufsichtsrat in die Geschäftsordnungen des Aufsichtsrates oder – was vorzugswürdiger ist – in die Geschäftsordnung des Vorstandes einbringt. Auch die Satzung kann einen solchen Katalog enthalten. Eine weitere Möglichkeit ist die Setzung eines ad-hoc-Zustimmungsvorbehalts.[552] Zu einem solchen ist der Aufsichtsrat verpflichtet, wenn er in zukünftigen Entscheidungen und Maßnahmen des Vorstandes die Möglichkeit einer Pflichtverletzung sieht und der Vorstand sich trotz gemeinsamer Beratung mit dem Aufsichtsrat nicht von seiner Entscheidung abbringen lässt.[553]

IV. Versagung der Zustimmung bei Handlungen unter Zustimmungsvorbehalt

Unterfällt eine Entscheidung des Vorstandes einem Zustimmungsvorbehalt und ist der Aufsichtsrat davon überzeugt, dass sich der Vorstand mit dieser pflichtwidrig verhält, ist der Aufsichtsrat verpflichtet, seine Zustimmung zu verweigern. Die Zustimmung des Aufsichtsrates erfolgt durch Beschluss und kann sogar auf einen Ausschuss übertragen werden, da § 107 Abs. 3 S. 2 AktG nur die Zuständigkeit von Ausschüssen für die Erteilung von Zustimmungsvorbehalten verbietet, nicht aber für die Zustimmung als solche oder deren Verweigerung.[554] Wird die Zustimmung verweigert, darf der Vorstand das zustimmungspflichtige Geschäft im Innenverhältnis nicht vornehmen.[555] Der Vorstand kann im Falle der Verweigerung durch den Aufsichtsrat die Zustimmung der Hauptversammlung nach § 111 Abs. 3, Abs. 4 S. 3 AktG einholen. Der Zustimmungsvorbehalt wirkt allerdings nur im Innen- und nicht im Außenverhältnis.[556] Im Falle

---

552 BGHZ 124, 111, 127; *Drygala*, in: K.Schmidt/Lutter, § 111 AktG, Rn. 52; *Habersack*, in: MüKo AktG, § 111 AktG, Rn. 102; *Hambloch-Gesinn/Gesinn*, in: Hölters, § 111 AktG, Rn. 75; *Hopt/Roth*, in: Großkomm-AktG, § 111 AktG, Rn. 595; *Lutter/Krieger/Verse*, Rechte und Pflichten des Aufsichtsrats, Rn. 117; *Spindler*, in: Spindler/Stilz, § 111 AktG, Rn. 67.

553 Vgl. *Habersack*, in: MüKo AktG, § 111, Rn. 130, 131.

554 *Drygala*, in: K.Schmidt/Lutter, § 111 AktG, Rn. 61.

555 *Drygala*, in: K.Schmidt/Lutter, § 111 AktG, Rn. 61.

556 *Drygala*, in: K.Schmidt/Lutter, § 111 AktG, Rn. 64; *Hopt/Roth*, in: Großkomm-AktG, § 111 AktG, Rn. 702; *Mertens/Cahn*, in: Kölner Komm. AktG, § 111 AktG, Rn. 112.

einer Entscheidung über die Verweigerung des Aufsichtsrates hinweg macht sich der Vorstand jedoch ggf. schadensersatzpflichtig.[557] Die Verweigerung der Zustimmung zu vertretbaren Entscheidungen des Vorstandes ist daher auch nicht schädlich. Ein Pflichtverstoß im Rahmen der Zustimmungsverweigerung könnte lediglich dann zu bejahen sein, wenn der Aufsichtsrat keinerlei Grundlage für seine Entscheidung hat, diese damit willkürlich ist und die Vorstandsarbeit behindert.

V. Abberufung des pflichtvergessenen Vorstandsmitglieds, § 84 Abs. 3 AktG

Ist das Vertrauen zu einem Vorstandsmitglied auf Grund einer oder mehrerer Pflichtverletzungen unwiderruflich verloren gegangen, ist eine gemeinsame Zusammenarbeit zum Unternehmenswohl nicht mehr denkbar. In Betracht kommt daher, als weiteres Instrument des Aufsichtsrates, der Widerruf der Bestellung nach § 84 Abs. 3 AktG. Durch eine erfolgte Abberufung wird das Anstellungsverhältnis jedoch nicht automatisch fristlos gekündigt.[558] Die Gesellschaft kann selbst darüber bestimmen, ob das Vertrauen unwiederbringlich zerstört wurde, und den jeweiligen Geschäftsbereich entziehen. Sofern jedoch die Pflichtverletzung objektiv nicht zu schwer wiegt und eine weitere *„Beschäftigung“* zumutbar ist, bleibt diese bestehen.[559] Für die Abberufung nach § 84 Abs. 3 AktG bedarf es daher zwar ohne Ausnahme[560] ebenfalls eines wichtigen Grundes; dieser ist jedoch nicht identisch mit demjenigen des § 626 BGB, welcher strengere Maßstäbe ansetzt.[561] Nach § 84 Abs. 3 S. 2 AktG liegt ein wichtiger Grund bei *„grobe[r] Pflichtverletzung, Unfähigkeit zur ordnungsmäßigen Geschäftsführung oder [berechtigtem] Vertrauensentzug durch die Hauptversammlung“* vor. Grobe Pflichtverletzungen können hierbei eine unsorgfältige Berichterstattung, Kartellverstöße, Korruptionsdelikte oder die Verletzung der

557 *Drygala*, in: K.Schmidt/Lutter, § 111 AktG, Rn. 64; *Grigoleit/Tomasic*, in: Grigoleit, § 111 AktG, S. 53; ähnlich für den Beirat einer GmbH: OLG Köln, NZG 2009, 1223.

558 *Lutter/Krieger/Verse*, Rechte und Pflichten des Aufsichtsrats, Rn. 368.

559 *Koch*, in: Hüffer/Koch, § 84 AktG, Rn. 34; *Spindler*, in: MüKo AktG, § 84 AktG, Rn. 125; *Spindler*, in: MüKo AktG, § 84 AktG, Rn. 100.

560 *Mertens/Cahn*, in: Kölner Komm. AktG, § 111 AktG, Rn. 120.

561 LG Stuttgart, Ag 2003, 53; *Koch*, in: Hüffer/Koch, § 84 AktG, Rn. 50; *Lutter/Krieger/Verse*, Rechte und Pflichten des Aufsichtsrats, Rn. 365; *Weber*, in: Hölters, § 84 AktG, Rn. 64.

Berichtspflicht sein.[562] Der Gesetzgeber hat in § 84 Abs. 3 S. 2 AktG damit jedoch nur Beispiele für wichtige Gründe gegeben.[563] Ein solcher liegt vielmehr immer dann vor, wenn die Fortsetzung des Organverhältnisses bis zum Ende der Amtszeit für die Gesellschaft unzumutbar ist.[564] Soll auf die Abberufung auch die fristlose Kündigung des Vorstandsmitgliedes erfolgen, steht der Aufsichtsrat in zeitlicher Hinsicht unter Druck.[565] Obschon § 84 Abs. 3 AktG keine Ausschlussfrist zur Aussprache der Abberufung vorgibt, so ist im Rahmen des § 626 BGB eine Zweiwochenfrist maßgeblich. Läuft diese unbeachtet aus, kann sich der Aufsichtsrat haftbar machen.[566]

1. Keine Einbeziehung der Interessen des Vorstandes im Rahmen der Zumutbarkeitsabwägung

Ob im Rahmen der Zumutbarkeitsabwägungen lediglich die Interessen der Gesellschaft oder auch die Interessen des Organs maßgeblich sein sollen, ist umstritten.

Die Rechtsprechung[567] und der wohl überwiegende Teil der Literatur[568] beziehen regelmäßig auch die Interessen des abzuberufenden Organs in die Abwägung mit ein. Zwar unterscheidet der BGH zwischen der Kündigung des Anstellungsverhältnisses und des Widerrufes der Bestellung, allerdings sieht er Letztere als wesentlich folgenreicher für den Abbestellten an, da er dadurch bei weiteren Bewerbungen unter den *„Verdacht der Unfähigkeit, der Unverträglichkeit oder Ungeeignetheit"* gerate.[569] Immerhin habe der Gesetzgeber § 84 Abs. 3 AktG zum Zwecke des Schutzes der Vorstandsmitglieder erlassen, damit diese nicht durch das über ihnen schwebende Damoklesschwert einer Abberufung in ihrer Funktion beeinträchtigt werden. Autoren, die diese Ansicht[570] teilen, wollen

---

562 *Lutter/Krieger/Verse*, Rechte und Pflichten des Aufsichtsrats, Rn. 365; weitere Beispiele: *Weber*, in: Hölters, § 84 AktG, Rn. 74.

563 *Koch*, in: Hüffer/Koch, § 111 AktG, Rn. 34.

564 *Koch*, in: Hüffer/Koch, § 111 AktG, Rn. 34.

565 *Lutter/Krieger/Verse*, Rechte und Pflichten des Aufsichtsrats, Rn. 368.

566 *Lutter/Krieger/Verse*, Rechte und Pflichten des Aufsichtsrats, Rn. 368.

567 BGH, BB 1962, 816; OLG Stuttgart, GWR 2012, 156; KG Berlin, AG 2007, 745; OLG Stuttgart, AG 2013, 599.

568 *Grumann*, DB 2003, 770, 771; *Janzen*, NZG 2003, 468, 470; *Koch*, in: Hüffer/Koch, § 111 AktG, Rn. 34; *Kort*, in: Baumbach/Hueck, § 84 AktG, 140 ff.; *Mertens/Cahn*, in: Kölner Komm. AktG, § 111 AktG, Rn. 34; *Tschöpe/Wortmann*, NZG 2009, 161, 162.

569 BGH, BB 1962, 816.

570 *Grumann*, DB 2003, 770, 771; *Kort*, in: Baumbach/Hueck, § 84 AktG, Rn. 140 ff.; *Tschöpe/Wortmann*, NZG 2009, 161, 162.

hierbei dennoch die Interessen der Gesellschaft innerhalb der Zumutbarkeitsabwägung stärker bemessen wissen.[571] Dies sei aus der Treubindung heraus nur sachgerecht.[572]

Andere Teile der Literatur[573] wollen im Rahmen der Zumutbarkeitsabwägung lediglich die Interessen der Gesellschaft einfließen lassen. Diese Ansicht wird zunehmend vertreten und soll auch hier als vorzugswürdig hervorgehoben werden. Den Vorstandsinteressen ist durch den Anstellungsvertrag schon ausreichend Rechnung getragen worden.[574] Zieht man zudem die vom Gesetzgeber definierten Widerrufsgründe des § 84 Abs. 3 S. 2 AktG heran, so ist offensichtlich, dass diese lediglich dem Interesse der Gesellschaft dienen.[575] Auch nach dem GmbH-Recht kann der Geschäftsführer nach § 38 Abs. 1 GmbHG jederzeit abberufen werden, ohne dass Geschäftsführerinteressen berücksichtigt werden müssen.[576] Letztlich wird argumentiert, dass auch im Falle einer Inanspruchnahme, die ebenfalls Reputationsschäden nach sich zieht, nicht auf die Interessen des Vorstandes Rücksicht genommen wird.[577] Insbesondere das letzte Argument, welches, soweit ersichtlich, nur von *Fleischer*[578] vertreten wird, hat besonderes Gewicht. Die Vergleichbarkeit der Folgen einer Inanspruchnahme mit dem Widerruf der Bestellung zum Vorstand ist gegeben und offensichtlich. Die Interessenabwägung im Rahmen einer außerordentlichen Kündigung nach § 626 BGB soll einen Arbeitnehmer auch nicht vor einem Reputationsverlust schützen, sondern ihm nicht unbillig seine Lebensgrundlage entziehen. Im Rahmen der Abberufung eines Vorstandes steht diese jedoch nicht zur Disposition. Unverständlich ist auch, warum für Angestellte durch eine Suspension etwas anderes gelten sollte. Im Rahmen des Direktionsrechts können diese auch auf Grund eines Fehlverhaltens suspendiert werden, obschon dieses Fehlverhalten nicht unbedingt eine außerordentliche Kündigung rechtfertigen müsste.[579] Für

---

571 *Kort*, in: Baumbach/Hueck, § 84 AktG, Rn. 141.

572 *Kort*, in: Baumbach/Hueck, § 84 AktG, Rn. 141.

573 *Fleischer*, in: Spindler/Stilz, § 84 AktG, Rn. 102; *Lutter/Krieger/Verse*, Rechte und Pflichten des Aufsichtsrats, Rn. 365; *Seibt*, in: K.Schmidt/Lutter, § 84 AktG, Rn. 49; *Spindler*, in: MüKo AktG, § 84 AktG, Rn. 128.

574 Vgl. *Fleischer*, AG 2006, 429, 439; *Tschöpe/Wortmann*, NZG 2009, 161, 162.

575 Vgl. *Fleischer*, AG 2006, 429, 439; *Fleischer*, in: Spindler/Stilz, § 84 AktG, Rn. 102; *Schmolke*, AG 2014, 377, 384.

576 Vgl. *Fleischer*, AG 2006, 429, 439; *Fleischer*, in: Spindler/Stilz, § 84 AktG, Rn. 102; *Schmolke*, AG 2014, 377, 384.

577 Vgl. *Fleischer*, AG 2006, 429, 439.

578 *Fleischer*, AG 2006, 429, 439.

579 Dazu ausführlich: *Luckey*, NZA 1992, 873.

den Ansatz, dass zwar eine Interessenabwägung zwischen den Interessen der Gesellschaft und denen des Vorstandsmitgliedes stattfinden soll, hierbei jedoch die Interessen der Gesellschaft schwerer ins Gewicht fallen sollen, fehlt dem Verfasser die Vorstellungskraft. Sofern eine Pflichtverletzung eines Vorstandsmitgliedes eine Abberufung begründen könnte: Welcher persönliche Grund könnte diesen aufwiegen, so dass es nicht zu einer Abberufung kommen soll? Insofern kann daher auf eine Interessensabwägung verzichtet werden. Selbst eine nur noch kurze Verweildauer des Vorstandsmitgliedes auf Grund auslaufender Amtszeit, wie der BGH 1962 entschied, dürfte demnach in einer heillos zerstrittenen Führungsetage gegenüber dem schwerer gewichteten Unternehmensinteresse einen Verbleib nicht rechtfertigen.[580]

2. Beurteilungsspielraum des Aufsichtsrates im Rahmen der Abberufung

Es handelt es sich bei § 84 Abs. 3 AktG dem Wortlaut nach um eine Kann-Vorschrift. Allerdings ist umstritten, ob sich das Ermessen beim Vorliegen eines wichtigen Grundes auf null reduziert und damit zu einer Pflicht zur Abberufung verdichtet.

Teile der Literatur[581] versagen dem Aufsichtsrat, sowohl bei der Frage der Abberufung bei Vorliegen eines wichtigen Grundes als auch bei der Frage nach dem Vorliegen eines wichtigen Grundes, per se einen Beurteilungsspielraum. Letzteres wird damit begründet, dass das Gericht im Rahmen eines Kündigungsschutzprozesses im vollen Umfang überprüfen müsse, ob eine fristlose Kündigung gerechtfertigt sei. Andere Teile der Literatur[582] und auch der Rechtsprechung[583] billigen dem Aufsichtsrat hingegen einen geringfügigen Ermessensspielraum zu, da es in Ausnahmesituationen gerechtfertigt sein müsse, auf eine Abberufung zu verzichten, die unter normalen Umständen geboten wäre. Nach *Steinbeck* solle dem Aufsichtsrat sogar noch dann ein Ermessensspielraum zustehen, wenn die Hauptversammlung dem Vorstandsmitglied das Vertrauen entzogen habe.[584]

---

580 BGH, BB 1962, 816.

581 *Janzen*, NZG 2003, 468, 471; *Schaefer/Misslink*, NZG 1998, 441, 445 f.

582 *Lutter/Krieger/Verse*, Rechte und Pflichten des Aufsichtsrats, Rn. 368; *Steinbeck*, Überwachungspflicht und Einwirkungsmöglichkeiten des Aufsichtsrats in der Aktiengesellschaft, S. 141–143.

583 OLG Stuttgart, AG 2003, 211, 212.

584 *Steinbeck*, Überwachungspflicht und Einwirkungsmöglichkeiten des Aufsichtsrats in der Aktiengesellschaft, S. 141–143.

Sie problematisiert hierbei exemplarisch den Fall der sachlich gerechtfertigten Entziehung des Vertrauens gegenüber einem Vorstandsmitglied durch die Hauptversammlung. Selbst dann solle die Abberufung noch im Ermessen des Aufsichtsrates stehen, sofern die Geschäftsführung dadurch beeinträchtigt wäre, da eine solche Beeinträchtigung für Aktionäre kaum absehbar sei. Sofern er eine Abberufung jedoch für vertretbar halte, habe er dem Beschluss der Hauptversammlung Folge zu leisten. Diese Ansicht ist insbesondere im Hinblick auf die ARAG-Entscheidung[585] – die in der Zeit nach der Veröffentlichung *Steinbecks* veröffentlich wurde – gut vertretbar. Dabei nimmt der Bundesgerichtshof zwar grundsätzlich eine Pflicht zur Verfolgung von Schadensersatzansprüchen gegenüber Vorstandsmitgliedern an, wobei jedoch ausnahmsweise durch berechtigte Gründe davon abgesehen werden kann. Ausnahmen stellen beispielswiese die Behinderung der Vorstandsarbeit oder die Gefahr eines Reputationsschadens dar.[586] Gemäß § 147 Abs. 1 AktG kann die Hauptversammlung über die Verfolgung von Schadensersatzansprüchen beschließen. Der Beschluss ist zwar für die entsprechenden Organe bindend, allerdings greifen auch hierbei die Grundsätze der ARAG-Rechtsprechung. Die Verfolgung von Schadensersatzansprüchen und die Abberufung eines Vorstandes sind in jeder Hinsicht miteinander vergleichbar. Die Hauptversammlung kann einem Vorstand zwar das Vertrauen entziehen, allerdings stellt die Bestellung und Abberufung grundsätzlich eine Pflicht des Aufsichtsrates dar. Dieser kann von der Abberufung absehen, wenn das Wohl der Gesellschaft auf Grund der Abberufung einen Schaden nimmt. Hierbei sind ebenfalls die Funktionsfähigkeit des Vorstandes und das Reputationsrisiko zu nennen.

VI. Verweigerung der Billigung des Jahres- und Konzernabschlusses

Bestehen Zweifel an den Angaben des Jahres- oder Konzernabschlusses, so kann bzw. muss der Aufsichtsrat dessen Billigung verweigern.[587] Sodann muss dieser von der Hauptversammlung genehmigt werden, § 173 AktG.

585 BGH, NJW 1997, 1926.

586 Dazu *Habersack*, NZG 2016, 321, 323 ff.

587 *Hambloch-Gesinn/Gesinn*, in: Hölters, § 111 AktG, Rn. 38.

VII. Verfolgung und Geltendmachung von Schadensersatzansprüchen für die Gesellschaft

Neben der Pflicht zur Aufdeckung pflichtwidrigen Handelns besteht auch die Pflicht des Aufsichtsrates zur Verfolgung möglicher Ansprüche der Gesellschaft gegen das pflichtverletzende amtierende oder ausgeschiedene Vorstandsmitglied.[588] Dies ergibt sich aus der Überwachungspflicht nach § 111 Abs. 1 AktG und aus seiner Vertretungskompetenz aus § 112 AktG[589]. Obschon das Recht des Aufsichtsrates zur Verfolgung von Schadensersatzansprüchen gegen den Vorstand bereits vor der Zeit der ARAG-Doktrin[590] bestand, wurde dieses nur spärlich umgesetzt.[591] Dem Aufsichtsrat wurde vielfach eine *„Bisshemmung"* attestiert.[592] Dies änderte sich mit der ARAG/Garmenbeck-Entscheidung des Bundesgerichtshofes aus dem Jahr 1997, welche den Organmitgliedern die existierende Möglichkeit der Anspruchsverfolgung erst vor Augen führte.[593]

---

588 BGH, AG 1997, 377; *Casper,* ZHR 176 (2012), 617, 617 ff.; *Goette,* in: LA Winter, Zur ARAG/GARMENBECK-Doktrin, S. 153, 153 ff.; *Habersack,* in: MüKo AktG, § 111 AktG, Rn. 34; *Habersack,* ZHR 177 (2013), 782, 785; *Henze,* NJW 1998, 3309; *Lutter/Krieger/Verse,* Rechte und Pflichten des Aufsichtsrats, Rn. 447; *Paefgen,* AG 2008, 761; *Rahlmeyer,* Vorstandshaftung zwischen traditionellem deutschen Aktienrecht und kapitalmarktorientierter Corporate Governance, S. 135; *Reichert,* Das Prinzip der Regelverfolgung von Schadensersatzansprüchen nach "ARAG/Garmenbeck", S. 907, 907 ff.

589 BGH, AG 1997, 377; andere Ansicht: *Bieder,* NZG 2015, 1178, 1179, der findet, dass die Verbindung der Verfolgungspflicht mit § 112 AktG zu kurz greife, da die Norm dem Aufsichtsrat zwar die gerichtliche und außergerichtliche Vertretungsbefugnis gewähre, allerdings nicht bestimme, wann und unter welchen Voraussetzungen von diesen Befugnissen Gebrauch gemacht werden solle.

590 Begriff geht wohl zurück auf: *Goette,* ZHR 176 (2012), 588, 588 ff.

591 *Bayer/Scholz,* NZG 2014, 926, 931; *Bieder,* NZG 2015, 1178, 1179; *Fassbach,* AR 2014, 144; *Fassbach/Rahlmeyer,* Going Public 05 2015, 40, 41; *Fehrenbach,* AG 2015, 761, 761; *Habersack,* ZHR 177 (2013), 782, 785; *Sailer-Coceani,* in: Verhandlungen des 70. Dt. Juristentages, Referat, N 22; Begriff geht zurück auf: *Wagner,* ZHR 178 (2014), 227, 239.

592 *Bayer/Scholz,* NZG 2014, 926, 931; *Bieder,* NZG 2015, 1178, 1179; *Fassbach,* AR 2014, 144; *Fassbach/Rahlmeyer,* Going Public 05 2015, 40, 41; *Fehrenbach,* AG 2015, 761, 761; *Habersack,* ZHR 177 (2013), 782, 785; *Sailer-Coceani,* in: Verhandlungen des 70. Dt. Juristentages, Referat, N 22; Begriff geht zurück auf: *Wagner,* ZHR 178 (2014), 227, 239.

593 *Goette* spricht hierbei von einem Wendepunkt nur für potentiell betroffene Vorstände und Aufsichtsräte, da der Bundesgerichtshof lediglich seine jahrzehntelange Judikatur zusammenfasste: *Goette,* ZHR 176 (2012), 588, 591.

Der Bundesgerichtshof stellte hierbei fest, dass die Verfolgung von realisierbaren Schadensersatzansprüchen durch den Aufsichtsrat nicht die Ausnahme, sondern *„die Regel“* sein soll.[594] Von einer Verfolgung könne nur dann abgesehen und der Schaden ersatzlos hingenommen werden, wenn die Verfolgung gegen das Unternehmensinteresse verstoße.[595] Als mögliche Ausnahmen nennt der Bundesgerichtshof beispielhaft negative Auswirkungen auf die Geschäftstätigkeit und das Ansehen der Gesellschaft in der Öffentlichkeit, Behinderung der Vorstandsarbeit und deren Beeinträchtigung. Auch könne der persönliche Schadenseinschlag des pflichtvergessenen Vorstandsmitglieds maßgeblich sein, wenn der Schaden für die Gesellschaft verhältnismäßig gering sei, der andere jedoch um seine Existenz bangen müsse. Die Beispiele des Bundesgerichtshofes sind nicht abschließender Natur.

Die Ermittlung einer möglichen Verfolgungsverpflichtung erfolgt in einem Zweischritt, wobei die Schritte untereinander in keinem Rangverhältnis stehen.[596] Sind Ergebnisse bestimmter nachgeordneter Prüfungspunkte derart offensichtlich, können diese vorgezogen werden, so dass andere Punkte womöglich nicht mehr zu prüfen sind.[597] Hierin kann bei schwierigeren Fragen sogar eine Pflicht gesehen werden, wenn sich aus anderen Umständen heraus bereits ergibt, dass die Verfolgung der Schadenersatzansprüche chancenlos sein würde oder dem Unternehmensinteresse entgegensteht.[598] Es liegt im Unternehmensinteresse, unnötigen und teuren Aufklärungs- und Prüfungsaufwand zu vermeiden.[599] In einem zweiten Schritt ist zu prüfen, ob nicht ausnahmsweise durch das Gesellschaftswohl von einer Anspruchsverfolgung abgesehen werden kann.[600] Im Folgenden wird zu klären sein, inwiefern der Aufsichtsrat im Rahmen der ersten Stufe – ähnlich einem unabhängigen Richter[601] – die

594 BGH, NJW 1997, 1926, 1928.
595 BGH, NJW 1997, 1926, 1928.
596 *Goette*, in: LA Winter, Zur ARAG/GARMENBECK-Doktrin, S. 153, 162; *Koch*, NZG 2014, 934, 937.
597 *Casper*, ZHR 176 (2012), 617, 621; *Eichner/Höller*, AG 2011, 885, 886; *Habersack*, ZHR 177 (2013), 782, 787.
598 *Casper*, ZHR 176 (2012), 617, 620 f.; *Eichner/Höller*, AG 2011, 885, 886; *Goette*, in: LA Winter, Zur ARAG/GARMENBECK-Doktrin, 153, 162 f.; *Lutter/Krieger/Verse*, Rechte und Pflichten des Aufsichtsrats, Rn. 447.
599 *Cahn*, WM 2013, S. 1293, 1296.
600 BGH, NJW 1997, 1926, 1928.
601 *Goette*, in: LA Winter, Zur ARAG/GARMENBECK-Doktrin, 153, 156; *Lutter/Krieger/Verse*, Rechte und Pflichten des Aufsichtsrats, S. 447.

rechtlichen Umstände zu würdigen und festzustellen hat, ob der Tatbestand des § 93 Abs. 2 AktG durch ein Vorstandsmitglied sowohl in objektiver als auch in subjektiver Hinsicht erfüllt ist und wie das Prozessrisiko und die Vollstreckungsaussichten zu bewerten sind.[602] Den zweiten Schritt stellen sodann die Ausnahmen von der Anspruchsverfolgung dar.[603] Zuletzt ist die Frage zu beantworten, ob dem Aufsichtsrat bei der Frage des Absehens von der Regelverfolgung ein unternehmerischer Ermessensspielraum zusteht.

1. Erste Stufe

Nach der ARAG/Garmenbeck-Entscheidung des Bundesgerichtshofs hat der Aufsichtsrat bei Verdacht einer Pflichtverletzung zunächst den zum Schadensersatz verpflichtenden Tatbestand in tatsächlicher und rechtlicher Hinsicht festzustellen.[604] Sodann hat er das Prozessrisiko und die Beitreibbarkeit der Forderung zu analysieren.[605]

a. Feststellung des zum Ersatz verpflichtenden Tatbestandes

Die Beurteilung der Erfolgsaussichten erfolgt durch die Feststellung des zum Ersatz verpflichtenden Tatbestandes, also der Verletzung der Legalitätspflicht.[606] Denn die eigentliche Aufgabe des Aufsichtsrates ist nicht die Sicherstellung der Mehrung des Gesellschaftsvermögens und der Aktionärsrendite, sondern die Einhaltung von Gesetz und Satzung.[607] Der Aufsichtsrat hat nach den Haftungsmaßstäben des § 93 Abs. 1 und 2 AktG zu prüfen, ob ein pflichtwidriges Verhalten eines oder mehrerer entweder noch amtierender oder ehemaliger Vorstandsmitglieder vorliegt und ob durch dieses Verhalten ein der Gesellschaft zurechenbarer Schaden entstanden ist.[608] Hierbei hat er keinen Ermessensspielraum.[609] Im Rahmen dieser Prüfung ist auf Grund der sog. Business Judgement

602 BGH, NJW 1997, 1926, 1928.
603 BGH, NJW 1997, 1926, 1928.
604 BGH, NJW 1997, 1926, 1927.
605 BGH, NJW 1997, 1926, 1927.
606 *Goette*, in: LA Winter, Zur ARAG/GARMENBECK-Doktrin, S. 153, 156.
607 *Casper*, ZHR 176 (2012), 617, 628; *Eichner/Höller*, AG 2011, 885, 886 f.; *Goette*, in: LA Winter, Zur ARAG/GARMENBECK-Doktrin, S. 153, 156; *Grigoleit/Tomasic*, in: Grigoleit, § 111 AktG, Rn. 7; *Habersack*, in: MüKo AktG, § 111 AktG, Rn. 35; *Hambloch-Gesinn/Gesinn*, in: Hölters, § 111 AktG, Rn. 40.
608 *Lutter/Krieger/Verse*, Rechte und Pflichten des Aufsichtsrats, Rn. 448.
609 *Koch* in: Hüffer/Koch, § 111, Rn. 8.

Rule (§ 93 Abs. 1 S. 2 AktG) insbesondere ein Augenmerk auf die Pflichtwidrigkeit zu legen.[610] Das betreffende Vorstandsmitglied muss die Grenzen seines Geschäftsführungsermessens deutlich überschritten haben.[611] Lag die Entscheidung des Vorstandes noch im pflichtgemäßen unternehmerischen Ermessen, entfällt ein Restitutionsanspruch der Gesellschaft.

Wie bereits kurz erörtert, kann sich der zur Prüfung Anlass gebende Verdacht pflichtwidrigen Handelns aus den Berichten des Vorstandes, Hinweisen des Wirtschaftsprüfers, Aussagen des Lageberichtes, aber auch aus öffentlich bekannten Tatsachen oder durch Whistleblower[612] ergeben.[613] *Eichner/Höller* stellen im Rahmen eines Vergleiches zur Strafprozessordnung richtigerweise dar, dass hierbei kein hinreichender Tatverdacht des § 203 i.V.m. § 170 Abs. 1 StPO bestehen muss, sondern eine geringe Wahrscheinlichkeit pflichtwidrigen Handelns (sog. Anfangsverdacht) bereits genüge.[614] Je höher der bereits entstandene oder insbesondere der noch entstehende Schaden sei, desto früher habe der Aufsichtsrat Nachforschungen zu unternehmen oder zu intensivieren.[615] *Casper* weist ebenfalls zu Recht darauf hin, dass der Prozess der Tatbestandsfeststellung der ersten Stufe viel „*banaler*" klinge, als es der Realität tatsächlich entspricht, in der zum Nachweis einer relevanten Pflichtverletzung bereits so viel Material gesichtet werden muss, dass es nicht selten externer Hilfe bedarf.[616] Einfacher gestaltet sich die Situation bei behördlichem Einschreiten, da der Aufsichtsrat ein Verschulden des Vorstandsmitgliedes bei seiner Pflichtverletzung dann annehmen kann.[617] Aber auch bei offensichtlicheren Verstößen gegen die Legalitätspflicht wird diese Feststellung weniger Probleme bereiten.[618]

---

610 *Goette*, in: LA Winter, Zur ARAG/GARMENBECK-Doktrin, S. 153, 157 f.

611 *Cahn,* WM 2013, 1293, 1926; *Goette*, in: LA Winter, Zur ARAG/GARMENBECK-Doktrin, S. 153, 157, 158; *Reichert,* ZHR 177 (2013), 756, 760.

612 Vertiefend: *Baur/Holle,* AG 2017, 379.

613 Die Auflistung ist entnommen: *Drygala*, in: K.Schmidt/Lutter, § 111 AktG, Rn. 7.

614 *Eichner/Höller,* AG 2011, 885, 886.

615 Vgl. *Eichner/Höller,* AG 2011, 885, 887, welche Bezug nehmen auf LG Bielefeld, AG 2000, 136; so auch *Koch* in: Hüffer/Koch, § 111, Rn. 8 „*der flexible Maßstab gilt auch für die Ermittlungsintensität*".

616 *Casper,* ZHR 176 (2012), 617, 621; gleichsam: *Goette*, in: LA Winter, Zur ARAG/GARMENBECK-Doktrin, S. 153, 157; *Goette,* ZHR 176 (2012), 588, 602.

617 *Goette,* ZHR 176 (2012), 588, 601; *Habersack*, in: MüKo AktG, § 111 AktG, Rn. 35.

618 *Goette* nennt hierbei den klassischen „*Griff in die Kasse*": *Goette*, in: LA Winter, Zur ARAG/GARMENBECK-Doktrin, S. 153, 157.

b. Beurteilung des Prozessrisikos

Zur Prüfung der Ersten Stufe nach ARAG/Garmenbeck gehört ebenso die Untersuchung des Prozessrisikos für die Gesellschaft. Eine „vom Aufsichtsrat vorgenommene Prozessrisikoanalyse [muss] zu dem Ergebnis [kommen], dass der Gesellschaft voraussichtlich – Gewissheit kann nach Lage der Dinge insoweit nicht verlangt werden – Schadenersatzansprüche gegen eines ihrer Vorstandsmitglieder zustehen."[619]

Ob ein haftungsbegründender Anspruch tatsächlich besteht, muss daher letztlich nicht mit Sicherheit feststehen.[620] An dem Begriff der Voraussichtlichkeit stört sich allerdings *Goette*, da dieser zu ungenau sei und zu große Spielräume lasse.[621] Wichtig sei dieser Umstand jedoch für die Prüfung der zweiten Stufe, da die Voraussichtlichkeit im Rahmen der Gesamtbetrachtung dort gegen eine Inanspruchnahme sprechen könnte, obschon sie innerhalb der ersten Stufe für eine Inanspruchnahme sprechen könnte.[622]

Hierfür wird der Aufsichtsrat nicht selten rechtlichen Rat einholen müssen[623], denn die Prozessrisikoanalyse muss sorgfältig und sachgerecht erfolgen.[624]

Insbesondere unter rechtlicher Unsicherheit kann ein Schadensersatzanspruch allerdings kaum konkret vorhergesagt werden. Der Aufsichtsrat kann sich bei einer falschen Verfolgungsentscheidung möglicherweise selbst schadensersatzpflichtig machen. Wann jedoch bei einer Handlung unter rechtlicher Unsicherheit eine Pflichtverletzung vorliegt, ist umstritten.[625] Nach der herrschenden Lehre ist unter sachverständig ermittelten rechtlichen Wegen nicht unbedingt der rechtssicherste zu gehen, sondern der, der nach sorgfältiger Abwägung der Chancen und Risiken für die Gesellschaft am günstigsten ausfällt.[626] Der Aufsichtsrat handele nach der Ision-Rechtsprechung des Bundesgerichtshofes

---

619 BGH, NJW 1997, 1926, 1928.

620 BGH, NJW 1997, 1926, 1928.

621 *Goette,* ZHR 176 (2012), 588, 600.

622 *Goette,* ZHR 176 (2012), 588, 601.

623 *Casper,* ZHR 176 (2012), 617, 621; *Goette,* in: LA Winter, Zur ARAG/GARMENBECK-Doktrin, S. 153, 157; *Goette,* ZHR 176 (2012), 588, 602.

624 BGH, NJW 1997, 1926, 1928.

625 Siehe dazu S. 149 f.

626 *Bayer,* in: FS K. Schmidt, Legalitätspflicht der Unternehmensleitung, nützliche Gesetzesverstöße und Regress bei verhängten Sanktionen, S. 85, 92 f.; *Dreher,* in: FS Konzen, Die kartellrechtliche Bußgeldverantwortlichkeit von Vorstandsmitgliedern, S. 85, 92 ff.; *Fleischer,* ZIP 2005, S. 141, 149; *Habersack,* in: FS Uwe H. Schneider, Die Legalitätspflicht des Vorstands der AG, S. 429, 463 f.; *Hennrichs,* NZG 2013, S. 681,

aber schon dann pflichtwidrig, wenn davon ausgegangen werden könne, dass ein Gericht eine andere Entscheidung treffen könnte.[627] Allerdings kann er sich durch einen Rechtsirrtum exkulpieren, wenn er die Rechtslage sorgfältig geprüft hat und nicht gegen höchstrichterliche Rechtsprechung verstößt.[628] Sind entsprechend zwei Rechtsmöglichkeiten gegeben, kann in im Hinblick auf die zweite Stufe der chancenreichste Weg gegangen werden, da dort die eigentliche Risikoanalyse erfolgt. Zu berücksichtigen sind hierbei auch die Prozesskosten; insbesondere die, die beim Marsch durch die Instanzen anfallen würden.[629]

c. Beurteilung der Vollstreckungsaussichten

Mithin hat der Aufsichtsrat vor der Prozessführung eine Beitreibbarkeitsanalyse vorzunehmen.[630] Dabei hat er zu prüfen, ob im Falle des rechtlichen Erfolges überhaupt oder zumindest in welchem Umfang die Vollstreckung vorgenommen werden könnte. Im Rahmen des Versicherungsschutzes durch einen D&O-Versicherer wird diese Analyse zumeist positiv ausfallen.[631] Im Falle des Vorliegens einer solchen D&O-Versicherung muss jedoch sichergestellt sein, dass diese für den Schaden tatsächlich eintrittspflichtig ist. Dies wird nicht immer mit Sicherheit feststehen können; ebenso wenig wie die Möglichkeit eines Rechtsstreites mit dem Versicherer.[632] Ohne den Hintergrund einer Versicherung kann nur auf die Bonität des pflichtvergessenen Vorstandsmitgliedes abgestellt werden, dessen Einschätzung darüber in der Regel nicht unproblematisch sein wird.[633] Eine Selbstauskunft des pflichtvergessenen Vorstandsmitgliedes reicht hierfür nicht. Vielmehr sollte eine eidesstattliche Versicherung eingeholt werden.[634] Zwar sind die bisherigen Gehalts- und Bonuszahlungen an das betroffene

---

686; *Hopt/Roth*, in: Großkommentar AktG, § 93 AktG, Rn. 140; *Sander/Schneider*, ZGR 2013, S. 725, 730; *Schulze-Osterloh*, ZHR 179 (2015), 9, 33 f.; *Seibt*, NZG 2015, 1097, 1100 f.; *Seibt*, AG 2002, 249; *Seibt/Cziupka*, AG 2015, 93, 99; *Wagner*, BB 2012, 651, 653.

627 BGH, NJW-RR 2011, 1670, 1672.

628 BGH, NJW-RR 2011, 1670, 1673.

629 *Schnorbus/Ganzer*, WM 2015, 1832, 1837.

630 BGH, NJW 1997, 1926, 1928.

631 *Fischer*, WM 2007, 1005, 1006; *Goette*, ZHR 176 (2012), 588, 608; *Lutter/Krieger/Verse*, Rechte und Pflichten des Aufsichtsrats, Rn. 448.

632 *Eichner/Höller*, AG 2011, 885, 892; *Goette*, in: LA Winter, Zur ARAG/GARMENBECK-Doktrin, S. 153, 159.

633 *Eichner/Höller*, AG 2011,. 885, 892.

634 *Fleischer*, AG 2015, 133, 136.

Vorstandsmitglied der Gesellschaft und insbesondere dem Aufsichtsrat bekannt, allerdings kann nicht davon ausgegangen werden, dass das Vermögen noch verfügbar ist.[635]Andere Vermögenswerte des pflichtvergessenen Vorstandsmitgliedes, wie Immobilien, Vermögenszuwächse aus bisherigen Tätigkeiten oder Erbschaften, lassen den Aufsichtsrat regelmäßig ebenfalls in Unkenntnis.[636] Sofern jedoch ein Aufsichtsratsmitglied durch Vertrautheit mit dem betreffenden Vorstandsmitglied Kenntnisse über dessen Vermögensverhältnisse hat, muss diese Kenntnis in die Bewertung mit einfließen.[637] Ein Offenlegungsanspruch des Aufsichtsrates gegenüber dem betreffenden Vorstandsmitglied besteht nicht[638], allerdings zeigt sich in der Praxis des Öfteren – nach *Schnorbus/Ganzer* – eine diskrete Auskunftsbereitschaft der Vorstandsmitglieder über das Privatvermögen, sofern dadurch erkennbar wird, dass dieses nicht zur Schadensrestitution geeignet wäre.[639] Die Einschätzung des Vermögens ist wichtig, da der Aufsichtsrat möglicherweise dann pflichtwidrig handelt, wenn er einen Betrag einklagt, der weit über der zu vollstreckenden möglichen Summe liegt.[640]

d. Bagatellgrenze

Fraglich ist, ob der Aufsichtsrat ausnahmsweise dann von einer Verfolgung absehen kann, wenn es sich um einen Bagatellfall handelt, wobei der Begriff der Bagatelle unterschiedlich bewertet wird. *Casper* vertritt die Ansicht, dass es sich bei *„hundert bis tausend Euro“* um eine solche handele, da der Arbeits- und Kostenaufwand von Aufsichtsrat und möglichen externen Rechtsberatern außer Verhältnis stünden.[641] Vorzugswürdig ist jedoch die Ansicht von *Schnorbus/Ganzer*, nach welcher sich die Bagatellgrenze nicht an starren Zahlen, sondern an den Umständen des Einzelfalles orientiert, was sich aus dem Gebot der praktischen Vernunft ergebe.[642] Ein Festhalten an starren Zahlen wird der Unterschiedlichkeit der verschiedenen Gesellschaften nicht gerecht. Ein Betrag von hundert bis

---

635 *Eichner/Höller,* AG 2011, 885, 892; *Schnorbus/Ganzer,* WM 2015, 1832, 1838.

636 *Eichner/Höller,* AG 2011, 885, 892; *Goette*, in: LA Winter, Zur ARAG/GARMENBECK-Doktrin, S. 153, 159.

637 *Schnorbus/Ganzer,* WM 2015, 1832, 1838.

638 *Eichner/Höller,* AG 2011, 885, 893.

639 *Schnorbus/Ganzer,* WM 2015, 1832, 1838.

640 *Goette*, in: LA Winter, Zur ARAG/GARMENBECK-Doktrin, 153, 163; *Goette,* ZHR 176 (2012), 588, 608.

641 *Casper,* ZHR 176 (2012), 617, 634.

642 *Schnorbus/Ganzer,* WM 2015, 1832, 1836.

tausend Euro wird jedoch bei der Einzelfallbetrachtung regelmäßig als Bagatelle zu betrachten sein. Auf die Intensität der Pflichtverletzung komme es nicht an. Vielmehr muss der Schaden als Bagatelle beziffert werden können. Ein Absehen von der Verfolgung ergibt sich jedoch bereits mit dem Werkzeug der ARAG-Entscheidung. Die Geltendmachung wäre schon auf der ersten Stufe abzulehnen, wenn die Prozesskosten und Anstrengungen außerhalb eines vernünftigen Verhältnisses zum Schaden stehen. Doch selbst wenn sich kein krasses Missverhältnis ergibt, so kann auf Grund des Unternehmensinteresses im Rahmen der zweiten Stufe von der Verfolgung der Ansprüche abgesehen werden.

2. Zweite Stufe

Der Aufsichtsrat kann ausnahmsweise von einer Verfolgung der Ansprüche absehen, wenn die Geltendmachung nicht im Interesse der Gesellschaft liegt. Hierzu zählt der II. Zivilsenat explizit etwaige negative Auswirkungen auf die Geschäftstätigkeit des Unternehmens, die Möglichkeit der Inanspruchnahme durch Dritte nach Offenlegung des Pflichtverstoßes, ein Reputationsverlust, die Behinderung der Vorstandsarbeit, das Interesse am Erhalt des Vorstandsmitgliedes im Amt oder aber auch eine Beeinträchtigung des Betriebsklimas.[643] Diese Aufzählung ist jedoch nicht als abschließend zu verstehen. Im Nachfolgenden sollen die seitens des Bundesgerichtshofes aufgezählten Punkte näher beleuchtet werden.

a. Negative Auswirkung auf die Geschäftstätigkeit

Der Aufsichtsrat handelt immer im Interesse des Unternehmens. Ist daher zu befürchten, dass die Verfolgung von Schadensersatzansprüchen gegen ein pflichtvergessenes Vorstandsmitglied negative Auswirkungen auf die Geschäftstätigkeit haben könnte, kann der Aufsichtsrat von einer Verfolgung dieser Ansprüche absehen. Eine solche negative Auswirkung kann der Abzug von Auftraggebern[644] darstellen, die eine Zusammenarbeit auf Grund des Pflichtenverstoßes nicht mehr für vertretbar halten. Eine solche kann sich jedoch auch aus Gründen der Reputation oder der Frage nach dauerhafter Liquidität ergeben, wenn sich aus der Art des Verstoßes der „*Hauch der Mittellosigkeit*"[645] ergibt.

---

643 BGH, NJW 1997, 1926, 1928.

644 Auch: *Redeke*, ZIP 2008, 1549, 1555. Ebenfalls in Bezug auf *Redeke* auflistend: *Schnorbus/Ganzer*, WM 2015, 1832, 1841.

645 Ähnlich für den Fall eines Selbständigen: SG Aachen, Urt. v. 10.11.2015, Az.: S 11 AS 487/15, BeckRS 2015, 73563.

Dadurch können ebenfalls Zweifel über die vergaberechtliche Zuverlässigkeit der Gesellschaft entstehen.[646] Auch ein Interesse an der Verhinderung der Offenlegung von Geschäftsgeheimnissen kann negative Auswirkungen auf die Gesellschaft verhindern.[647]

b. Mögliche Inanspruchnahme Dritter nach Offenlegung des Pflichtverstoßes

Ein Absehen von der Verfolgung kommt auch dann in Betracht, wenn nach der Offenlegung der Pflichtverletzung der Gesellschaft ein weiterer Schaden durch die Inanspruchnahme privater Dritter oder von Behörden entsteht.[648] Dies kann etwa auf Grund fehlerhafter Kapitalmarktinformation oder Bußgeldsanktion der Fall sein.[649] Problematisch ist dies insbesondere in Kartellfällen, bei welchem Kartellgeschädigte ebenfalls Ansprüche geltend machen könnten.[650] Ein davon unabhängiges Verfahren könnte das Beweismittel liefern, welches sie zur Durchsetzung ihrer Ansprüche womöglich benötigen.[651]

c. Minderung des öffentlichen Ansehens der Gesellschaft

Das Gesellschaftsinteresse und -wohl liegt nicht zuletzt in der eigenen Reputation. Insofern kann der Aufsichtsrat von einer Verfolgung der Ansprüche absehen, wenn ein schwerer Imageschaden droht. Ein Vorstandsmitglied wird regelmäßig gegen seine Inanspruchnahme Rechtsschutz bei den öffentlichen Gerichten suchen, wodurch möglicherweise sogar nicht nur der zum Pflichtvergessen neigende Umstand offengelegt wird. Es kann daher im Sinne der Gesellschaft liegen, auf die Schadenskompensation zu verzichten und andere Maßnahmen gegenüber dem pflichtverletzenden Vorstandsmitglied zu ergreifen.[652] In der Praxis wird daher oft zunächst ein Vergleich angestrebt.

Eine Ausnahme hiervon muss in Bußgeldfällen gelten, da der Reputationsschaden durch die Verhängung der Geldbuße bereits eingetreten ist und nicht

---

646 *Redeke*, ZIP 2008, 1549, 1555.

647 *Paefgen*, AG 2008, 761, 768.

648 *Eichner/Höller*, AG 2011, 885, 893; *Goette*, ZHR 176 (2012), 588, 613; *Paefgen*, AG 2008, 761, 768; *Reichert*, ZHR 177 (2013), 756, 764; *Spindler*, AG 2013, 889, 898.

649 *Habersack*, in: MüKo AktG, § 111 AktG, Rn. 37.

650 *Binder/Kraayvanger*, BB 2015, 1219, 1223.

651 *Binder/Kraayvanger*, BB 2015, 1219, 1223.

652 *Goette*, ZHR 176 (2012), 588, 610.

erst durch die Geltendmachung der Ansprüche für die Gesellschaft eintritt.[653] Aus ähnlichem Grunde könne nach *Habersack* ein drohender Reputationsschaden einen Verfolgungsverzicht nicht rechtfertigen, wenn der Anlass zur Verfolgung der Öffentlichkeit bereits bekannt sei. Er selbst hält eine Offenlegung jedoch für reputationsfördernd, indem nach außen hin deutlich wird, dass Pflichtverstöße aufgedeckt und bereinigt würden.[654] Ist durch die Offenlegung die Unternehmensbewertung durch Rating-Agenturen gefährdet, so sei dieser Umstand in jedem Fall mit zu berücksichtigen.[655] Dies ist jedoch abzulehnen, da das Interesse der Öffentlichkeit eher auf dem Pflichtverstoß als auf der Einhaltung der Compliance eines Unternehmens liegt. Ein positives Echo auf die Offenlegung ist daher nicht zu erwarten, so dass es zu Reputationsschäden kommen kann.

d. *Behinderung der Vorstandsarbeit und Beeinträchtigung des Betriebsklimas*

Von einer Verfolgung kann der Aufsichtsrat auch dann im Sinne des Gesellschaftsinteresses absehen, wenn die ordentliche Arbeit des Vorstandes gefährdet oder das allgemeine Betriebsklima beeinträchtigt werden könnte. Nach *Paefgen* sei dies beispielswiese der Fall, wenn ein erfolgreiches Vorstandsmitglied durch eine nicht schwerwiegende Pflichtverletzung einen geringfügigen Schaden verursacht habe und bei dessen Geltendmachung die zukünftig zu erwartende Management-Leistung sinke und somit den Wert der Schadensersatzleistung überwiegen würde.[656] Es bestehe immerhin die Chance, dass der durch die Pflichtwidrigkeit entstandene Verlust durch erfolgreiche geschäftsführende Maßnahmen wieder ausgeglichen werde.[657] Im Sinne der Verhaltenssteuerung sollte dies bei kleineren Pflichtverstößen immer berücksichtigt werden. Aber auch auf die zukünftige Zusammenarbeit des Vorstandes kann sich eine zu strenge Inanspruchnahme schädlich auswirken. Durch den Reputationsverlust verliert auch die Arbeitgebermarke an Wert. Im heutigen *war for talents* darf

---

653 Vgl. *Binder/Kraayvanger*, BB 2015, 1219, 1223.

654 *Habersack*, in: MüKo AktG, § 111 AktG, Rn. 37.

655 *Hasselbach*, NZG 2016, 890, 984.

656 *Paefgen*, AG 2008, 761, 768.

657 Als Supermann-Fallgruppe bezeichnend: *Casper*, ZHR 176 (2012), 617, 634; *Mertens*, in: FS K. Schmidt, Schadensersatzhaftung des Aufsichtsrats bei Nichtbeachtung der Regeln des ARAG-Urteils über die Inanspruchnahme von Vorstandsmitgliedern?, S. 1183; ebenso: *Schnorbus/Ganzer*, WM 2015, 1832, 1841.

dieser Punkt nicht unberücksichtigt bleiben, da er sich entscheidend auf die zukünftige Gestaltung des Unternehmens auswirkt.

Die Offenlegung des Pflichtverstoßes führt auch zur Kenntnisnahme der Mitarbeiter der Gesellschaft und könnte möglicherweise dem Betriebsklima abträglich sein, indem sich die Mitarbeiter vom Unternehmen abwenden. Dies kann sich einerseits in einer Kündigungswelle ausdrücken, weil die Mitarbeiter von der Nichteinhaltung bis dahin vertretener Werte enttäuscht sind. Aber auch ein Verlust der Tatkraft ist denkbar, wenn die Mitarbeiter der Gesellschaft misstrauen oder einfach nur ungern für diese arbeiten. Hierbei kann es auch zu Streiks kommen.[658] Doch auch unabhängig davon kann es zu Streiks der Mitarbeiter kommen, die einen beliebten Vorstand unterstützen wollen.[659]

3. Zusammenfassende Stellungnahme

Die Verfolgung von Schadensersatzansprüchen der Gesellschaft gegen pflichtvergessene Vorstandsmitglieder wird Aufsichtsräte regelmäßig vor eine schwierige Aufgabe stellen. Die Prüfung sowohl auf erster als auch auf zweiter Stufe ist regelmäßig mit erheblichen Unsicherheiten verbunden. Im Rahmen der ersten Stufe wird der Aufsichtsrat daher auf der sicheren Seite stehen, wenn er schon bei Bestehen eines geringfügigen Anfangsverdachts einer Pflichtverletzung und eines damit zusammenhängenden (zu erwartenden) Schadens Ermittlungen aufnimmt.[660] Der Aufsichtsrat muss daher nicht eine Verstärkung des Verdachts oder gar den Eintritt eines Schadens abwarten. Sodann wird er auf Grundlage dieses Verdachts prüfen lassen können, ob der Gesellschaft voraussichtlich Schadensersatzansprüche zustehen. Hierzu kann es notwendig sein, rechtliche Expertise einzuholen. Anhand einer gesicherten Tatsachengrundlage wird sich dann abschätzen lassen können, ob die tatbestandlichen Voraussetzungen voraussichtlich vorliegen. Das Merkmal der Voraussichtlichkeit ist hierbei weit zu verstehen, denn der Aufsichtsrat soll nicht nur ein strenger Richter, sondern auch ein strenger Verfolger sein. Es muss sich daher nicht mit Sicherheit voraussagen lassen, ob die Verfolgung des Anspruchs Erfolg haben wird.

Für die Prüfung der Erfolgsaussichten auf Vollstreckungsebene sollte der Aufsichtsrat eine Vermögensauskunft des pflichtvergessenen Organs einholen.[661] Anhand dieser werden sich die Vollstreckungsaussichten einschätzen lassen

658 *Eichner/Höller,* AG 2011, 885, 893.
659 *Schnorbus/Ganzer,* WM 2015, 1832, 1841.
660 Vgl. *Eichner/Höller,* AG 2011, 885, 886.
661 Vgl. *Fleischer,* AG 2015, 133, 136.

können. Bestehen ausreichende Vollstreckungsaussichten, beispielsweise bei Vorliegen einer D&O-Versicherung und einem Schaden innerhalb von deren Deckungssumme, ist eine Verfolgung des Anspruchs vorzunehmen. Nicht hingegen sind Bagatellfälle zu verfolgen. Zur Beurteilung, ob ein Bagatellfall vorliegt, muss sich der Aufsichtsrat allerdings nicht an einer starren Höhe eines Schadens orientieren, wie in der Literatur vorgeschlagen.[662] Vielmehr kann er dies selbst anhand der Umstände des Einzelfalls abschätzen, was ist in Anbetracht der Vielfalt der Fälle auch nur angemessen ist.

Auf der zweiten Stufe hat der Aufsichtsrat abzuwägen, ob die Verfolgung des Schadensersatzanspruches für die Gesellschaft nachteiliger ist als die Nichtgeltendmachung. Ob die dann vorliegenden Umstände als Grundlage für ein Absehen von der Verfolgung geeignet sind, ist wiederum einzelfallabhängig. Im Fokus der Abwägungsentscheidung sollte jedoch stehen, dass die Verfolgung der Regelfall und die Nichtverfolgung die Ausnahme sein soll.[663]

Teilweise wird eine dritte Stufe der Prüfung einer Verfolgung als Ergänzung zu den zwei originären Stufen nach ARAG/Garmenbeck befürwortet. Auf dieser Stufe könne der Aufsichtsrat ausnahmsweise eine Regressreduzierung vornehmen, um der Verteilung des unternehmerischen Risikos gerecht zu werden.[664] Eine solche dritte Stufe ist zu begrüßen. Insbesondere die Heranziehung der Grundsätze des innerbetrieblichen Schadensausgleichs (wie in Kapitel I erörtert) könnte auf dieser Stufe erfolgen.

VIII. Zusammenfassung

Das vorangegangene Kapitel zeigt die verschiedenen Einwirkungsmöglichkeiten des Aufsichtsrates bei Offenbarung von Pflichtverletzungen des Vorstandes. Je nach Schwere des Verstoßes kann der Aufsichtsrat ganz unterschiedlich agieren. So kann in einem leichten Fall schon die Äußerung von Bedenken reichen oder die Maßnahme formell beanstandet werden. Aber auch durch Zustimmungsvorbehalte kann der Aufsichtsrat seinen Zweifeln an einer Maßnahme der Geschäftsführung Ausdruck verleihen. Dies gilt umso mehr für die Verweigerung der Billigung des Jahres- und Konzernabschlusses. Oftmals muss der

662 Vgl. *Casper*, ZHR 176 (2012), 617, 634.

663 BGH, NZG 2014, 1058, 1059; Strohn, CCZ 2013, 177; *Koch*, in: Hüffer/Koch, § 111, Rn. 10.

664 *Koch* in: Hüffer/Koch, § 111, Rn. 12; *Casper*, ZHR 176 (2012), 617, 636 ff.; Seibt/Cziupka, AG 2015, 93, 107.

Aufsichtsrat jedoch auch Ansprüche gegen den Vorstand für die Gesellschaft geltend machen, deren Prüfung zumeist mit großen Schwierigkeiten verbunden ist. Gleichermaßen gilt dieser Verfolgungsmechanismus nach ARAG/Garmenbeck auch bei der Verfolgung von Ansprüchen der Gesellschaft gegen ein pflichtvergessenes Aufsichtsratsmitglied. Im folgenden Kapitel wird daher beleuchtet, wann ein Aufsichtsratsmitglied gegenüber der Gesellschaft bei Verletzung einer der vorgenannten Pflichten haftet und in wie fern die Business Judgement Rule des § 93 Abs. 1 S. 2 AktG dieses schützen könnte.

H. Haftung bei Pflichtverstößen gegenüber der Gesellschaft

Verletzt ein Aufsichtsratsmitglied eine oder mehrere seiner Pflichten, so haftet dieser gegenüber der Gesellschaft persönlich auf Schadensersatz, §§ 93 Abs. 2, 116 AktG. Der Sorgfaltsmaßstab des Vorstandes nach § 93 Abs. 1 S. 1 AktG ist kraft des § 116 AktG auf den Vorstand übertragbar. Entsprechend hat der Aufsichtsrat nicht die Sorgfalt eines ordentlichen und gewissenhaften Geschäftsführers einzuhalten, sondern seine Aufgaben mit der Sorgfalt eines ordentlichen und gewissenhaften Überwachers und Beraters auszuüben.[665] Es handelt sich vorliegend also nicht um eine Erfolgshaftung, sondern um eine Verhaltenshaftung[666], wobei im Rahmen der Sorgfaltspflichtverletzung des Aufsichtsrats jedoch immer auch der Nebenamtscharakter berücksichtigt werden sollte.[667] Maßgeblich ist bei der Betrachtung jeweils die ex-ante-Sicht.[668] Die Beweislast liegt im Streitfall auf Seiten des Organmitgliedes, § 93 Abs. 2 S. 2 AktG.

Die Ansprüche der Gesellschaft gegenüber dem Aufsichtsrat sind durch den Vorstand geltend zu machen.[669] Gemäß § 147 Abs. 1 AktG kann die Geltendmachung durch den Vorstand auch auf Beschluss der Hauptversammlung erfolgen, sofern nicht nach Abs. 2 besondere Vertreter gewählt wurden. Nach den Vorgaben des § 148 AktG können auch Aktionäre die Ersatzansprüche für die Gesellschaft geltend machen. Die Aktionärsklage ist jedoch ein seltener Fall, da die Aktionäre – obwohl sie die eigentlichen Geschädigten sind – zumeist kein Interesse an der Geltendmachung von Ersatzansprüchen auf Grund des Missverhältnisses von Aufwand und Ertrag haben.[670] Da der Aufsichtsrat nur der Gesellschaft gegenüber vermögensbetreuungspflichtig ist, scheidet eine Inanspruchnahme durch die Aktionäre auf eigene Schadloshaltung aus.[671] Die

---

665 *Habersack*, in: MüKo AktG, § 116 AktG, Rn. 16.

666 *Fleischer*, in: Spindler/Stilz, § 93 AktG, Rn. 60; *Holle*, AG 2016, 270, 270; *Spindler*, in: MüKo AktG, § 93 AktG, Rn. 26.

667 *Habersack*, in: MüKo AktG, § 116 AktG, Rn. 16; *Koch*, in: Hüffer/Koch, § 116 AktG, Rn. 1.

668 *Spindler*, in: MüKo AktG, § 93 AktG, Rn. 25.

669 *Habersack*, in: MüKo AktG, § 116 AktG, Rn. 72; *Henssler*, in: Henssler/Strohn, § 116 AktG, Rn. 15.

670 Ausführliche ökonomische Analyse: *Mock*, in: Spindler/Stilz, § 148 AktG, Rn. 9.

671 *Hambloch-Gesinn/Gesinn*, in: Hölters, § 116 AktG, Rn. 7.

Haftungsgefahr beginnt grundsätzlich mit dem Zeitpunkt der Bestellung zum Aufsichtsratsmitglied.[672] Abgesehen von der Verschwiegenheitspflicht endet die Haftung für die Tätigkeiten des Aufsichtsrates mit dem Ausscheiden, was allerdings nicht bedeutet, dass dann nicht mehr für bereits begangene Fehlentscheidungen einzustehen wäre.[673]

Grundsätzlich gilt für alle Aufsichtsratsmitglieder der gleiche Sorgfaltsmaßstab. Ob für Arbeitnehmervertreter jedoch der gleiche Sorgfaltsmaßstab gelten soll, dieser durch vorbereitende Ausschussarbeiten reduziert oder durch Spezialwissen erhöht werden kann, soll im Folgenden erörtert werden.

I. Gleicher Sorgfaltsmaßstab auch für Arbeitnehmervertreter

Durch § 25 Abs. 1 Nr. 1 MitbestG gilt der allgemeine Sorgfaltsmaßstab auch für Arbeitnehmervertreter. Da der Sorgfaltsmaßstab des § 93 Abs. 1 S. 1 AktG durch § 116 AktG jedoch „*sinngemäß*" auf den Aufsichtsrat zu übertragen ist, stellt sich die Frage, ob es billig ist, sowohl für Anleger- als auch für Arbeitnehmervertreter den identischen Sorgfaltsmaßstab anzusetzen,[674] denn Arbeitnehmervertreter besitzen oftmals nicht dieselben Kenntnisse wie professionelle Aufsichtsratsmitglieder. Demnach könnte es auch vertretbar sein, dass Arbeitnehmervertreter einem geringeren Sorgfaltsmaßstab unterliegen. Jedes Aufsichtsratsmitglied muss über die notwendige Fachexpertise der Aufsichtsratsarbeit verfügen.[675] Eine solche Mindestqualifikation gibt das Aktiengesetz zwar nicht vor, der Bundesgerichtshof verlangt jedoch, dass sowohl die Vertreter der Arbeitnehmer als auch die der Anteilseigner „*diejenigen Mindestkenntnisse und -fähigkeiten besitzen oder sich aneignen [...], die es braucht, um alle normalerweise anfallenden Geschäftsvorgänge auch ohne fremde Hilfe [zu] verstehen und sachgerecht beurteilen zu können*".[676] Insofern sind Kenntnisse über die Finanzierung der Gesellschaft, über die Berichte des Vorstandes, der Jahres- und Konzernabschlüsse, der Stellung im Markt und aktienrechtliche Grundkenntnisse

---

672 *Habersack*, in: MüKo AktG, § 116 AktG, Rn. 14.

673 *Habersack*, in: MüKo AktG, § 116 AktG, Rn. 15.

674 *Edenfeld/Neufang*, AG 1999, 49, 50.

675 BGH, MDR 1983, 377 f.; *Dreher*, in: FS Boujong, Die Qualifikation der Aufsichtsratsmitglieder, S. 71, 75; *Habersack*, in: MüKo AktG, § 116 AktG, Rn. 22; *Semler*, in: FS K. Schmidt, Anforderungen an die Befähigung eines Aufsichtsratsmitglieds, S. 1489, 1497; *Simons*, in: Hölters, § 100 AktG, Rn. 13.

676 BGH, MDR 1983, 377, 377.

zwingend notwendig.[677] Über solche Kenntnisse verfügen Arbeitnehmer jedoch im Regelfall nicht. Obschon sie sich diese aneignen können, bzw. auf Grund eventuellen Übernahmeverschuldens[678] müssen, werden die Kenntnisse der Arbeitnehmervertreter oftmals nicht mit denen der Vertreter der Anteilseigner die Waage halten können.

Die herrschende Lehre geht jedoch zu Recht von einem identischen Sorgfaltsmaßstab aus.[679] Ansonsten würde den Prinzipien der gleichberechtigten und gleichgewichteten Mitbestimmung[680] bzw. dem Prinzip der Gesamtverantwortung nicht gerecht werden.[681] Auch die Grundsätze über den innerbetrieblichen Schadensausgleich greifen bei Arbeitnehmervertretern nicht, die einen kompletten oder teilweisen Haftungsausschluss zur Folge hätten.[682] Denn das Amt des Aufsichtsrates ist nicht betrieblich veranlasst, sondern wird freiwillig übernommen und ist nicht weisungsgebunden.[683] Daher fällt es auch nicht ins Gewicht, dass die gewerkschaftlich organisierten Arbeitnehmervertreter sich verpflichtet haben, einen Großteil ihrer Einnahmen aus der Aufsichtsratstätigkeit an die Hans-Böckler-Stiftung abzuführen, da diese Vereinbarung nicht aktienrechtlicher Natur ist.[684] Letztlich wäre es unbillig, den Aufsichtsratsmitgliedern unterschiedliche Pflichten aufzubürden, sie jedoch mit identischen

---

677 *Spindler*, in: Spindler/Stilz, § 100 AktG, Rn. 62.

678 *Götz*, AG 1995, 337, 345; *Habersack*, in: MüKo AktG, § 116 AktG, Rn. 22; *Semler*, in: FS K. Schmidt, Anforderungen an die Befähigung eines Aufsichtsratsmitglieds, S. 1489, 1499; *Simons*, in: Hölters, § 100 AktG, Rn. 13; *Spindler*, in: Spindler/Stilz, § 100 AktG, S. 61.

679 BGH, MDR 1983, 377 f.; OLG Düsseldorf, AG 2015, 434, 436; *Bürgers/Israel*, in: Bürgers/Körber, § 116 AktG, Rn. 2; *Edenfeld/Neufang*, AG 1999, S. 49, 50 f.; *Götz*, AG 1995, 337, 345 f.; *Koch*, in: Hüffer/Koch, § 116 AktG, Rn. 2; *Lutter/Krieger/Verse*, Rechte und Pflichten des Aufsichtsrats, Rn. 1009; *Spindler*, in: Spindler/Stilz, § 116 AktG, Rn. 9.

680 BGH, AG 2012, 248, 249 f.

681 *Edenfeld/Neufang*, AG 1999, 49, 53.

682 Andere Ansicht: OLG Düsseldorf WM 1995, 1666 für die Ermessenausübung des Vorstandes: „Wenn diese im Arbeitsrecht zu einer Haftungsbeschränkung führenden Prinzipien aus den genannten Gründen auch nicht in gleicher Weise auf den Vorstand einer AG angewandt werden können, so erscheint es gleichwohl gerechtfertigt, ihnen auf der Ebene der Ermessensausübung Bedeutung zukommen zu lassen". Unabhängig davon wird unter dem Vorbild der Grundsätze des innerbetrieblichen Schadensausgleiches eine Haftungsbeschränkung für alle Organmitglieder diskutiert (s.o.).

683 *Edenfeld/Neufang*, AG 1999, 49, 53.

684 Insofern ist diese Regelung auch nicht zu beanstanden, obwohl sie rechtspolitisch fragwürdig erscheint (so auch: *Habersack*, in: MüKo AktG, § 113 AktG, Rn. 5).

Rechten auszustatten.[685] Für die Arbeitnehmer ist zumindest der Umstand erleichternd, dass über die Mindestkenntnisse der Aufsichtsratsarbeit nicht zum Zeitpunkt der Wahl, sondern erst im Zeitpunkt der Amtsübernahme verfügt werden muss.[686]

II. Sorgfaltspflicht bei Ausschussarbeit

Ob Mitglieder des Aufsichtsrates auf Grund der Ausschussarbeit anderer Aufsichtsratsmitglieder einem reduzierten Sorgfaltsmaßstab unterliegen, hängt ganz von der Art des Ausschusses ab. Ist der Ausschuss lediglich vorbereitend tätig und hat daher der Gesamtaufsichtsrat über die vorbereitete Maßnahme zu entscheiden, so gilt der gleiche Sorgfaltsmaßstab wie für alle Mitglieder.[687] Auf die Informationen aus den Ausschüssen dürfen die übrigen Mitglieder sich zwar grundsätzlich verlassen, dürfen diesen jedoch nicht blind vertrauen. Es reicht jedoch, wenn diese auf ihre Plausibilität hin überprüft werden, diese also nicht offensichtlich unrichtig sind.[688] Ist das Gesamtplenum von der Entscheidungsfindung jedoch ausgeschlossen, muss lediglich überprüft werden, ob der Ausschuss ordnungsgemäß zusammengesetzt wurde und keine Zweifel an der Ordnungsmäßigkeit der Ausschussarbeit bestehen.[689]

III. Erhöhte Sorgfaltspflicht auf Grund von Spezialkenntnissen

Ob eine erhöhte Sorgfaltspflicht für Aufsichtsratsmitglieder auf Grund persönlichen und besonderen Fachwissens besteht, war in der Literatur umstritten. Die Befürworter vertraten die Ansicht, dass Aufsichtsratsmitglieder insbesondere auf Grund ihres Spezialwissens in den Aufsichtsrat gewählt wurden und sich

---

685 *Hopt*, in: FS Mestmäcker, Die Haftung von Vorstand und Aufsichtsrat, S. 909, 930.

686 *Dreher*, in: FS Boujong, Die Qualifikation der Aufsichtsratsmitglieder, S. 71, 76; *Semler*, in: FS K. Schmidt, Anforderungen an die Befähigung eines Aufsichtsratsmitglieds, S. 1489, 1499.

687 *Lutter/Krieger/Verse*, Rechte und Pflichten des Aufsichtsrats, Rn. 1003.

688 *Drygala*, in: K.Schmidt/Lutter, § 116 AKtG, Rn. 6; *Lutter/Krieger/Verse*, Rechte und Pflichten des Aufsichtsrats, Rn. 1003; *Spindler*, in: Spindler/Stilz, § 116 AktG, Rn. 45.

689 *Drygala*, in: K.Schmidt/Lutter, § 116 AKtG, Rn. 6; *Koch*, in: Hüffer/Koch, § 116 AktG, Rn. 9; *Lutter/Krieger/Verse*, Rechte und Pflichten des Aufsichtsrats, Rn. 1004; *Spindler*, in: Spindler/Stilz, § 116 AktG, Rn. 45.

die übrigen Aufsichtsratsmitglieder auf das Wissen des Betreffenden verlassen müssten und nur so eine effektive Überwachung zu gewährleisten wäre.[690]

Der Bundesgerichtshof hat sich mit seiner Entscheidung vom 20.09.2011 den Befürwortern des erhöhten Sorgfaltsmaßstabes angeschlossen, sofern das Spezialwissen beruflich erworben wurde.[691] Der II. Senat begründet sein Urteil durch die berufliche Qualifikation als ausschlaggebenden Bestellungsgrund, weshalb auch ein erhöhter Sorgfaltsmaßstab gerechtfertigt sei. Dieses Argument ist sicherlich nicht von der Hand zu weisen. Überzeugender wäre es jedoch gewesen, auf das Vertrauen der anderen Aufsichtsratsmitglieder in die fachliche Qualifikation des Betreffenden abzustellen. Das Gesamtorgan muss sich auf die fachliche Qualifikation eines Aufsichtsratsmitgliedes im Rahmen des arbeitsteiligen Zusammenwirkens verlassen können.[692]

Der Bundesgerichtshof wird ebenso wie die Aufsichtsratsmitglieder lediglich auf Formalqualifikationen abstellen können.[693] Auch bei intensiver Auseinandersetzung mit der Vita des Betreffenden wird kaum festzustellen sein, ob ausreichendes Spezialwissen vorliegt. Da jedoch auch Experten nicht immer und in jeder Sachfrage über den richtigen Wissensvorsprung verfügen, ist von diesen zu erwarten, dass sie diese Lücke offenlegen. Ansonsten ist es gerechtfertigt, einen erhöhten Sorgfaltsmaßstab anzusetzen, wenn ein Spezialgebiet betroffen ist.[694] *Selter* und *Koch* vertreten allerdings die Ansicht, dass von der Differenzierung des Sorgfaltsmaßstabes auf Grund der gesamtschuldnerischen Haftung gem. §§ 116 S. 1, 93 Abs. 2 S. 1 AktG nur in Ausnahmefällen Gebrauch gemacht werden solle, da diese eben keine unterschiedliche Behandlung der Aufsichtsratsmitglieder vorsehe.[695] Überdies stelle das Zivilrecht regelmäßig auf einen objektiven Maßstab bei der *„im Verkehr erforderlichen Sorgfalt"* nach § 276 BGB ab. Eine konkrete Beurteilung der persönlichen Fähigkeiten würde den Rahmen eines Prozesses sprengen, da das Fachwissen für die konkrete Situation auch konkret nachgewiesen werden müsste.[696] Letztlich könne dies besonders qualifizierte Aufsichtsratskandidaten daran hindern, ein Aufsichtsratsmandat zu übernehmen.[697]

---

690 Vgl. *Habersack*, in: MüKo AktG, § 116 AktG, Rn. 28; *Selter*, AG 2012, 11, 18.
691 BGH, AG 2011, 876.
692 Vgl. *Habersack*, in: MüKo AktG, § 116 AktG, Rn. 28.
693 *Selter*, AG 2012, 11, 19.
694 So auch: *Habersack*, in: MüKo AktG, § 116 AktG, Rn. 28.
695 *Koch*, in: Hüffer/Koch, § 116 AktG, Rn. 4; *Selter*, AG 2012, 11, 19.
696 *Koch*, in: Hüffer/Koch, § 116 AktG, Rn. 4; *Selter*, AG 2012, 11, 19.
697 *Grooterhorst*, NZG 2011, S. 921, 925; *Selter*, AG 2012, 11, 19.

Erhöhte Sorgfaltspflichten auf Grund beruflich erworbenen Spezialwissens sind zu befürworten. Es ist zweifelhaft, ob besonders qualifizierte Aufsichtsratskandidaten auf Grund ihrer beruflichen Spezialisierung wegen erhöhter Sorgfaltspflichten von der Übernahme eines Aufsichtsratsmandates Abstand nehmen würden. In vielen Berufsbildern schafft berufliche Qualifikation erhöhte Sorgfaltspflichten und damit auch ein erhöhtes Haftungsrisiko. Denn berufliche (Formal-)Qualifikation schafft einen Vertrauenstatbestand. Die Aussage eines Spezialisten hat gegenüber der eines beruflichen Laien ein höheres bzw. überhaupt erst Gewicht. Aus dieser Verlässlichkeit resultierend, muss auch erwartet werden können, dass entsprechende Wissenslücken oder Unkenntnisse in einem Bereich selbstständig offenbart werden. Es ist allerdings auch den Stimmen zuzustimmen, die erhöhte Sorgfaltspflichten nur mit etwas Zurückhaltung befürworten wollen. Es gilt der Grundsatz, dass die im Verkehr erforderliche Sorgfalt gewahrt werden muss. Wenn schon ein Gericht das Vorhandensein des Spezialwissens nicht anhand offensichtlicher Kriterien (Qualifikation) beurteilen kann, ist dies auch nicht Aufsichtsräten zuzumuten.

IV. Beschränkung der Haftung durch die Business Judgement Rule des § 93 Abs.1 S. 2 AktG

Die Haftung des Aufsichtsrates kann auch durch die 2005 durch das UMAG eingeführte Business Judgement Rule des § 93 Abs. 1 S. 2 AktG ausgeschlossen sein. Demnach liegt eine Pflichtverletzung nicht vor, wenn ein Organmitglied *„bei einer unternehmerischen Entscheidung vernünftigerweise annehmen durfte, auf Grundlage angemessener Information zum Wohle der Gesellschaft zu handeln“*. Auf Grund von § 116 AktG ist diese sog. Business Judgement Rule, die dem Schutz von Vorstandsmitgliedern dient, auch auf den Aufsichtsrat übertragbar. Die Business Judgement Rule soll verhindern, dass sich die Eigentümer der Gesellschaft von allen unternehmerischen Risiken freizeichnen können. Sie soll daher nach *Paefgen* den Organen ein *„Recht auf Irrtum“*[698] geben. Obwohl sie erst 2005 im Aktienrecht kodifiziert wurde, ist sie kein neues Rechtsinstitut, auch wenn der englische Name dies vermuten ließe. Tatsächlich kann die heutige Business Judgement Rule teilweise schon auf den Entwurf des Aktiengesetzes von 1884 zurückgeführt werden.[699] Die US-amerikanische Business

698 *Paefgen*, Unternehmerische Entscheidungen und Rechtsbindung der Organe in der AG, S. 171.

699 *Kocher*, CCZ 2009, S. 215, 215; *Lutter*, ZIP 2007, S. 841, 841. In dem Entwurf des AktG 1884 heißt es, dass Mitglieder des Vorstandes für ein missglücktes oder

Judgement Rule hatte zwar Vorbildfunktion für das Aktiengesetz[700], allerdings soll nach dem amerikanischen Modell lediglich der Weg der Entscheidungsfindung durch die Gerichte überprüft werden, was in einer überwiegenden Vielzahl an Fällen die Organe entlastet.[701] Nach der deutschen Business Judgement Rule wird die gesamte Entscheidung durch das Gericht überprüft. Der Inhalt der Norm entsprach ohnehin ständiger Rechtsprechung des Bundesgerichtshofes seit der ARAG/Garmenbeck-Entscheidung[702]. Diese legte überdies erstmals zu Grunde, dass nicht nur das unternehmerische Ermessen des Vorstandes anerkannt ist, sondern darüber hinaus auch des Aufsichtsrates, soweit ihm das Gesetz unternehmerische Aufgaben übertragen hat.[703]

Die Business Judgement Rule des § 93 Abs. 1 S. 2 AktG soll den Organen einen weiten Handlungs- und Ermessensspielraum zubilligen, da das Wohl der Gesellschaft oft von risikoreichen Entscheidungen geprägt ist. *Jungmann* sieht daher, anders als *Paefgen*, in der Business Judgement Rule ein *„Recht auf Risiko"*.[704] Sie ist damit auch ein Instrument der aktienrechtlichen Verhaltenssteuerung. Die Angst vor Entscheidungen, die den Wert des eigenen Vermögens oder der Deckungssumme einer D&O-Versicherung übersteigen, kann maßgeblich für ein deren Nichttreffen sein, auch dann, wenn die Gewinnchancen beträchtlich sind. Eine Risikoscheu liegt daher zumeist nicht im Interesse der Anleger.[705] Nach *Spindler* erhält die Business Judgement Rule daher den Mut zu chancenreichen Entscheidungen aufrecht, obschon diese oft auch risikoreichen Charakter haben.[706]

---

schadenbringendes Geschäft nur einstehen, wenn sie nicht den Beweis führen, dass von ihnen die Eingehung und Abwicklung des Geschäfts selbst mit der bezeichneten Sorgfalt vorgenommen worden ist. Aber auch in der amtlichen Begründung zu § 84 AktG 1937 steht, dass den Vorständen nicht jeder Mut zur Tat genommen werden dürfe.

700 *Meckbach*, NZG 2015, S. 580, 581; *Paefgen*, AG 2014, S. 554, 554. Vertiefter: *Druey*, in: FS Goette, Standardisierung der Sorgfaltspflicht? Fragen zur Business Judgment Rule, S. 57, 59.

701 *Meckbach*, NZG 2015, S. 580, 581.

702 BGH, AG 1997, 377.

703 BGH, AG 1997, 377; *Habersack*, in: MüKo AktG, § 116 AktG, Rn. 39.

704 *Jungmann*, in: FS K. Schmidt, Die Business Judgment Rule – ein Institut des allgemeinen Verbandsrechts?, S. 831, 843.

705 *Fleischer*, in: Spindler/Stilz, § 93 AktG, Rn. 60.

706 *Spindler*, in: MüKo AktG, § 76 AktG, Rn. 32.

Letztlich soll die Business Judgement Rule Gerichte vor Rückschaufehlern – sog. hindsight bias – schützen.[707] In Kenntnis von später eintretenden Tatsachen, wie der nachträglichen Aufdeckung massiver Gesetzesverstöße durch Strafverfolgungsbehörden, besteht die Gefahr überzogener nachträglicher Anforderungen an die Sorgfaltspflichten.[708] Auch eine hohe Schadenssumme könnte die Anforderungen an die Sorgfaltspflichten ex-post steigen lassen. *Koch* spricht daher von einer *„Das-hätte-man-doch-wissen-müssen-Attitüde“*[709]. Sich jedoch bewusst unwissender zu stellen als man eigentlich ist, ist hoch problematisch. Vergleichbar ist dies am ehesten mit dem Umgang mit Beweisverwertungsverboten der StPO.[710]

1. Voraussetzungen der Business Judgement Rule

Im Folgenden sollen die Voraussetzungen der Business Judgement Rule des § 93 Abs. 1 S. 2 AktG dargestellt werden. Ihren Schutz entfaltet sie lediglich bei unternehmerischen Entscheidungen, die zum Gesellschaftswohl unter Zugrundelegung angemessener Informationen im guten Glauben und frei von Interessenskonflikten getroffen wurden. Nicht jede Maßnahme von Gesellschaftsorganen ist als unternehmerische Handlung zu qualifizieren, so dass der Rechtsrahmen bereits an diesem ersten Prüfungspunkt eingeengt wird. Die einzelnen Voraussetzungen werden im Folgenden dargestellt.

a. Unternehmerische Entscheidung

Die Figur der *unternehmerischen Entscheidung* wird der Eigenart des Haftungsrechts gerecht, dass bestimmte Handlungen im wirtschaftlichen Verkehr oftmals mit Unsicherheiten und Risiken verbunden sind.[711] Der Gesetzgeber hat daher

---

707 *Bachmann,* ZHR 177 (2013), 1, 4 ff.; *Buck-Heeb,* BB 2013, 2247, 2252; *Fleischer,* NJW 2009, 2337, 2339; *Fleischer,* in: FS Wiedemann, Die „Business Judgment Rule“ im Spiegel von Rechtsvergleichung und Rechtsökonomie, S. 827, 832; *Fleischer,* in: Spindler/Stilz, § 93 AktG, Rn. 60; *Freitag/Korch,* ZIP 2012, 2281, 2284; *Kocher,* CCZ 2009, 215, 216; *Ott/Klein,* AG 2017, 209, 209 ff.; *Schäfer,* ZIP 2005, 1253; *Schneider,* DB 2011, 99; *von Falkenhausen,* NZG 2012, 644, 649.

708 *Bachmann,* ZHR 177 (2013), 1, 4 ff.; *Winter,* in: FS Hüffer, Die Verantwortlichkeit des Aufsichtsrats für "Corporate Compliance", S. 1103, 1122.

709 *Koch,* NZG 2014, 934, 938.

710 Vgl. *Bachmann,* ZHR 177 (2013), 1, 5.

711 *Ihring,* WM 2004, 2098, 2104; *Lutter,* ZIP 2007, 841, 841; *Spindler,* in: MüKo AktG, § 93 AktG, S. 41; *von Falkenhausen,* NZG 2012, 644, 646.

in seiner Gesetzesbegründung zum UMAG eine unternehmerische Entscheidung folgendermaßen definiert: „*Unternehmerische Entscheidungen sind in Folge ihrer Zukunftsbezogenheit durch Prognosen und nicht justiziable Einschätzung geprägt*“.[712] Diese gesetzgeberische Wertung ist eine Vermischung einiger in der Literatur vertretener Ansichten. Während eine Ansicht solche Entscheidungen als unternehmerisch betrachtet, welche durch Prognosen zukunftsbezogen sind[713], wird unter Heranziehung der betriebswirtschaftlichen Entscheidungstheorie auch vertreten, dass eine Handlung mit dazugehörigen Unsicherheiten[714] schon genüge oder der Entscheidung unternehmerische Zweckmäßigkeitsgesichtspunkte zugrunde liegen müssten.[715] Nach der gesetzgeberischen Definition und auch nach der Entscheidungstheorie wären jedoch auch verbotene Kartellabsprachen[716] und Straftaten mit den damit verbundenen Risikoallokationen unternehmerische Entscheidungen.[717] Das Gegenteil einer unternehmerischen Ermessensentscheidung stellt daher dem Gesetzgeber[718] und der überwiegenden Meinung der Literatur[719] nach die gebundene Entscheidung dar. Eine solche ist gegeben, sofern kein schützenswerter Handlungsspielraum vorliegt, wie bei rechtswidrigen alternativen Möglichkeiten. Nach *Paefgen* ist dies auch das entscheidende Differenzierungsmerkmal.[720] Letztlich muss das Organ in seiner Entscheidung ganz frei sein und aus mehreren rechtmäßigen Möglichkeiten wählen können.[721] Auf die wirtschaftliche Bedeutung des Geschäftes

712 BegrRegE BT-Drs. 15/5092, S. 22.

713 *Grigoleit/Tomasic*, in: Grigoleit, § 93 AktG, Rn. 31; *Hölters*, in: Hölters, § 93 AktG, Rn. 30; *Mertens/Cahn*, in: Kölner Komm. AktG, § 93 AktG, Rn. 19.

714 *Ihring*, WM 2004, 2098, 2104; *Koch*, in: Hüffer/Koch, § 93 AktG, Rn. 18; *Schäfer*, ZIP 2005, 1253, 1256; *Spindler*, AG 2013, 889, 891; *Spindler*, in: MüKo AktG, § 93 AktG, Rn. 41; ablehnend, da es ohne Unsicherheit nur einen richtigen Weg gebe: *von Falkenhausen*, NZG 2012, 644, 646.

715 *Krieger/Sailer-Coceani*, in: K.Schmidt/Lutter, § 93 AktG, Rn. 21; *Lutter*, ZIP 2007, 841, 843.

716 Auch *Lutter*, ZIP 2007, S. 841, 843.

717 *Paefgen*, AG 2014, S. 554, 561; *Thümmel*, DB 2004, S. 471, 472.

718 BegrRegE BT-Drs. 15/5092, S. 10; ebenso: NJW 2006, 522.

719 *Bachmann*, ZHR 177 (2013), 1, 8; *Spindler*, in: MüKo AktG, § 93 AktG, Rn. 42; *Weber-Rey/Buckel*, AG 2011, S. 845, 849; ablehnend i.S.d. Bestimmungsmerkmals, nicht im Ergebnis: *von Falkenhausen*, NZG 2012, 644, 646.

720 *Paefgen*, AG 2014, 554, 561.

721 *Arnold*, ZGR 2014, 76, 78; *Bicker*, AG 2012, 542, 543 ff.; *Bicker*, AG 2014, 8, 8 f.; *Fleischer*, ZIP 2005, 141, 148; *Habersack*, in: FS Uwe H. Schneider, Die Legalitätspflicht des Vorstands der AG, S. 429, 432 ff.; *Krieger/Sailer-Coceani*, in: K.Schmidt/Lutter,

kommt es nicht an.[722] Eine typische unternehmerische Entscheidung des Aufsichtsrates ist daher beispielsweise die Erteilung von Zustimmungsvorbehalten nach § 111 Abs. 4 AktG.[723]

aa. Eingeschränktes Ermessen durch Legalitätspflicht

Ein Rechtsbruch im Außenverhältnis führt nach der herrschenden Lehre automatisch zu einer Pflichtverletzung im Innenverhältnis.[724] Dafür soll es jedoch keinen Platz im *„sicheren Hafen"* der Business Judgement Rule geben.[725] Die Legalitätspflicht ist der *„Kernbereich der Sorgfaltspflichten"*[726], ein *„1. Gebot"*[727] und eine *„Kardinalspflicht"*[728]. Obschon der II. Zivilsenat in seiner Entscheidung vom 08.07.2014 betont, dass eine für die Gesellschaft begangene Straftat nicht zugleich eine Pflichtverletzung gegenüber der Gesellschaft darstellen müsse, rückt dieser jedoch nicht – auch ohne sie überhaupt jemals erwähnt zu

---

§ 93 AktG, Rn. 7; *Lutter*, ZIP 2007, 841, 843 ff.; *Lutter*, ZIP 2007, 841, 843; *Spindler*, in: MüKo AktG, § 93 AktG, Rn. 73 ff. Aus der Rechtsprechung: BGHZ 201,344; BGHZ 194,26; BGH, BB 2010, 2590; BGHZ 114, 127; BGHZ 124, 111; BGHZ 202,26; BGH, MDR 2015,780.

722 *Arnold*, ZGR 2014, S. 76, 78; *Bicker*, AG 2012, S. 542, 543 ff.; *Bicker*, AG 2014, S. 8, 8 f.; *Fleischer*, ZIP 2005, S. 141, 148; *Habersack*, in: FS Uwe H. Schneider, Die Legalitätspflicht des Vorstands der AG, S. 429, 432 ff.; *Krieger/Sailer-Coceani*, in: K.Schmidt/Lutter, § 93 AktG, Rn. 7; *Lutter*, ZIP 2007, S. 841, 843 ff.; *Lutter*, ZIP 2007, S. 841, 843; *Spindler*, in: MüKo AktG, § 93 AktG, Rn. 73 ff. Aus der Rechtsprechung: BGHZ 201,344; BGHZ 194,26; BGH, BB 2010, 2590; BGHZ 114, 127; BGHZ 124, 111; BGHZ 202,26; BGH, MDR 2015,780.

723 Weitere Beispiele sind: die Bestellung und Abberufung von Vorstandmitgliedern, der Abschluss und die Kündigung der Anstellungsverträge mit Vorstandsmitgliedern, Beschlussvorschläge an die Hauptversammlung, die Einführung eines neuen Vergütungssystems, die Entscheidung über die Geschäftsverteilung im Vorstand, die Freistellung von Bilanzierungswahlrechten und die Entscheidung über Vorstandsabfindungen (entnommen der Auflistung von *Lutter*, ZIP 2007, 841, 847).

724 *Fleischer*, ZIP 2005, S. 141, 150; *Goette*, in: FS 50 Jahre BGH, Leitung, Aufsicht, Haftung, 131; *Lutter*, ZIP 2007, S. 841, 843; *Spindler*, in: MüKo AktG, § 93 AktG, Rn. 76; Mit Ausnahmen auch (dazu sogleich) auch: *Ihring*, WM 2004, 2098, 2105.

725 Vgl. BegrRegE BT-Drs. 15/5092, S. 22.

726 *Habersack*, in: FS Uwe H. Schneider, Die Legalitätspflicht des Vorstands der AG, 429, 431.

727 *Lutter*, in: VGR Bnd. 1, Haftung und Haftungsfreiräume des GmbH-Geschäftsführers, S. 87, 90.

728 *Fleischer*, in: Handbuch des Vorstandsrechts, § 7, Rn. 4.

haben – von der strengen Bindung an die Legalitätspflicht ab.[729] Vielmehr soll sich dies auf die wenigen Fälle einer Entscheidung unter unklarer Rechtslage oder einer objektiv falschen Beurteilung der Strafverfolgungsbehörden beziehen.[730] In der Literatur wird teilweise diskutiert, ob Pflichtverletzungen zum Wohl der Gesellschaft und fehlerhafte Entscheidungen bei unklarer Rechtslage unter den Schutz der Business Judgement Rule fallen sollen, obwohl in beiden Fällen ein Verstoß gegen die Legalitätspflicht vorliegt.

bb. Nützliche Pflichtverletzungen

Das Merkmal der Legalität ist gerade im Hinblick auf das Wohl der Gesellschaft nicht unumstritten. So wird diskutiert, ob eine rechtwidrige Handlung im Außenverhältnis zu Gunsten der Gesellschaft im Innenverhältnis keinen Pflichtenverstoß auslösen soll.[731] Aus diesem Grund spricht man von *„nützlichen Pflichtverletzungen"* oder herkunftsgemäß vom *„efficient breach of public law"*[732]. Hierbei wird das Streben nach Gewinnen und die unternehmerische Freiheit über die Legalitätspflicht gestellt. Allerdings liegen die Ersparnisse natürlich nur dort, wo die Rechtsverstöße nicht aufgedeckt werden.[733] Insofern müssten Gerichte bei Anerkennung nützlicher Pflichtverletzung regelmäßig auch die Aufdeckungswahrscheinlichkeit mit einpreisen.

Anhand verschiedener Beispiele ist zumindest anzuerkennen, dass eine Verallgemeinerung des Vorranges der Legalitätspflicht nicht immer bedenkenlos anzunehmen ist. Im Rahmen der VW-Abgas-Affäre fällt es schwer, gegen einen Vorrang der Legalitätspflicht zu argumentieren. Kunden und Staaten wurden getäuscht und der Vorteil einer Abgasmanipulation wird hinsichtlich des hohen Schadens und fortwährenden Reputationsverlustes kaum im Verhältnis stehen. Schwieriger fällt die Argumentation gegen nützliche Pflichtverletzungen in einem von *Fleischer* in Anlehnung an ein BGH-Urteil gestellten Beispiel aus.[734]

---

729 BGH, NZG 2014, 1058, 1060.

730 *Knuth*, jurisPR-Compl 3/2014, Anm. 1.

731 Im Ergebnis ablehnend: *Fleischer*, ZIP 2005, 141, 141 ff.

732 *Fleischer*, in: Spindler/Stilz, § 93 AktG, S. 36.

733 Die eingesparten Compliance-Kosten bei Nichtbeachtung der Legalität lassen sich auf 2,9 % vom Jahresumsatz beziffern (vgl. *Rack*, Compliance Berater 03 2014, S. 1, 3). Bedacht werden sollte jedoch Folgendes: *If you think Compliance is expensive, try Non-Compliance; Rack, Rack*, Compliance Berater 03 2014, 1, 3.

734 *Fleischer*, ZIP 2005, S. 141, 141: Beispiel in Anlehnung an BGHZ 94, 268: Hier urteilte der BGH sogar gegen eine Pflichtverletzung: *„Von einem deutschen Unternehmer kann zwar nicht erwartet werden, dass er in den Ländern, in denen staatliche Aufträge nur*

Darin entschließen die Vorstandsmitglieder eines Bauunternehmens, eine Zahlung von Schmiergeldern an afrikanische Regierungsbeamte vorzunehmen, um öffentliche Aufträge zu erhalten. Es ist ihnen bekannt, dass der betreffende und der deutsche Staat solche Zahlungen unter Strafe stellen. Die Vorstandsmitglieder rechtfertigen die Zahlung damit, dass es faktisch unmöglich sei, im betreffenden Staat ohne Schmiergelder öffentliche Aufträge zu erhalten, und auch ihre Mitbewerber entsprechend vorgehen.

Eine Auftragserteilung liegt regelmäßig im Unternehmensinteresse. Geschädigte sind in diesem Beispielsfall die Unternehmen, die kein Schmiergeld gezahlt haben, dieses aber ebenfalls hätten zahlen müssen.

Sieg/Zeidler[735] lehnen eine Pflichtverletzung im Innenverhältnis ab. Ein genereller Pflichtverstoß könne nur dann vorliegen, sofern die Einhaltung des Gesetzes auch in den Anstellungsvertrag aufgenommen werde. Es soll auch danach unterschieden werden, ob die gesetzliche Regelung, gegen die verstoßen wurde, das Gesellschaftsvermögen betreffe. Nur in diesem Fall solle eine Pflichtverletzung vorliegen. Schützt die Norm das Gesellschaftsvermögen nicht, so liegt lediglich dann eine Pflichtverletzung vor, sofern die Voraussetzungen einer fehlerhaften unternehmerischen Entscheidung vorlägen. Es handelt sich dann um keine gebundene Entscheidung.[736] Die Business Judgement Rule wäre anwendbar. Auch *Kocher* will den Ausschluss der Business Judgement Rule nicht mit der Begründung des Vorranges des Legalitätsprinzips rechtfertigen.[737] Die Business Judgement Rule soll seiner Meinung nach Anwendung finden, nachdem die Schwere der Pflichtverletzung im Rahmen einer sorgfältigen Abwägung als leicht festgestellt wurde. Als Abwägungskriterien nennt er die *„Schwere des Rechtsverstoßes, [die] Schwere der drohenden Sanktion, [die] Wahrscheinlichkeit der Sanktion, [den] Reputationsverlust, [die] Größe des Vorteils für die Gesellschaft etc.“*.[738] Bleibe die Rechtsverletzung ohne Rechtsfolge, so stehe der Anwendung

---

durch Bestechung der zuständigen Staatsorgane zu erlangen sind, auf dieses Mittel völlig verzichtet und damit das Geschäft weniger gewissenhaften Konkurrenten überlässt. Er wird daher seinen Angestellten und Handelsvertretern, die bei der Bewerbung um solche Aufträge in ortsüblicher Weise mit Schmiergeldern arbeiten, nicht den Vorwurf einer Verletzung ihrer Dienst- oder Vertragspflichten machen können; er wird ihnen unter Umständen sogar die von ihnen verauslagten Schmiergelder […] ersetzen müssen.“ Parallelfall in den USA: *Auerbach v. Bennet*, 393 N.E.2d 994 (N.Y. 1979).

735 *Sieg/Zeidler*, in: Hauschka/Besch, § 3, Rn. 20 ff.

736 *Sieg/Zeidler*, in: Hauschka/Besch, § 3, Rn. 20 ff.

737 *Kocher*, CCZ 2009, 215, 218.

738 *Kocher*, CCZ 2009, 215, 218.

der Business Judgement Rule nichts entgegen. Dies wird im Rahmen nützlicher Pflichtverletzungen auf Grund des Vorteilsausgleiches oftmals der Fall sein.[739] Da ein schwerer Rechtsverstoß unter Zugrundelegung der Abwägungskriterien *Kochers* ausgeschlossen ist, bezieht sich dies wohl allerdings nur auf reine Ordnungsvorschriften. Eine solche Ausnahme bei reinen Ordnungsvorschriften befürwortet auch *Habersack.*[740] Durch eine Abwägung der Pflichtverletzung mit den wirtschaftlichen Vorteilen solle der Vorwurf pflichtwidrigen Verhaltens dann entfallen, wenn ein unbedeutender Gesetzesverstoß vorliegt, welcher nicht schwer wiege und keine negativen wirtschaftlichen Auswirkungen auf die Gesellschaft haben könne.[741] Zu einem solchen verzeihbaren Verstoß zählt nach *Habersack* beispielsweise das im absoluten Parkverbot stehende Firmenfahrzeug des Vorstandes, welches dort im Rahmen zeitlichen Zwanges auf Grund eines anstehenden Millionen-Geschäftes abgestellt wurde und dessen Abschleppkosten die Gesellschaft nun tragen müsste.[742] *Fleischer* und *Bicker* widersprechen hingegen einer Befreiung von der Haftung bei Verletzungen des Ordnungsrechtes, da dieses so zum Recht zweiter Klasse deklassiert würde und eine Differenzierung eines Rechts erster und zweiter Klasse zu Abgrenzungsschwierigkeiten führen würde.[743]

Auf Grund des Vorranges der Legalitätspflicht darf die Business Judgement Rule auf nützliche Pflichtverletzungen keine Anwendung finden. Der Gesetzgeber des UMAG wollte ausdrücklich keinen *„sicheren Hafen"* für Rechtsbrüche gestalten.[744] Es sollen nur Maßnahmen diesen Schutz genießen, die im Interesse der Gesellschaft liegen. Wie bereits dargestellt, liegen jedoch nur die Entscheidungen im Interesse der Gesellschaft, die im Einklang mit dem Gesetz stehen.[745] Immerhin muss der Aufsichtsrat sogar einen Zustimmungsvorbehalt nach § 111

739 Str. Dargestellt in: *Hölters*, in: Hölters, § 93 AktG, 257 f.

740 *Habersack*, in: FS Uwe H. Schneider, Die Legalitätspflicht des Vorstands der AG, 429, 439.

741 *Habersack*, in: FS Uwe H. Schneider, Die Legalitätspflicht des Vorstands der AG, 429, 439.

742 Beispiel in Anlehnung an *Habersack*, in: FS Uwe H. Schneider, Die Legalitätspflicht des Vorstands der AG, 429, 438.

743 *Bicker*, AG 2014, S. 8, 11; *Fleischer*, ZIP 2005, 141, 149.

744 Vgl. BegrRegE BT-Drs. 15/5092, S. 22.

745 Vgl. *Fleischer*, Handbuch des Vorstandsrechts, § 7 Rn. 22.

Abs. 4 Satz 2 AktG setzen, wenn er von der Rechtskonformität einer zukünftigen Maßnahme nicht überzeugt ist.[746]

Eine Ausnahme kann auch nicht für Bagatelldelikte wie Ordnungswidrigkeiten bestehen. Damit würde die Legalitätspflicht nur inkonsequent gehandhabt werden. Außerdem ist *Fleischer* und *Bicker* dahingehend zuzustimmen, dass die Differenzierung nach der Schwere eines Delikts zu Abgrenzungsschwierigkeiten führen könne. Ordnungswidrigkeiten mögen sich noch einfach von Delikten mit strafrechtlichem Charakter unterscheiden lassen. Die Abgrenzung zwischen Bagatelldelikt und leichter Pflichtverletzung kann sich jedoch problematisch darstellen. Auch hier besteht das Problem des *„hindsight bias"*. Ein in der Zukunft liegendes Delikt mag Bagatellcharakter haben, kann rückblickend betrachtet jedoch schwerwiegender sein.

In den meisten Fällen nützlicher Pflichtverletzungen wird es allerdings an einem Schaden fehlen, da dieser im Rahmen des Vorteilsausgleichs entfällt. In diesen Fällen bedarf es schon keines Schutzes durch die Business Judgement Rule. Dies wird insbesondere im Falle von Ordnungswidrigkeiten der Fall sein, denn bei Verstößen mit strafrechtlichem Charakter entfällt der Profit durch die vorzunehmende Gewinnabschöpfung.[747]

cc. Entscheidung bei unklarer Rechtslage

Problematischer verhält es sich in den Fällen, in denen ein Gesellschaftsorgan unter rechtlicher Unsicherheit durch eine unternehmerische Entscheidung gegen den Legalitätsgrundsatz verstoßen hat, da hierbei umstritten ist, ob überhaupt eine Ermessenentscheidung vorliegt. Eine solche Entscheidung ist in den Fallkonstellationen denkbar, in denen bei vergleichbaren Sachverhalten gerichtlich unterschiedlich entschieden wurde und noch eine höchstrichterliche Rechtsprechung dazu ausbleibt. Es kann jedoch auch bei der Einführung neuer Rechtsvorschriften der Fall sein, deren Umsetzung nicht eindeutig ist und welche in der Literatur noch keinen einheitlichen Konsens fand und schon gar nicht darüber geurteilt wurde.[748] Nicht zu Unrecht spricht sich *Fleischer* für die Möglichkeit der Unternehmen aus, sich mit *„vertretbaren Gründen über Rechtsvorschriften*

---

746 Vgl. *Fleischer*, Handbuch des Vorstandsrechts, § 7 Rn. 22; *von Schenck* in: Der Aufsichtsrat, § 116, Rn. 210.

747 *Fleischer*, in: Spindler/Stilz, § 93 AktG, Rn. 40.

748 *Fleischer*, ZIP 2005, 141, 150; *Fleischer*, in: Spindler/Stilz, § 93 AktG, Rn. 29. Zu Recht stellt *Buck-Heeb* fest, dass schon die Feststellung, ob eine unklare Rechtslage vorliegt, oft nicht unproblematisch ist (*Buck-Heeb*, BB 2013, 2247, 2250).

hinwegzusetzen, um ihre Gültigkeit oder vorherrschende Auslegung durch Verwaltungsbehörden oder Gerichte in Frage zu stellen".[749]

Einigkeit besteht lediglich hinsichtlich der Tatsache, dass die Organe die Rechtslage sorgfältig prüfen und sich bei fehlender Sachkunde rechtlichen Rat einholen müssen.[750] Nach der Ision-Entscheidung des Bundesgerichtshofes darf auf den Rechtsrat eines qualifizierten und sorgfältig ausgewählten Berufsträgers allerdings nicht blind vertraut werden.[751] Vielmehr muss dieser auf seine Plausibilität hin überprüft werden. Die Organe tragen jedoch grundsätzlich das Risiko, die Rechtslage zu verkennen.[752]

Für Teile der Befürworter der strengen Bindung an die Legalitätspflicht[753] liege in einer Fehlentscheidung unter rechtlicher Unsicherheit regelmäßig eine Pflichtverletzung, wenn nicht der rechtlich sicherste Weg gewählt würde. Verstößt auch der scheinbar sicherere Weg gegen die Legalitätspflicht, finde jedoch der Umstand Berücksichtigung, dass zum Zeitpunkt der Entscheidungsfindung die Rechtslage unklar war und daher auf Ebene des Verschuldens ein Rechtsirrtum angenommen werden könne.[754] Ein Ermessenspielraum, und damit ein dem Gericht eingeschränkt überprüfbarer Beurteilungsspielraum, könne bei Zugrundelegung einer rechtlichen Entscheidung nicht gegeben sein.[755] Die Annahme eines Rechtsirrtums führe auch nicht zu den Folgen einer Abberufung nach § 84 Abs. 3 AktG von Organmitgliedern, da diese nur bei schweren Verstößen erfolge, allerdings ohne Verschulden die Schwere schon entfalle.[756]

Andere Teile der Lehre[757] wollen die Gesellschaftsorgane bereits auf Pflichtenebene von einem Verhaltensvorwurf befreien und diesem einen

---

749 *Fleischer,* ZIP 2005, 141, 150.

750 *Verse,* ZGR 2017, 174, 176.

751 BGH, AG 2011, 876, 878.

752 Ebenso: BGH, AG 2015, 535, 536.

753 *Binder,* AG 2012, 885, 888; *Binder,* ZGR 2012, 757, 767; *Buck-Heeb,* BB 2013, 2247, 2254; *Haertlein,* ZHR 168 (2004), 437, 459; *Holle,* AG 2016, 270, 280; *Koch,* in: Hüffer/Koch, § 93 AktG, Rn. 19; *Krieger,* ACQ IV/2012, S. 13; *Krieger,* ZGR 2012, 496, 497; *Krieger/Sailer-Coceani,* in: K.Schmidt/Lutter, § 93 AktG, Rn. 7; *Paefgen,* AG 2004, 245, 559; *Paefgen,* AG 2014, 554, 559 f.; *Paefgen,* AG 2014, 554; *Spindler,* AG 2013, 889, 893; *Strohn,* CCZ 2013, 177, 177 f.; *Strohn,* ZHR 176 (2012), 137, 138.

754 *Koch,* in: Hüffer/Koch, § 93 AktG, Rn. 19.

755 *Koch,* in: Hüffer/Koch, § 93 AktG, Rn. 19.

756 *Holle,* AG 2016, 270, 277; *Paefgen,* AG 2014, 554, 560.

757 *Fleischer,* in: Spindler/Stilz, § 93 AktG, Rn. 30; *Kocher,* CCZ 2009, 215, 217; *Schneider,* DB 2011, 99, 100; *Spindler,* in: MüKo AktG, § 93 AktG, Rn. 83.

Ermessenspielraum zusprechen. Damit lockern sie die Bindung an die Legalitätspflicht bei unklarer Rechtslage, da die Organe keiner Erfolgs-, sondern einer Verhaltenshaftung unterlägen und ihnen so nur der Vorwurf der Verletzung einer vorverlagerten Rechtsermittlungs- und Anwendungspflicht gemacht werden könne.[758] Auf Grundlage des Rates des Sachverständigen könne nicht nur der rechtssicherste, sondern auch der für die Gesellschaft am günstigsten ausfallende Weg gewählt werden.[759] Innerhalb dieses Ermessens müsse auf Grundlage angemessener Information sorgfältig zwischen Risiko und Chancen abgewogen werden.[760] Ebenfalls sei einzubeziehen, ob die Entscheidung trotz unklarer Rechtlage zwingend getroffen werden müsse oder ob auch ein Zuwarten zumutbar wäre.[761] Bei vertretbarer Abwägung entfällt dann eine Pflichtverletzung.

Unter den Befürwortern einer Ermessenentscheidung ist weiterhin umstritten, ob sie eine unternehmerische Entscheidung im Sinne der Business Judgement Rule sein soll. Nach *Kocher* stelle eine unsichere Rechtslage sogar *„das typische Entscheidungsdilemma"* der Business Judgement Rule[762] dar. Dies wird unter anderem mit der strengen Bindung der Organe an die Legalitätspflicht begründet, da die Business Judgement Rule nicht zur Auslegung gesetzlicher Pflichten herangezogen werden könne.[763] Auch hier wird dabei wieder auf die Gesetzesbegründung zum UMAG verwiesen, in der der Gesetzgeber klarstellt, dass er die Business Judgement Rule nicht für *„illegales Verhalten"* kodifiziert habe.[764] Diesen Gedanken teilend, wollen andere Stimmen der Lehre daher die

---

758 *Holle,* AG 2016, 270, 271.

759 *Bayer*, in: FS K. Schmidt, Legalitätspflicht der Unternehmensleitung, nützliche Gesetzesverstöße und Regress bei verhängten Sanktionen, S. 85, 92 f.; *Dreher*, in: FS Konzen, Die kartellrechtliche Bußgeldverantwortlichkeit von Vorstandsmitgliedern, S. 85, 92 ff.; *Fleischer,* ZIP 2005, 141, 149; *Habersack*, in: FS Uwe H. Schneider, Die Legalitätspflicht des Vorstands der AG, S. 429, 463 f.; *Hennrichs,* NZG 2013, 681, 686; *Hopt/Roth*, in: Großkommentar AktG, § 93 AktG, Rn. 140; *Sander/Schneider,* ZGR 2013, 725, 730; *Schulze-Osterloh,* ZHR(2015), 9, 33 f.; *Seibt,* NZG 2015, 1097, 1100 f.; *Seibt,* AG 2002, 249; *Seibt/Cziupka,* AG 2015, 93, 99; *Spindler*, in: MüKo AktG, § 93 AktG, Rn. 83; *Wagner,* BB 2012, 651, 653.

760 *Fleischer,* ZIP 2005, 141, 149; *Habersack*, in: FS Uwe H. Schneider, Die Legalitätspflicht des Vorstands der AG, S. 429, 905; *Hopt/Roth*, in: Großkommentar AktG, § 93 AktG, Rn. 140; *Mertens*, in: Kölner Komm. AktG, § 93 AktG, Rn. 38.

761 *Fleischer*, in: Spindler/Stilz, § 93 AktG, Rn. 31.

762 *Kocher,* CCZ 2009, 215, 217.

763 *Bicker,* AG 2014, 8, 9; *Fleischer,* ZIP 2005, S. 141, 144; *Hasselbach/Ebbinghaus,* AG 2014, 73, 874; *Spindler*, in: MüKo AktG, § 93 AktG, Rn. 75; BegrRegE BT-Drs. 15/5092, S. 22.

764 BegrRegE BT-Drs. 15/5092, S. 22.

Business Judgement Rule nicht direkt heranziehen, allerdings den ihr zugrunde liegenden Rechtsgedanken auf Grund der offensichtlichen Parallelen dennoch anwenden.[765] Es wäre demnach bei jeder Entscheidung der allgemeine Sorgfaltsmaßstab des § 93 Abs. 1 S. 1 AktG heranzuziehen und im Rahmen der Entscheidung um ein pflichtgemäßes Handeln die Wertungen der Business Judgement Rule analog heranzuziehen.[766] Dies wird in der Literatur als sog. *Legal Judgement Rule* diskutiert.[767] *Paefgen* sieht allerdings ohnehin große Parallelen der Ision-Rechtsprechung zur Business Judgement Rule und bezeichnet sie daher auch als *„die Legal Judgement Rule der deutschen Rechtsprechung"*, wobei er betont, dass damit weder die direkte, noch die analoge Anwendung des § 93 Abs. 1 S. 2 AktG gemeint sei.[768] Tatsächlich handelt es sich bei den verhaltensbezogenen Sorgfaltsanforderungen der Ision-Entscheidung um die Schaffung einer *„angemessenen Informationsgrundlage"* wie im Rahmen der Business Judgement Rule. Der Vorschlag, den Anwendungsbereich der Business Judgement Rule auf alle Entscheidungen unter – insbesondere rechtlicher – Unsicherheit auszudehnen, wurde auf den 70. Deutschen Juristentag jedoch überwiegend abgelehnt.[769]

Die Lösung über die Annahme eines Rechtsirrtums auf Verschuldensebene ist vorzuziehen. Der Pflichtenverstoß darf nicht nur eingeschränkt überprüft werden. Denn grundsätzlich trägt der Schuldner das Risiko, die Rechtslage zu verkennen.[770] Die Einhaltung der Anforderungen an die Entscheidungsfindung berührt die Pflichtwidrigkeit nicht, allerdings möglicherweise die individuelle Vorwerfbarkeit. Die Business Judgement Rule lässt schon ihrem Wortlaut nach nur Pflichtverletzungen entfallen und hilft daher nicht über Verstöße gegen die

---

765 *Bicker,* AG 2014, 8, 10 ff.; *Cahn,* WM 2013, S. 1293, 1294 f.; *Habersack*, in: FS Uwe H. Schneider, Die Legalitätspflicht des Vorstands der AG, S. 429, 436 f.; *Hasselbach/ Ebbinghaus,* AG 2014, 873, 873 ff.; *Kocher,* CCZ 2009, 215, 217; *Sander/Schneider,* ZGR 2013, 725, 737 f.; *Spindler,* AG 2013, 889, 893; *Spindler*, in: MüKo AktG, § 93 AktG, Rn. 75 ff.

766 *Bicker,* AG 2014, 8, 9; *Spindler*, in: MüKo AktG, § 93 AktG, Rn. 66.

767 *Buck-Heeb,* BB 2013, 2247, 2252; *Bürkle,* VersR 2013, 792, 793.

768 *Paefgen,* AG 2014, 554, 559, 560.

769 Ergebnis: 29:41:12; *Ständige Deputation des Deutsches Juristentages*, Verhandlungen des 70. Deutschen Juristentages, S. N62 Im dazugehörigen Gutachten schlägt *Bachmann* vor, den Terminus *„unternehmerische Entscheidung"* zu streichen und durch den allgemeinen Begriff der *„Ermessensentscheidung"* zu ersetzen. Letztlich betont er jedoch selbst, dass sich mit dem *„geltenden Wortlaut leben [lässt]." Bachmann, Gutachten E zum 70. Dt. Juristentag, S. E44.*

770 BGH, NZG 2015 795, 791.

Legalitätspflicht hinweg. Pflichtbewusstes Handeln schließt jedoch zwingend die Einhaltung der Legalitätspflicht, also das Einhalten der Regeltreue und der Sorge um regelkonformes Verhalten, ein.[771] Ist die Rechtslage unklar, besteht also die Möglichkeit unrechtmäßigen Verhaltens. Für dieses Verhalten mögen gute Gründe sprechen. Aber auch eine sorgsame Abwägung, die zu der *„falschen"* Entscheidung führt, kann im Falle von Unsicherheit nicht pflichtgemäß sein. Insofern ist es nur konsequent, bei sorgsamer Entscheidung das Verschulden entfallen zu lassen. Dass bei unklarer Rechtslage ein klassisches Entscheidungsdilemma[772] – möglicherweise auch insbesondere von unternehmerischen Entscheidungen – vorliegt, führt ebenfalls nicht automatisch zur Anwendung der Business Judgement Rule und damit zu einem Entfallen der Pflichtwidrigkeit. Dies ist allerdings kein Nachteil, wie es für Entscheidungen unter Zeitdruck vertreten wird. Denn im Rahmen der Prüfung des *„Handelns auf Grundlage angemessener Information"* wird auch die Eilbedürftigkeit der Entscheidung berücksichtigt und dieser auf Verschuldensebene Rechnung getragen.

Letztlich ist es nur konsequent, die eigene Entscheidung unter rechtlicher Unsicherheit auf Verschuldensebene zu beurteilen, wenn schon bei Entscheidungen auf Grundlage des fehlerhaften Rechtsrats Dritter auch der Rechtsrat auf dieser Ebene Berücksichtigung findet.[773]

b. Handlung zum Gesellschaftswohl

Unternehmerische Entscheidungen im Sinne der Business Judgement Rule müssen stets zum Wohle der Gesellschaft getroffen werden. Eine konkrete Definition des Gesellschaftswohls haben der Gesetzgeber und der Bundesgerichtshof jedoch ausgelassen. In der Literatur entwickelten sich auf Grund dessen verschiedene Ansätze. Nach dem Ansatz des sog. Shareholder-Value wird der Gewinn als Maßgröße des Unternehmenserfolges herangezogen.[774] Demnach wäre jede Entscheidung, die der Gewinnmaximierung dienen würde, eine solche zum Unternehmenswohl. Nach dem Ansatz des Stakeholder-Value hingegen liegt der Unternehmenserfolg nicht nur im Interesse der Aktionäre, sondern aller Beteiligten, wie dem der Arbeitnehmer, der Kunden, des Staates oder der Öffentlichkeit.[775] Die Gewinnerzielung wäre demnach ein untergeordnetes Ziel.

---

771 Vgl. *Koch*, in: Hüffer/Koch, § 93 AktG, Rn. 6.
772 Vgl. *Kocher*, CCZ 2009, 215, 217.
773 *Koch*, in: Hüffer/Koch, § 93 AktG, Rn. 22.
774 *Spindler*, in: Spindler/Stilz, § 76 AktG, Rn. 29.
775 *Spindler*, in: Spindler/Stilz, § 76 AktG, Rn. 29.

In Deutschland hat sich ein moderates Shareholder-Konzept durchgesetzt.[776] Das Unternehmensinteresse liegt demnach grundsätzlich in der Sicherung des Bestandes, der dauerhaften Rentabilität und der Wettbewerbsfähigkeit, wodurch auch den Belangen der auf ihre Einkünfte vertrauenden Arbeitnehmer gerecht wird.[777] Die Organe dürfen im Rahmen ihrer Entscheidungsfindung lediglich „*annehmen*", zum Wohl der Gesellschaft zu handeln. Auf Grund dieses subjektiven Charakters reicht es daher aus, wenn die Organe nach eigenen Vorstellungen zum Unternehmenswohl handeln.[778] Unverhältnismäßige Risikoentscheidungen (sog. „*Hazard*"-Entscheidungen) dienen grundsätzlich nicht dem Gesellschaftsinteresse. Sofern ausschließlich eigene oder sachfremde Erwägungen oder Interessen Dritter Grundlage der Entscheidung sind, kann denklogisch keine Entscheidung zum Unternehmenswohl vorliegen. Wird jedoch auf Grund einer gesellschaftsfreundlichen Entscheidung im Nebeneffekt ein eigenes Interesse befriedigt, so steht dies einer Anwendung der Business Judgement Rule nicht entgegen.[779] Für die Arbeitnehmervertreter des Aufsichtsrats bedeutet dies, dass sie sich schadensersatzpflichtig machen könnten, sofern diese nur Belange der Betriebsmitglieder vertreten, die jedoch nicht im eigentlichen Unternehmensinteresse stehen können.[780]

c. *Angemessene Informationsgrundlage*

Dreh- und Angelpunkt einer vernünftigen Entscheidung ist eine angemessene Informationsgrundlage auf Grundlage derer vernünftiger Weise angenommen werden kann, zum Wohle der Gesellschaf zu Handeln. Was allerdings unter einer angemessenen Informationsgrundlage zu verstehen ist, wird unterschiedlich beurteilt. Der Bundesgerichtshof hatte 2008 entschieden, dass das Organ *„in der konkreten Entscheidungssituation alle verfügbaren Informationsquellen tatsächlicher und rechtlicher Art auszuschöpfen und auf dieser Grundlage die Vor- und Nachteile der bestehenden Handlungsoptionen sorgfältig abzuschätzen und den erkennbaren Risiken Rechnung zu tragen" hat.*[781] Nähme man dies beim

776 Vgl. Definition des Abs. 2 der Präambel des DCGK; *Spindler*, in: MüKo AktG, § 76 AktG, Rn. 74; *Weber-Rey/Buckel*, NZG 2010, 761, 764.

777 *Spindler*, in: MüKo AktG, § 76 AktG, Rn. 74.

778 *Lutter*, ZIP 2007, 841, 844.

779 *Koch*, ZGR 2006, 767, 791, der als Beispiel eine erfolgsbezogene Vergütungsform nennt.

780 *Edenfeld/Neufang*, AG 1999, 49 – vertiefend, ob die organschaftliche Treuepflicht eine aktive Streikteilnahme verbietet.

781 BGH, NJW 2008, 3361, 3362 f.

Wortlaut, so dürfte fast jede Entscheidung auf einer mangelhaften Informationsgrundlage beruhen. Es dürfte unmöglich sein, alle verfügbaren Informationen einzuholen, da sich immer noch eine weitere Quelle ergründen lässt.[782]

Druey bebildert diese Frage mit der Auswahl eines neuen CEO. Welche Informationen dürften dem Aufsichtsrat im Rahmen der Business Judgement Rule genügen? Wird ein Auszug aus dem Strafregister benötigt, die Studie des Facebook- oder Xing-Profils oder sämtlicher Google-Einträge? Vielleicht ist auch Gerüchten nachzugehen, die über die betreffende Person umläufig sind. Die Aufzählung könnte noch lange weitergeführt werden.

Mithin ist dem Organ eine solche Informationsjagd oder die Überprüfung aller verfügbarer Informationen nicht zuzumuten, selbst wenn sie nur irgendwie möglich erschiene. Die Literatur ist sich daher einig, dass nicht sämtliche zur Verfügung stehenden Informationen einzuholen sind.[783]

Das Organ hat eine verantwortungsvolle Aufgabe auszuüben, welche so viel Zeit vereinnahmt, dass eine Informationsjagd oder die Überprüfung aller verfügbarer Informationen nicht zuzumuten ist. Zudem darf sich eine Entscheidungsfindung nicht über unbegrenzt lange Zeiträume ziehen und oftmals sind äußerst wichtige Entscheidungen sogar innerhalb kürzester Zeit zu treffen. Von daher verwundert es, dass der Bundesgerichtshof in einer seiner ersten Entscheidungen nach dem UMAG genau diese strengen Anforderungen gestellt hat.[784]

Diese Anforderungen sind jedoch nicht in Einklang mit dem Wortlaut des § 93 Abs. 1 S. 2 AktG zu bringen, durch welchen die Angemessenheit der Informationsgrundlage und die Vernünftigkeit der Erhebung ins Zentrum gerückt wird. Hätte der Gesetzgeber gewollt, dass alle möglichen Informationsquellen einer Entscheidung zu Grunde gelegt werden, so hätte er dies eindeutig ausdrücken müssen.[785]

---

782 Nach *Druey* gibt es die Allwissenheit nicht: *Druey*, in: FS Goette, Standardisierung der Sorgfaltspflicht? Fragen zur Business Judgment Rule, S. 57.

783 Nach *Bachmann* würde die BJR sonst ad absurdum geführt werden: *Bachmann*, ZHR 177 (2013), 1, 3; s. auch *Fleischer*, in: FS Wiedemann, Die „Business Judgment Rule" im Spiegel von Rechtsvergleichung und Rechtsökonomie, S. 827, 841; *Fleischer*, in: Spindler/Stilz, § 93 AktG, Rn. 70; *Mertens*, in: Kölner Komm. AktG, § 93 AktG, Rn. 33; *Schäfer*, ZIP 2005, 1253, 1258; ebenfalls BegrRegE BT-Drs. 15/5092 S. 12: „*Information kann nicht allumfassend sein*".

784 BGH, MDR 2008, 1231, 1231.

785 Zustimmend zu *Fleischer*, in: Spindler/Stilz, § 93 AktG, Rn. 71a: „Über diese bewusste Entscheidung des Reformgesetzgebers darf sich der BGH nicht hinwegsetzen".

Das überwiegende Schrifttum ist sich einig, dass der Bundesgerichtshof zu strenge Anforderungen an die Informationsauswahl stellt und daher weder dem Begriff der Angemessenheit noch dem Merkmal *„vernünftigerweise"* gerecht wird. Nach Ansicht der herrschenden Lehre reicht es aus, wenn eine vernünftige Auswahl der verfügbaren Informationen getroffen wird.[786] Was vernünftig ist, hänge von der jeweiligen Situation ab und habe objektiven Charakter.[787] Im Rahmen wichtiger Entscheidungen würden verschärfte Informationspflichten herrschen.[788] Die Annahme, ausreichend informiert zu sein, sei jedoch subjektiver Natur.[789]

Das Merkmal *„vernünftigerweise"* bedarf daher der Auslegung. Liest man den Begriff *„vernünftigerweise"* wie im Rahmen der Inhaltskontrolle unternehmerischer Entscheidungen, würde diese Unsicherheit dadurch relativiert werden, dass nur *„gänzlich unvertretbare Entscheidungen"* eine Pflichtverletzung darstellen würden.[790] Gerade im Rahmen der Informationsgewinnungspflicht hätte dies allerdings zur Folge, dass ein viel zu großer Entscheidungsspielraum eröffnet würde. Dieser würde zwar die Organe umfassend schützen, kann jedoch seitens des Gesetzgebers richtigerweise nicht gewollt sein kann.

Die Literatur vertritt daher zu Recht die Ansicht, dass der Begriff *„vernünftigerweise"* im Rahmen der Informationsauswahl nicht gleichbedeutend ist mit demjenigen, der die inhaltliche Kontrolle der Entscheidung betrifft.[791] Vielmehr muss die Informationsgrundlage einer gerichtlichen Plausibilitätsprüfung unterzogen werden.[792] Dem Organ steht daher ein *„erheblicher Spielraum"*[793] in

786 *Druey*, in: FS Goette, Standardisierung der Sorgfaltspflicht? Fragen zur Business Judgment Rule, S. 57, 65; *Fleischer*, in: FS Wiedemann, Die „Business Judgment Rule" im Spiegel von Rechtsvergleichung und Rechtsökonomie, S. 827, 840 f.; *Hopt/Roth*, in: Großkommentar AktG, § 93 AktG, Rn. 105; *Peters*, AG 2010, 811, 813; *Spindler*, in: MüKo AktG, § 93 AktG, Rn. 50.

787 *Koch* in: Hüffer/Koch, § 93 AktG, Rn. 21.

788 *Fleischer*, in: Spindler/Stilz, § 93 AktG, 71a; *Grigoleit/Tomasic*, in: Grigoleit, § 93 AktG, S. 34; *Hopt/Roth*, in: Großkommentar AktG, § 93 AktG, Rn. 107; *Koch*, ZGR 2006, 767, 789; *Krieger/Sailer-Coceani*, in: K.Schmidt/Lutter, § 93 AktG, Rn. 35; *Mertens/Cahn*, in: Kölner Komm. AktG, § 93 AktG, Rn. 35.

789 *Koch* in: Hüffer/Koch, § 93 AktG, Rn. 21.

790 Vgl. *Koch*, in: Hüffer/Koch, § 93 AktG, Rn. 21.

791 *Koch* in: Hüffer/Koch, § 93 AktG, Rn. 21; *Fleischer* in: Sindler/Stilz, § 93 AktG, Rn. 71a; *Redeke*, ZIP 2011, 59, 61 ff.

792 *Koch* in: Hüffer/Koch, § 93 AktG, Rn. 21; *Fleischer* in: Sindler/Stilz, § 93 AktG, Rn. 71a; *Redeke*, ZIP 2011, 59, 61 ff.

793 BegrRegE BT-Drs. 15/5092, S. 12; vgl. *Fleischer*, in: Spindler/Stilz, § 93 AktG, Rn. 71a.

der Zusammenstellung der Informationen zu, es muss sich aber zugleich dem Plausibilitätserfordernis stellen.[794] Dies ist mit dem Zweck der Business Judgement Rule vereinbar. Sie erlaubt einen weiten Ermessensspielraum, der allerdings nicht gänzlich der gerichtlichen Kontrolle entzogen ist. Auch ist dieser Weg überaus konsequent. Denn auch bei der Einholung des Rechtsrats Dritter hat das Organ eine Plausibilitätskontrolle vorzunehmen, welche auch gerichtlich überprüfbar ist.[795] Insofern muss dies auch für die eigenen Entscheidungen des Organs gelten. Die eingeholten Informationen müssen daher in nachvollziehbarer Art gesammelt und mit einer Bewertung versehen werden. Wurden bestimmte Informationen bewusst nicht eingeholt worden, so empfiehlt sich, auch dies zu vermerken. Ebenso sind persönliche Gespräche zusammenfassend zu notieren.

d. Frei von Interessenkonflikten

Es ist ein ungeschriebenes Tatbestandsmerkmal[796] der Business Judgement Rule, dass die unternehmerischen Entscheidungen frei von Interessenkonflikten getroffen werden müssen; sich das Organ also nicht von sachfremden Interessen leiten lassen darf. Dies ergibt sich aus der Treuepflicht, nach welcher sich Entscheidungen nur zum Wohl und am Interesse der Gesellschaft zu orientieren haben.

Auf Grund der Art des Aufsichtsratsmandates als Nebenamt kommt es im Aufsichtsrat öfter zu Interessenkonflikten als beim Vorstand.[797] Diese können sich daraus ergeben, dass ein Vorstandsmitglied des Mutterunternehmens im Aufsichtsrat des Tochterunternehmens sitzt. Ein Interessenkonflikt kann jedoch auch dann bestehen, wenn ein Kreditgeber einer Bank oder ein Lieferant Mitglied des Aufsichtsrates ist.[798] Hinsichtlich der Arbeitnehmervertreter kommt

---

794 *Fleischer,* in: Spindler/Stilz, § 93 AktG, Rn. 71a.

795 Vgl. *Koch,* in: Hüffer/Koch, § 93 AktG, Rn. 22.

796 Das Tatbestandsmerkmal ergibt sich jedoch aus der BegrRegE BT-Drs. 15/5092, S. 11. Weiterhin: *Fleischer*, in: FS Wiedemann, Die „Business Judgment Rule“ im Spiegel von Rechtsvergleichung und Rechtsökonomie, S. 827, 841 f.; *Fleischer*, in: Spindler/Stilz, § 93 AktG, Rn. 72; *Hopt/Roth*, in: Großkommentar AktG, § 93 AktG, Rn. 83; *Schäfer,* ZIP 2005, S. 1253, 1257; *Spindler*, in: MüKo AktG, § 93 AktG, Rn. 60.

797 Teilweise wird es für fast unmöglich gehalten, dass es in Aufsichtsräten zu keinen Interessenskollisionen kommen soll: u.A.: *Hopt/Roth*, in: Großkommentar AktG, § 93 AktG, Rn. 228; *Schenck*, in: Semler/v.Schenck, § 116 AktG, Rn. 220.

798 Vgl. Aufzählung Ziff. 5.5.2 DCGK.

es insbesondere im Rahmen von rechtswidrigen Streiks schnell zu Interessenkonflikten, denn ein rechtswidriger Streik kann unter keinen Umständen im Unternehmensinteresse stehen.[799] Die Teilnahme an *„wilden Streiks"* ist dem Arbeitnehmervertreter daher untersagt.[800] Da aber der rechtmäßige Streik im Interesse des Arbeitnehmervertreters liegt, grundgesetzlich geschützt ist, dadurch dem Unternehmenswohl vorgeht und sich etwas anderes nicht mit den Grundsätzen der Mitbestimmung vereinbaren ließe, darf der Arbeitnehmervertreter an einem rechtmäßigen Streik teilnehmen, ohne sich hieran aktiv zu beteiligen (beispielsweise indem er zu diesem aufruft oder öffentlich vor der Belegschaft redet).[801] Bei passiver Teilnahme an einem Streik darf der Arbeitnehmervertreter jedoch von Aufsichtsratssitzungen ausgeschlossen werden, sofern es um Beratungen oder Abstimmungen im Rahmen der Streiksituation kommt.[802]

Wie mit einem allgemeinen Interessenkonflikt umzugehen ist, wird unterschiedlich beurteilt. In Ziff. 5.5.2 DCGK wird empfohlen, dass ein solcher Interessenkonflikt offengelegt werden sollte. Dies ergibt sich jedoch schon aus der organschaftlichen Treuepflicht, so dass Ziff. 5.5.2 DCGK – wie so oft – deklaratorischer Natur ist.[803] Festzuhalten ist jedoch, dass das Vorliegen eines Interessenkonfliktes nicht direkt zu einer Pflichtverletzung führen kann. Dies ist erst der Fall, sofern dieser nicht offengelegt wird.[804] Insofern ist die Business Judgement Rule nur beim Verschweigen des Interessenkonfliktes nicht anwendbar.[805]

Ob die alleinige Offenlegung des Konfliktes zur Beseitigung des Interessenskonfliktes ausreicht, mag bezweifelt werden, wird mithin jedoch auch nicht vertreten. Der Aufsichtsrat hat als Gesamtorgan dafür Sorge zu tragen, dass der Interessenkonflikt eines Mitgliedes die Entscheidungen nicht beeinflusst.[806] Bei vorrübergehenden Interessenkonflikten kommt eine Entziehung

---

799 *Lutter/Krieger/Verse*, Rechte und Pflichten des Aufsichtsrats, Rn. 908.

800 *Bürgers/Israel*, in: Bürgers/Körber, § 116 AktG, Rn. 8; *Lutter/Krieger/Verse*, Rechte und Pflichten des Aufsichtsrats, Rn. 908; *Spindler*, in: Spindler/Stilz, § 116 AktG, Rn. 94.

801 *Bürgers/Israel*, in: Bürgers/Körber, § 116 AktG, Rn. 8; *Lutter/Krieger/Verse*, Rechte und Pflichten des Aufsichtsrats, Rn. 908; *Spindler*, in: Spindler/Stilz, § 116 AktG, Rn. 94.

802 *Lutter/Krieger/Verse*, Rechte und Pflichten des Aufsichtsrats, Rn. 908.

803 *Mertens/Cahn*, in: Kölner Komm. AktG, § 100 AktG, Rn. 18.

804 *Drygala*, in: K.Schmidt/Lutter, § 116 AKtG, Rn. 16.

805 *Drygala*, in: K.Schmidt/Lutter, § 116 AKtG, Rn. 16.

806 *Diekmann/Fleischmann*, AG 2013, 141, 145.

des Stimmrechtes in Betracht. Der überwiegende Teil der Lehre[807] begründet dies mit § 34 BGB, wodurch das Stimmrecht für Mitglieder ausgeschlossen wird, sofern die Abstimmung ein Rechtsgeschäft zwischen Verein und Mitglied betrifft. Diese ist beispielsweise geboten, sofern zustimmungsbedürftige Verträge mit der Gesellschaft geschlossen werden sollen, bei welchem das betreffende Mitglied mit beiden Seiten verbunden ist, aber auch, wenn dem Mitglied persönlich Vor- und Nachteile drohen.[808] Insbesondere in letzterem Fall ist denklogisch davon auszugehen, dass das betreffende Organmitglied nicht gegen sich selbst stimmt und somit die notwendige Objektivität nicht gewahrt ist.[809] Dies bedeutet jedoch nicht, dass das betreffende Organmitglied nicht an den entsprechenden Sitzungen und Ausschüssen teilnehmen darf. Ob dies ausreicht, wird teilweise verneint, weil durch aktive Teilnahme an der Aufsichtsratssitzung schon eine Gefährdung der Objektivität vorliege, da die anwesenden Mitglieder durch mögliche Wortbeiträge beeinflusst würden.[810] Mitunter wird daher vertreten, dass das im Interessenkonflikt stehende Mitglied von Beratungen und Abstimmung zu dieser Thematik – ähnlich wie beim Arbeitnehmervertreter – ausgeschlossen wird.[811]

Lutter[812] hält beispielsweise den Ausschluss des betroffenen Mitglieds auf Grund von Haftungsfragen, die den gesamten Aufsichtsrat betreffen, für geboten. Seiner Meinung nach *„infiziere"* ein konfliktbehaftetes Organmitglied den gesamten Aufsichtsrat, so dass dieser sich nicht auf die Business Judgement Rule berufen könne. Eine solche *„Ansteckung"* ist jedoch schon im Hinblick auf die

807 *Bürgers/Israel*, in: Bürgers/Körber, § 84 AktG, Rn. 5; *Lutter/Krieger/Verse*, Rechte und Pflichten des Aufsichtsrats, Rn. 730; *Seibt*, in: K.Schmidt/Lutter, § 84 AktG, Rn. 10; *Spindler*, in: MüKo AktG, § 84 AktG, Rn. 20; *Weber*, in: Hölters, § 84 AktG, Rn. 13. Aus der Rechtsprechung: BGH, NZG 2007, 516.

808 Beispiele aus: *Lutter/Krieger/Verse*, Rechte und Pflichten des Aufsichtsrats, Rn. 904.

809 Dies ergibt sich aus dem „Verbot des Richtens in eigener Sache": *Lutter/Krieger/Verse*, Rechte und Pflichten des Aufsichtsrats, Rn. 905; *Mertens/Cahn*, in: Kölner Komm. AktG, § 100 AktG, Rn. 20.

810 *Diekmann/Fleischmann*, AG 2013, 141, 141; *Koch*, in: Hüffer/Koch, § 116 AktG, Rn. 6; *Lutter*, in: FS Canaris, Interessenskonflikte und Business Judgement Rule, S. 245, 248; *Spindler*, in: MüKo AktG, § 93 AktG, S. 61; *Weber-Rey/Buckel*, AG 2011, 845, 845.

811 *Diekmann/Fleischmann*, AG 2013, 141, 141; *Koch*, in: Hüffer/Koch, § 116 AktG, Rn. 6; *Lutter*, in: FS Canaris, Interessenskonflikte und Business Judgement Rule, S. 245, 248; *Spindler*, in: MüKo AktG, § 93 AktG, S. 61; *Weber-Rey/Buckel*, AG 2011, 845, 845.

812 *Lutter*, in: FS Canaris, Interessenskonflikte und Business Judgement Rule, S. 245, 251 ff.

Regelmäßigkeit von Interessenkonflikten im Aufsichtsrat abzulehnen. Im Rahmen offener Interessenkonflikte gibt es keine Grundlage für die Annahme einer Beeinflussung. Mithin kann auch bei verdeckten Interessenkonflikten keine Beeinflussung des gesamten Aufsichtsrates vermutet werden. Letztlich werden Mehrheitsbeschlüsse gefasst, so dass vermutet würde, dass die Mehrheit unter Beeinflussung gestanden hätte. Hierbei würde allen Aufsichtsräten eine derartige Willensschwäche unterstellt werden, dass sie für die Ausübung des Amtes schon nicht geeignet wären. Ein Mehrheitsentschluss spricht jedoch eher gegen die Vermutung der Beeinflussung als dafür. Nachdem ein Interessenkonflikt offenbart wurde, ist den Mitgliedern eher zu unterstellen, dass sie sich eben nicht so einfach beeinflussen lassen, sondern sich kritisch mit den Aussagen des betreffenden Mitgliedes auseinandersetzen.

Im Rahmen eines dauerhaften Interessenkonfliktes ist jedoch eine vertrauensvolle und auch sinnvolle Zusammenarbeit nicht mehr denkbar. Tritt ein dauerhafter Interessenkonflikt ein, so hat das betroffene Mitglied auf Grund der Treuepflicht das Aufsichtsratsmandat niederzulegen.[813] Überdies besteht in diesem Fall die Pflicht eines gerichtlichen Abberufungsantrages seitens des Aufsichtsrates nach § 103 Abs. 3 AktG.[814]

e. Gutgläubigkeit

Trifft das Organmitglied eine objektiv vertretbare Entscheidung, obwohl es selbst nicht von ihrer Richtigkeit überzeugt ist, so entfällt der Schutz durch die Business Judgement Rule, da es an der Gutgläubigkeit des Organs fehlt.[815] Mangels gerichtlicher Relevanz[816] wird hierauf jedoch nicht weiter eingegangen.

f. Rechtsfolge

Sind die Voraussetzungen der Business Judgement Rule erfüllt, so ist das betroffene Organ nicht nur von der Haftung befreit, sondern es wird vermutet, dass es

---

813 *Diekmann/Fleischmann,* AG 2013, 141, 147.

814 *Diekmann/Fleischmann,* AG 2013, 141, 147.

815 BT-Drucks. 15/5059, S. 11, *Bürgers/Israel,* in: Bürgers/Körber, § 93 AktG, Rn. 25; *Dauner-Lieb,* in: Henssler/Strohn, § 93 AktG, Rn. 25; *Koch,* in: Hüffer/Koch, § 93 AktG, Rn. 24; Rechtsvergleichend gegen ein Gutgläubigkeitserfordernis: *Paefgen,* AG 2004, S. 245, 256.

816 Vgl. *Koch,* ZGR 2006, 767, 790.

überhaupt nicht pflichtwidrig gehandelt hat.[817] Liegen die Voraussetzungen der Business Judgement Rule nicht vor, so bedeutet dies jedoch nicht automatisch, dass das Organ per se in Anspruch genommen werden kann. Ein pflichtwidriges Handeln wird nicht vermutet.[818] Es muss seitens der Gerichte weiterhin positiv ein Pflichtverstoß festgestellt werden.

2. Keine Beschränkung des Haftungsmaßstabes auf grobe Fahrlässigkeit durch die Business Judgement Rule

In der Literatur wird die Frage aufgeworfen, ob die Business Judgement Rule generell von einer Haftung für leicht fahrlässig begangene Pflichtverletzungen befreie.[819] Eine konkrete Begrenzung auf Vorsatz und grobe Fahrlässigkeit, wie bei anderen zivilrechtlichen Normen geläufig, enthält sie jedenfalls nicht. Diskussionsbestimmendes Merkmal ist im Rahmen der Business Judgement Rule der Umstand, welchen das Organmitglied hätte *„vernünftiger Weise annehmen dürfen"*. *Bachmann* leitet eine Haftungsbefreiung für leichte Fahrlässigkeit durch Ausklammerung des Merkmals *„vernünftig"* ab.[820] *„Annehmen dürfen"* bedeute, dass darauf abzustellen sei, wie sich ein *„besonnenes und gewissenhaftes Vorstandsmitglied in der konkreten Rolle des Betreffenden ex ante verhalten hätte."*[821] Dies vergleicht er mit dem Auftragsrecht, in dem der Beauftragte im Rahmen seiner treuhänderischen Stellung von den Weisungen des Geschäftsherrn abweichen dürfe, wenn er – auf Grund sorgfältiger Prüfung – annehmen durfte, dass dies im Sinne dessen ist, § 670 BGB. Der Haftungsmaßstab im Auftragsrecht bemisst sich trotz der Unentgeltlichkeit des Auftrags nach § 276 BGB und umfasst somit auch leichte Fahrlässigkeit. Hätte der Gesetzgeber nun einen solchen Fall, ebenso im Rahmen der Vorstandshaftung, gewollt, so hätte er auch auf das Merkmal der *„Vernunft"* verzichten können. Gerade dies habe er jedoch nicht getan.[822] Nach *Bachmann* müsse das Organmitglied im Rahmen der

---

817 Dazu Lutter: „Greift die Business Judgement Rule ein, so bleibt am Vorstand kein Staubkorn eines Vorwurfs hängen – allenfalls der, dass er ohne Glück und Fortune gehandelt hat." Lutter, ZIP 2007, 841, 843.

818 *Bürgers/Israel*, in: Bürgers/Körber, § 93 AktG, Rn. 10; *Fleischer*, in: Spindler/Stilz, § 93 AktG, Rn. 40; *Schäfer*, ZIP 2005, 1253, 1255; *Spindler*, in: MüKo AktG, § 93 AktG, Rn. 65.

819 *Bachmann*, Gutachten E zum 70. Dt. Juristentag, S. E45 f.

820 *Bachmann*, in: FS Stilz, Das „vernünftige" Vorstandsmitglied, S. 25, 29.

821 *Bachmann*, in: FS Stilz, Das „vernünftige" Vorstandsmitglied, S. 25, 29.

822 *Bachmann*, in: FS Stilz, Das „vernünftige" Vorstandsmitglied, S. 25, 30.

Informationsbeschaffung und der darauffolgenden inhaltlichen Abwägung im Rahmen der Business Judgement Rule daher auch nicht für leichte Fahrlässigkeit einstehen.[823] Er schlägt vor, die deutsche Business Judgement Rule folgendermaßen umzuformulieren: *„Bei einer unternehmerischen Entscheidung haften unbefangene Vorstandsmitglieder nur für grobe Pflichtverstöße“*.[824]

Paefgen weist diesbezüglich allerdings darauf hin, dass die Entscheidung des Gesetzgebers für den aktuellen Wortlaut *„vernünftigerweise“* auf einem Vorschlag *Fleischers* beruhe, der rechtsvergleichend den Begriff *„rationally believes“* aus § 4.01 der Principles of Corporate Governance der American Bar Association und aus § 8.31 des Revised Model Business Corporation Act heranzog.[825] Diese Formulierung diene jedoch nur dem Ausschluss sog. *„off-the-wall“*-decisions, bei denen die Entscheidung nicht mehr im Einklang mit dem Gesellschaftsinteresse stünde. Das Merkmal der Vernunft habe daher keinen Einfluss auf die Schaffung einer angemessenen Informationsgrundlage.[826]

Bei der Auslegung des Merkmals *„vernünftigerweise“* kann auch auf die Gesetzesbegründung[827] und auf das ARAG/Garmenbeck-Urteil[828] Bezug genommen werden. Dort heißt es, dass die Grenzen unternehmerischen Handelns für den Haftungsfall im Innenverhältnis *„deutlich“* überschritten sein sollen.[829] Hierbei wird auf ein Handeln *„in unverantwortlicher Weise“* abgestellt.[830] Demnach ist eine Haftung für leichte Fahrlässigkeit schon vom Wortlaut her ausgeschlossen. V*on Falkenhausen* weist jedoch darauf hin, dass eben diese Kriterien vom Gesetzgeber bewusst nicht im UMAG umgesetzt worden seien.[831] Zwar diene das ARAG-Urteil als Orientierung für die Business Judgement Rule, allerdings sei das Urteil nicht bedingungslos kodifiziert worden. Tatsächlich wurde eine Herabsetzung des Maßstabes der Haftung auf grobe Fahrlässigkeit sogar

823 *Bachmann*, Gutachten E zum 70. Dt. Juristentag, S. E46.

824 *Bachmann*, in: FS Stilz, Das „vernünftige“ Vorstandsmitglied, S. 25, 43. Ähnlich: *Semler*, in: FS Goette, Überlegungen zur Praktikabilität der Organhaftungsvorschriften, S. 499, 499 ff.; *Spindler*, AG 2013, 889, 895.

825 *Paefgen*, AG 2014, 554, 562 f.

826 *Paefgen*, AG 2014, 554, 562 f.

827 BT-Drucks. 15/5092, S. 11.

828 BGH, NJW 1997, 1926.

829 BGH, NJW 1997, 1926, 1928. Die Gesetzesbegründung räumt einen „erheblichen Spielraum“ ein: BT-Drucks. 15/5092, S. 12.

830 BGH, NJW 1997, 1926, 1928.

831 *von Falkenhausen*, NZG 2012, 644, 645.

diskutiert und abgelehnt.[832] Dies ist auch ausdrücklich der Gesetzesbegründung zu entnehmen.[833]

Auch *Spindler* geht auf die Gesetzesbegründung zum UMAG ein und lässt die reduzierte Sorgfaltspflicht zu, da der Gesetzgeber anstelle der Wortwahl *„ohne grobe Fahrlässigkeit"* das Merkmal *„vernünftiger Weise"* eingeführt habe.[834] *Scholz* sieht in der Überschreitung von Ermessensgrenzen den typischen Fall eines Verstoßes gegen die Business Judgement Rule, welche nicht stets den Vorwurf grober Fahrlässigkeit begründe.[835] Im Rahmen der Sorgfalt eines gewissenhaften Geschäftsleiters liege bei dessen Überschreitung zunächst ein normaler Sorgfaltspflichtverstoß vor.[836] Als Beispiel benennt er Entscheidungen, die nahe an der Grenze zur Unverträglichkeit angesiedelt, aber dennoch pflichtgemäß sind. Von daher müssen nach *Scholz* noch weitere Umstände hinzutreten, um ein Verhalten als grob fahrlässig zu betrachten. Genau dies wurde auch der Gesetzesbegründung zu Grunde gelegt. Eine Beschränkung auf grobe Fahrlässigkeit wurde nicht vorgenommen, eben weil es sonst zu einer Vermengung von Pflichten- und Sorgfaltsmaßstäben käme.[837] Aus diesem Grund, wegen der eindeutigen Gesetzesbegründung und wegen des bewussten Auslassens des Ausschlusses für grobe Fahrlässigkeit im UMAG ist eine Beschränkung auf grobe Fahrlässigkeit durch die Business Judgement Rule ausgeschlossen.

3. Ist der Beschluss über Zustimmungsvorbehalte ein Business Judgement?

Die Entscheidung über die Erteilung eines Zustimmungsvorbehaltes ist eine Ermessensentscheidung. Lässt man also eine Ermessensreduktion auf null außer Betracht, könnte sie unter den Schutz der Business Judgement Rule fallen. Die Frage ist daher, ob es sich um eine unternehmerische Ermessensentscheidung handelt. Nach *Habersack* unterliege die Einführung von Zustimmungsvorbehalten – im Gegensatz zu deren Zustimmung – nicht der Business Judgement Rule, da das *„auf eine konkrete Geschäftsführungsmaßnahme zu beziehende*

---

832 BT-Drucks. 15/5059, S. 11; *Bachmann* (s.o.) sieht in der unterbliebenen Übernahme der Herabstufung auf grobe Fahrlässigkeit trotz Gesetzesbegründung kein Hindernis.

833 BT-Drucks. 15/5092, S. 11.

834 *Spindler,* AG 2013, 889, 892.

835 *Scholz,* AG 2015, 222, 230.

836 *Scholz,* AG 2015, 222, 230.

837 BT-Drucks. 15/5092, S. 11.

prognostische Element" fehle.[838] Dennoch soll dem Aufsichtsrat hinsichtlich der Entscheidung ein bedingt zugänglicher gerichtlicher Beurteilungsspielraum zukommen.[839] Andere Teile der Lehre gehen jedoch von der grundsätzlichen Anwendbarkeit der Business Judgement Rule aus, da es sich um eine klassische Frage des unternehmerischen Ermessens handle.[840] Dem ist zuzustimmen. In Fällen der Ermessensreduktion auf null ist das „*ob*" eines Vorbehaltes zwar ausgeschlossen, hinsichtlich der Bestimmtheit kann dies jedoch nicht gelten. Insbesondere Bezugsgrößen und Wertgrenzen muss der Aufsichtsrat anhand angemessener Informationsgrundlage bestimmen.

4. Ist der Beschluss über das Absehen der Verfolgung von Schadensersatzansprüchen ein Business Judgement?

Ob es sich bei dem Beschluss des Aufsichtsrates, von der Verfolgung von Ansprüchen der Gesellschaft gegen ein pflichtvergessenes Vorstandsmitglied abzusehen, um eine unternehmerische Ermessensentscheidung als Business Judgement handelt, ist teilweise umstritten. Dies vermag im Hinblick auf das ARAG/Garmenbeck-Urteil zunächst verwundern, da sich der II. Zivilsenat dort ausdrücklich gegen eine Zubilligung unternehmerischen Ermessens bei der Verfolgungsentscheidung ausspricht. So heißt es dort: „*Entgegen der Ansicht des Berufungsgerichtes steht dem Aufsichtsrat auch bei dieser Entscheidung kein autonomer unternehmerischer Ermessensspielraum zu.*"[841] In einer weiteren Entscheidung scheint der II. Zivilsenat daran festzuhalten, indem er dem Aufsichtsrat bei der Beurteilung, ob eine Pflichtwidrigkeit vorliege, kein Handlungsermessen zugesteht.[842]

Im Rahmen des ARAG-Garmenbeck-Urteils nimmt der II. Zivilsenat Bezug auf *Raiser*.[843] Dieser hatte in einem Aufsatz zur Entscheidung in der Vorinstanz des selbigen Verfahrens am OLG Düsseldorf die Überwachungspflicht des Aufsichtsrates in die „*nachträgliche Überwachungstätigkeit*" und in die „*präventive Kontrolle*" unterteilt, wobei der Entschluss zur Verfolgung von

838 *Habersack*, in: MüKo AktG, § 111 AktG, Rn. 108; *Habersack*, ZHR 178 (2014), S. 131, 131.

839 *Habersack*, ZHR 178 (2014), 131, 140.

840 *Hopt/Roth*, § 116 AktG, Rn. 107; *Paefgen*, AG 2014, 554, 561; *Spindler*, in: Spindler/Stilz, § 116 AktG, Rn. 43.

841 BGH, NJW 1997, 1926, 1928.

842 BGH, AG 2014, 751, 752.

843 *Raiser*, NJW 1996, S. 552, 552 ff.

Schadenersatzansprüchen als nachträgliche Überwachungspflicht keine unternehmerische Entscheidung darstellen solle.[844] Die Diskussion um die Frage, ob die Verfolgungsentscheidung unternehmerischer Natur sei und damit unter den Schutz der Business Judgement Rule falle, begann mit einem Aufsatz von *Paefgen,* in welchem er dem Aufsichtsrat einen solchen ausdrücklich zuspricht.[845] Er begründet dies mit der unternehmerischen Qualität, die dem Beschluss des Aufsichtsrates bei seiner Interessenabwägung des Ausgleichsanspruchs mit dem Unternehmensinteresse zu Grunde liegt. Er bezeichnet diese Entscheidung als geradezu exemplarisch hierfür, da für diese Abwägung eine intime Vertrautheit mit dem Sachverhalt und unternehmerisches Denken und Handeln benötigt würde.[846] Dass es sich hierbei um eine nachträgliche Überwachungspflicht des Aufsichtsrates handelt, widerspreche dem nicht, da die Entscheidung der Geltendmachung zukunftsbezogen sei.[847] Ein Interessenskonflikt komme bei einem ehemaligen Vorstandsmitglied in Frage und sei mit einem Stimmrechtsentzug nach § 136 AktG unproblematisch zu lösen. Andere Interessenkonflikte seien nach den Regeln der Business Judgement Rule zu behandeln.[848] Auch das LG Essen[849] hatte in seiner bekannten Arcandor-Entscheidung dem Aufsichtsrat eine eingeschränkte gerichtliche Überprüfung der Verfolgungsentscheidung zugebilligt, da es sich um eine Prognoseentscheidung handle. In diesem Verfahren hatte der Aufsichtsrat ein Gutachten eines namhaften Juristen eingeholt, nach welchem nicht auszuschließen war, dass die Geltendmachung der Ansprüche der Gesellschaft negative Auswirkungen auf die Geschäftstätigkeit, Reputationsschäden, eine Behinderung der Vorstandsarbeit und eine Beeinträchtigung des Betriebsklimas nach sich ziehen könnte. Der Aufsichtsrat stand daher vor der Entscheidung, entweder von der Anspruchsverfolgung abzusehen und Gefahr zu laufen, sich selbst pflichtwidrig zu verhalten, oder die Ansprüche geltend zu machen, wobei der Gesellschaft ein größerer Schaden hätte entstehen können. *Bachmann* hält es allerdings für eine rein akademische Frage, da auch nach ARAG-getreuer Auslegung viele Stimmen dem Aufsichtsrat bei der

844 *Raiser,* NJW 1996, S. 552, 552 ff.
845 *Paefgen,* AG 2008, 761, 761 ff.
846 *Paefgen,* AG 2008, 761, 763.
847 *Paefgen,* AG 2008, 761, 763.
848 *Paefgen,* AG 2008, 761, 767.
849 LG Essen, NZG 2012, 1307, 1309.

Frage nach entgegenstehendem Gesellschaftswohl einen Beurteilungsspielraum zugestehen.[850]

Goette spricht sich für die Anwendung der Business Judgement Rule aus. Dabei unterfalle die Entscheidung insgesamt der gerichtlichen Kontrolle, da der Aufsichtsrat seiner Entscheidung eine angemessene Informationsgrundlage und deren Würdigung zu Grunde zu legen habe und die Informationsauswahl und deren Würdigung für die Gerichte nachvollziehbar sein müssten.[851] Dieses Vorgehen des Aufsichtsrates bei der Entscheidungsfindung sei daher als unternehmerisches Handeln zu bewerten, da auch der Vorstand bei seinem Handeln entsprechend vorgehen müsse.[852] Auch *Cahn* sieht in der Entscheidung über die Anspruchsverfolgung oder deren Unterlassung einen unternehmerischen Entscheidungsspielraum.[853] Zwar sei das anspruchsbegründende Verhalten des Vorstandes ein Gegenstand der Vergangenheit, allerdings sei es unsicher, ob sich diese Tatsachen vor Gericht in der Zukunft zur Überzeugung beweisen ließen. Diese Ungewissheit sei daher ein klassischer Gesichtspunkt unternehmerischer Entscheidungen.[854]

Habersack[855] hingegen spricht sich gegen die Anerkennung als unternehmerische Entscheidung aus. Seiner Ansicht nach befänden sich die Aufsichtsratsmitglieder bei ihrer Entscheidung in einem Interessenkonflikt, der zum Ausschluss der Business Judgement Rule führe. In jeder Pflichtverletzung des Vorstandes könne auch eine Verletzung der Überwachungspflicht des Aufsichtsrates liegen, weshalb dieser dazu neigen könne, von einer solchen Verfolgung abzusehen. Aus diesem Grund sei durch den Gesetzgeber auch im Rahmen von Organhaftungsfällen bei Verzicht und Vergleich die Hauptversammlung eingebunden. Es sei also schon fraglich, warum im Rahmen der gerichtlichen Geltendmachung ohne Hauptversammlungsbeschluss ein unternehmerisches Ermessen anzuerkennen sein sollte.

Mit Urteil vom 18.09.2018 hat sich der II. Zivilsenat des Bundesgerichtshofs ausdrücklich gegen die Verfolgungsentscheidung als Ermessenentscheidung im Sinne des § 93 Abs. 1 Satz 2 AktG ausgesprochen.[856] Demnach sei der Aufsichtsrat

---

850 *Bachmann*, Gutachten E zum 70. Dt. Juristentag, S. E81 in Bezug auf: *Casper*, ZHR 176 (212), 617, 636; *Lutter*, in FS Hoffmann-Becking, S. 747, 753.

851 *Goette*, ZHR 176 (2012), 588, 594.

852 *Goette*, ZHR 176 (2012), 588, 594.

853 *Cahn*, WM 2013, 1293, 1296.

854 *Cahn*, WM 2013, 1293, 1296 f.

855 *Habersack*, NZG 2016, 321, 122.

856 BGH, NZG 2018, 1301, 1304.

ausschließlich dem Unternehmenswohl verpflichtet, das grundsätzlich die Wiederherstellung des geschädigten Gesellschaftsvermögens verlangt.[857] Dies gelte sogar bei eigenen Interessenkonflikten des Aufsichtsrates.[858] Ein Absehen von der Verfolgung sei nur durch im Rahmen der ARAG/Garmenbeck-Grundsätze möglich.

Die Entscheidung des Bundesgerichtshofs überzeugt. Der Aufsichtsrat ist nur dem Gesellschaftswohl verpflichtet. Insofern ist die Entscheidung zur Verfolgung eine gebundene Entscheidung. Aber auch in den Ausnahmefällen nach ARAG/Garmenbeck, in denen der Aufsichtsrat von einer Verfolgung absehen darf, handelt es sich um keine unternehmerische Entscheidung. Auch wenn die Entscheidung wie eine Ermessensentscheidung wirkt, richtet sie sich voll und ganz nach dem Unternehmenswohl. Insofern ist diese Entscheidung wiederum gebunden. Hierbei offenbart sich allerdings das Dilemma von Aufsichtsräten im Rahmen der Business Judgement Rule. Ihnen fehlt ein Schutz, der eigentlich notwendig wäre. Insofern ist ein weitergehender Schutz – insbesondere für Aufsichtsräte – notwendig, wie er im Folgenden noch dargestellt wird.

5. Die Business Judgement Rule als Refugium des Aufsichtsrates und des Vorstandes?

Die Business Judgement Rule ist nicht hinreichend geeignet, Gesellschaftsorganen die Sicherheit vor existenzbedrohlicher Haftung zu geben. Insbesondere Aufsichtsräten ist der Schutz in Ermangelung von unternehmerischen Entscheidungen oftmals verwehrt. Es besteht insoweit kein *„sicherer Hafen"*. Den Organen kann nicht immer bewusst sein, ob eine unternehmerische Entscheidung vorliegt, oder nicht. Ob die anderen Voraussetzungen Dies steht oft im Ermessen des Gerichtes. Nach *Meckbach* entfalte die Business Judgement Rule daher ihre privilegierende Wirkung lediglich in den Ausnahmefällen, in denen den strengen Anforderungen an die Darlegung und den Nachweis der einzelnen Voraussetzungen gelingt.[859] Diese Darlegung ist insbesondere für die Angemessenheit der eingeholten Informationen schwierig. Daher ist nach *Arnold* eben diese Voraussetzung zu Recht als die *„Achillesverse"* der Business Judgement Rule zu betrachten.[860] Nach anderen Kritikern der Business Judgement Rule fehle es an einer privilegierenden Wirkung, da sowohl innerhalb als auch außerhalb des

857 BGH, NZG 2018, 1301, 1304.

858 BGH, NZG 2018, 1301, 1304; Anmerkung von *Stöber* in BB 2018, 2769 f.

859 *Meckbach*, NZG 2015, 580, 581.

860 *Arnold*, Die Steuerung des Vorstandshandelns, S. 179.

Anwendungsbereiches des § 93 Abs. 1 S. 2 AktG für eine sorgfältige Entscheidungsfindung gehaftet werde.[861] *Druey* ruft letztlich sogar dazu auf, die Business Judgement Rule ganz zu vergessen.[862]

Dies mag für das aktuelle Haftungsregime nach dem Aktiengesetz richtig sein. Es ist nicht geeignet, Gesellschaftsorganen ein Sicherheitsgefühl vor existenzbedrohlicher Haftung zu geben, die richtigen Verhaltensanreize zu setzen und teure D&O-Versicherungen zurückzudrängen. *Bachmann* sieht das Problem der Business Judgement Rule daher zu Recht im „*Alles-oder-nichts*"-Prinzip.[863] Dies bedeute, dass diejenigen, die nur sehr knapp nicht unter die Voraussetzungen der Business Judgement Rule fallen, im vollen Umfang haften. Das Schrifttum hat daher verschiedene Reformvorschläge gemacht, die im folgenden Kapitel dargestellt und bewertet werden.

---

861 *Cahn*, WM 2013, 1293; *Druey*, in: FS Goette, Standardisierung der Sorgfaltspflicht? Fragen zur Business Judgment Rule, S. 57, 69; *Grigoleit/Tomasic*, in: Grigoleit, § 93 AktG, Rn. 29; *von Falkenhausen*, NZG 2012, 644, 651.

862 *Druey*, in: FS Goette, Standardisierung der Sorgfaltspflicht? Fragen zur Business Judgment Rule, S. 57, 70.

863 *Bachmann*, ZIP 2017, 841, 850.

I. Reform der Organhaftung

Selten wurde über ein juristisches Thema so energisch und mühevoll diskutiert wie über die Organhaftung innerhalb der Aktiengesellschaft.[864] Dies liegt sicherlich an der Brisanz der durch schier unglaubliche Schadensersatzsummen bekannt gewordenen Fälle; beispielhaft seien die Klagen gegen den ehemaligen Vorstandsvorsitzenden der Deutschen Bank AG *Breuer*[865] und gegen den ehemaligen Vorstand der Siemens AG *Neubürger*[866] genannt.[867] Vor etwa 15 Jahren war eine Diskussion um derlei Haftungserleichterungen jedoch kaum vorstellbar. Das Bundesjustizministerium[868] wollte nach den Finanzskandalen den Haftungsrahmen gegenüber diesen Organen sogar noch verstärken.[869] Dies änderte sich unter anderem mit der Umsetzung der ARAG/Garmenbeck-Entscheidung des Bundesgerichtshofs, nach welcher die Aufsichtsräte grundsätzlich verpflichtet sind, Schadensersatzforderungen gegen den Vorstand zu verfolgen. Es mangelte daher also nicht an zu lascher Gesetzgebung, sondern an deren Umsetzung. Durch die Regelverfolgung offenbarte sich das strenge Haftungsregime, welches die existenzvernichtenden Paradigmen aufzeigte. Obwohl die Gesellschaften

---

864 *Vetter* spricht gar von einem Brennpunkt: *Vetter*, NZG 2014, 921, 921.

865 Durch Äußerungen des ehem. Vorstandsvorsitzenden der Deutschen Bank AG Breuer zur Liquidität der Kirch-Gruppe im Jahr 2002 (!) soll deren Untergang ausgelöst worden sein. Die Deutsche Bank AG zahlte daher nach langen Prozessen an die Kirch-Erben 928 Millionen Euro. Im Rahmen des Regresses wurde sich dahingehend verglichen, dass *Breuer* 3,2 Millionen Euro und seine D&O-Versicherung 90 Millionen Euro zu tragen habe (http://www.spiegel.de/wirtschaft/unternehmen/kirch-pleite-rolf-breuer-zahlt-3-2-millionen-euro-an-deutsche-bank-a-1084788.html; zuletzt abgerufen am 13.08.2019).

866 LG München, ZIP 2014, 570: zugesprochene 15 Millionen Euro Schadensersatz für die Siemens AG im Rahmen einer offenen Teilklage (!).

867 Anderes Beispiel: Die gesetzliche Bundesinnungskrankenkasse aus Dortmund hat ihren ehemaligen Vorstand auf Grund bedarfswidriger Anmietung von Büro- und Lagerflächen verklagt. Das OLG Hamm entschied mit Urteil vom 17.03.2016 (Az.: 27 U 36/15, bei https://www.justiz.nrw.de), dass dieser zur Zahlung von 4,6 Millionen Euro verpflichtet ist (www.der-betrieb.de/meldungen/ex-vorstand-zu-46-mio-euro-schadensersatz-verurteilt; abgerufen am 13.08.2019).

868 http://www.handelsblatt.com/archiv/bundesjustizministerium-verschaerfung-der-haftung-von-vorstand-und-aufsichtsrat-geplant/2299798.html (zuletzt abgerufen am: 13.08.2019).

869 Vgl. *Grunewald*, AG 2013, 813, 813.

den immensen entstandenen Schaden zu restituieren in der Lage sind, problematisiert sich dies im Innenregress, bei welchem die Leistungsfähigkeit des Schuldners um ein Vielfaches geringer ist.[870] Im Hinblick darauf, dass die Aktionäre als Eigentümer der Gesellschaft zwar Lasten und Risiken durch fehlgeleitete Entscheidungen des Vorstandes und des Aufsichtsrates tragen, allerdings auch von den „*richtigen*", allerdings oftmals risikoreichen Entscheidungen profitieren, scheint es unbillig, die Organe der Gesellschaft (in ihrer treuhänderischen Position[871]) für jeden Fehler haftbar zu machen und den Eigentümer vor allen Risiken zu schützen.[872] Ohne Einschränkungen der aktienrechtlichen Organhaftung würde nach den allgemeinen zivilrechtlichen Grundsätzen des Schadensrechts der Schädiger schon für leichte Fahrlässigkeit haften, § 276 BGB. Insofern wäre kein „*kleiner Ausrutscher*" zu verzeihen. In Anbetracht der hohen Bezüge, die Gesellschaftsorgane teilweise erhalten, ist es dem Laien unverständlich, warum überhaupt ein Ausschluss für leichteste Fahrlässigkeit diskutiert wird. Der eintretende Haftungsfall kann jedoch im Zweifel das eigene Vermögen um ein Vielfaches überschreiten und damit – das Eingreifen einer D&O-Versicherung außer Acht gelassen[873] – existenzbedrohlich sein.

Möglicherweise ist jedoch auch die D&O-Versicherung Teil des Haftungsproblems. Denn es gilt der Grundsatz, dass Versicherung Haftung schafft.[874] Nur durch einen umfangreichen Versicherungsschutz wird eine Schadenskompensation hohen Ausmaßes überhaupt möglich. Allerdings wird eine solche zumeist nur auf den verständlichen Wunsch der Organe selbst geschlossen. Ein Interesse der Gesellschaft besteht trotz der Möglichkeit des Schadensausgleiches kaum. Oftmals sind die Risiken, die abgesichert werden, nicht wirklich existenzbedrohlich.[875] Die Prämien für die Police übersteigen letztlich in Summa den Betrag,

---

870 *Koch*, in: LA Winter, Beschränkungen des gesellschaftsrechtlichen Innenregresses bei Bußgeldzahlungen, S. 327, 328.

871 *Lutter*, ZIP 2007, 841, 841 in Bezug auf: BGH, DStR 1995, 1033.

872 *Brommer*, AG 2013, 121, 128; *Casper*, ZHR 176 (2012),617, 637; *Koch*, AG 2012, 429, 436; *Lutter*, ZIP 2007, 841, 841; *Schnorbus/Ganzer*, WM 2015, 1832, 1879.

873 Selbst unterstellt, die D&O-Versicherung greift ein, so bleibt dennoch ein Selbstbehalt von mind. 10 %, der je nach Schadenssumme ebenfalls existenzbedrohlich sein kann.

874 *Bachmann*, Gutachten E zum 70. Dt. Juristentag, S. E73; *Brommer*, AG 2013, 121, 121; *Fehrenbach*, AG 2015, 761, 764; *Habersack*, ZHR 177 (2013), 782, 790; *Paefgen*, AG 2014, 554, 576; *Reichert*, ZHR 177 (2013), 756, 757; *Spindler*, AG 2013, 889, 899; *Wagner*, ZHR 178 (2014), 227, 241.

875 Vgl. *Drygala*, in: Verhandlungen des 70. Dt. Juristentages, Diskussion: Abteilung Wirtschaftsrecht, S. N109.

der an Schäden anfällt.[876] Es spricht im Hinblick auf D&O-Versicherungen entsprechend viel für eine Reform, damit es den Gesellschaften ermöglicht wird, die hohen Kosten für derartige Versicherungen zumindest zu senken.

Weiterhin interessant an dem Fall *Breuer* ist nicht nur die hohe Schadenssumme, sondern das fahrlässige Handeln *Breuers*, der gegenüber Journalisten kritische Aussagen über die Kirch-Gruppe machte, die zu deren Zusammenbruch geführt haben sollen. Unabhängig von der Einordnung des Fahrlässigkeitsgrades ist dies der Paradefall für die Problematik der Business Judgement Rule. Denn in der kurzen Bemerkung Breuers im Rahmen eines Interviews am Rande des in New York durchgeführten Weltwirtschaftsforums im Februar 2002 über das zukünftige Kreditengagement der Deutschen Bank[877] liegt keine unternehmerische Entscheidung.[878] Die Aussage ist nicht im Rahmen der Zukunftsbezogenheit durch Prognosen und nicht justiziable Einschätzung geprägt.[879] Vielmehr liegt in der Interview-Aussage eine gebundene Entscheidung, da die Entscheidung über die Äußerung sich zur Vermeidung einer Schädigung an Verbote halten muss[880], wie etwa bei einem rechtswidrigen Eingriff in einen eingerichteten und ausgeübten Gewerbebetrieb (§ 823 Abs. 1 BGB).[881] Betrachtet man also die Aussage *Breuers* als leicht fahrlässig, so blieb ihm dennoch der Schutz der Business Judgement Rule verwehrt. Dieser Fall zeigt das gesamte Dilemma der Organhaftung.

Der Fokus der Reformbestrebungen liegt längst jedoch nicht mehr auf dem Schutz der Organe alleine, sondern auch auf der Verhaltenssteuerung.[882] Schon

---

876 Vgl. *Drygala*, in: Verhandlungen des 70. Dt. Juristentages, Diskussion: Abteilung Wirtschaftsrecht, S. N109.

877 Auf die Frage, ob die Deutsche Bank die KirchMedia GmbH & Co. KGaA zukünftig unterstützen werde, antwortete dieser: „Das halte ich für relativ fraglich. Was alles man darüber lesen und hören kann, ist ja, dass der Finanzsektor nicht bereit ist, auf unveränderter Basis noch weitere Fremd- oder gar Eigenmittel zur Verfügung zu stellen. Es können also nur Dritte sein, die sich gegebenenfalls für eine, wie Sie gesagt haben, Stützung interessieren." (https://www.handelsblatt.com/unternehmen/management/ex-deutsche-bank-chef-das-interview-im-wortlaut/4510590-3.html?ticket=ST-5866578-kEe4ecuzH7TbxhgxWry2-ap6; zuletzt abgerufen am 29.08.2019).

878 *Koch*, AG 2012, 429, 430; *Schöne/Petersen*, AG 2012, 700, 702.

879 Vgl. BegrRegE, BT-Drs. 15/5092, S. 22.

880 *Koch*, AG 2012, 429, 430.

881 Verse, ZGR 2017, 174, 182.

882 Nach *Goette* ist Haftung unerlässlich für die Verhaltensteuerung: *Goette*, ZHR 176 (2012), 588, 590.

die Möglichkeit der unbeschränkten Inanspruchnahme von Organen kann negative Auswirkungen auf den Geschäftsbetrieb haben. Das Risiko, jederzeit auf Grund leichtester Fahrlässigkeit hohen Schadensersatzsummen, die möglicherweise das eigene Vermögen um ein Vielfaches übersteigen, ausgesetzt zu sein, kann das vernünftige Verhältnis von wirtschaftlichem Risiko und Nutzen aus dem Gleichgewicht bringen.[883] Risiken, auch wenn sie sinnvoll erscheinen, könnten gescheut werden.[884] Auch mit geringeren Haftungsrisiken ist nicht zu befürchten, dass sich Vorstände und Aufsichtsräte zu Hasardeuren entwickeln; andererseits könnten sie sich zu solchen entwickeln, wenn es ohnehin nichts mehr zu verlieren gibt, und sodann Hazard-Entscheidungen treffen.[885] Die Verhaltenssteuerung ist dementsprechend der wichtigste Aspekt der aktienrechtlichen Organhaftung, die neben der Schadensausgleichsfunktion des Schadensrechtes steht.[886] Überdies entstehen hohe Kosten – auch zeitlicher Natur – zur Absicherung rechtlich einwandfreien Verhaltens.[887] Und die Höhe der möglichen Schadensersatzforderungen könnte dazu führen, dass Vorstand oder Aufsichtsrat auf eine Verfolgung der Schadensersatzansprüche gegen den anderen gänzlich verzichten (dürften), da diese als unbillig empfunden werden könnte.[888] Da die Business Judgement Rule nur bei unternehmerischen Entscheidungen greift, entfällt zumindest das Gefühl eines sicheren Hafens, da jeder Handlung die Frage nach dem Vorliegen einer unternehmerischen Entscheidung zu Grunde liegen muss. Letztlich könnten auch viele geeignete Kandidaten für die jeweiligen Organe durch die hohen Haftsummen abgeschreckt sein, das jeweilige Amt zu übernehmen. *Haarmann* würde vermögenden Personen sogar davon abraten, Vorstandsaufgaben zu übernehmen.[889] Es ist daher für eine ordentliche Verhaltenssteuerung notwendig, die Organhaftung für Aktiengesellschaften zu reformieren.

Diese wird von *Fleischer für Aufsichtsräte* jedoch nicht als notwendig erachtet. In Deutschland seien keine Fälle bekannt, in denen Aufsichtsräte mit hohen

883 Dazu ausführlich: *Wagner*, ZHR 178 (2014), 227, 255 ff.

884 *Hopt*, in: FS Mestmäcker, Die Haftung von Vorstand und Aufsichtsrat, S. 909, 914.

885 *Spindler*, AG 2013, 889, 895.

886 So auch: *Goette*, ZHR 176 (2012), 588, 590.

887 *Haarmann/Weiß*, BB 2014, 2115, 2115; *Koch*, AG 2012, 429, 434; *Spindler*, AG 2013, 889, 895.

888 *Bayer/Scholz*, NZG 2014, 926, 927.

889 *Haarmann*, in: Verhandlungen des 70. Dt. Juristentages, Diskussion: Abteilung Wirtschaftsrecht, S. N94.

Millionenbeträgen haften mussten.[890] Zudem würden Anhaltspunkte für einen wachsenden Kandidatenmangel fehlen.[891] Außerdem seien die Entscheidungen des Aufsichtsrates selten unternehmerischer Natur.[892] Es mag wohl stimmen, dass die Inanspruchnahme von Aufsichtsräten noch die Seltenheit darstellt. Bei einer Umfrage *Bachmanns*[893] zum 70. Dt. Juristentag wurden im Rahmen einer Umfrage das Management – also sowohl Vorstands- als auch Aufsichtsratsvorsitzende – von 300 börsennotierten deutschen Aktiengesellschaften zur Einschätzung ihrer Haftungssituation befragt. An dieser Umfrage beteiligten sich 60 der befragten Gesellschaften. 7 von 60 Aufsichtsratsvorsitzenden gaben an, bereits einmal vom Vorstand in Anspruch genommen worden zu sein. Obwohl die Stichprobe zu klein ist, um eine allgemeingültige Aussage zu treffen, steht fest, dass heute mehr Aufsichtsräte vom Haftungsfall betroffen sind, als es noch vor wenigen Jahren der Fall war. Obschon es sich hierbei vermutlich nicht um mehrere Millionen Euro gehandelt haben mag, ist der Normalfall doch wichtiger als die Ausnahme. Einen Mangel an geeigneten Aufsichtsratskandidaten gäbe es laut selbiger Umfrage in großen Gesellschaften kaum, wobei bei diesen natürlich ein guter D&O-Schutz obligatorisch sei. Aufsichtsräte kleinerer Gesellschaften seien nach den Erfahrungen *Bachmanns* mit erfahrenen Personalberatern jedoch schwieriger zu rekrutieren, da für die Kandidaten kein Gleichlauf zwischen Vergütung und Risiko stattfinde.[894] Auch das Argument, dass der Aufgabenbereich des Aufsichtsrates ein anderer als der des Vorstandes und damit das Haftungsrisiko ohnehin nicht so hoch sei, kann nicht durchschlagen. Denn in jedem Fehler der Geschäftsführung kann ein Fehler in der Überwachungspflicht des Aufsichtsrates liegen.[895] Letztlich wird der Aufsichtsrat immer mehr in unternehmerische Entscheidungen eingebunden und mit komplexer Arbeit belastet. Sofern die ersten existenzbedrohlichen Urteile gegen Aufsichtsräte gesprochen werden, wird auch die Personalbeschaffung schwieriger werden. Um dies in Zukunft zu verhindern und prophylaktisch für Sicherheit zu sorgen, ist eine Reform der Organhaftung auch hinsichtlich des Aufsichtsrates geboten. Gleichwohl betrifft dies sowohl den Vorstand als auch den Aufsichtsrat.

---

890 *Fleischer,* AR 2014, 100, 101.
891 *Fleischer,* AR 2014, 100, 101.
892 *Fleischer,* AR 2014, 100, 102.
893 *Bachmann*, Gutachten E zum 70. Dt. Juristentag, S. E18.
894 *Bachmann*, Gutachten E zum 70. Dt. Juristentag, S. E18.
895 *Bachmann*, Gutachten E zum 70. Dt. Juristentag, S. E68

Im Schrifttum haben sich daher viele Ansätze entwickelt, einen gerechten Haftungsausgleich im Binnenregress zu erzielen. Wie bereits dargestellt, regt ein immer größer werdender Teil der Autoren eine Heranziehung arbeitsrechtlicher Wertungen de lege lata an, durch welche eine sozialverträgliche Haftung geschaffen werden kann, ohne die Organe von der Haftung für leichte Fahrlässigkeit zu befreien. Es werden jedoch ebenfalls einige andere interessante Ansätze diskutiert, die im Folgenden erörtert werden sollen. Der Fokus der rechtswissenschaftlichen Diskussion liegt hierbei zumeist auf dem Organ des Vorstandes. Im Schrifttum finden sich jedoch auch einige wenige aufsichtsratsspezifische Reformvorschläge, wie sie im Folgenden ebenfalls untersucht werden.

I. Regressreduzierung im Rahmen einer dritten Stufe nach ARAG/Garmenbeck durch Heranziehung arbeitsrechtlicher Wertungen

Ein Teil der Lehre[896] vertritt die immer mehr Zustimmung findende, jedoch von der Rechtsprechung noch nicht bestätigte[897] Ansicht, dass es noch einer dritten Prüfungsstufe bedürfe, in welcher der Aufsichtsrat teilweise von der Anspruchsverfolgung absehen könne. Durch die Möglichkeit der Sanktionierung des Vorstandes bleibe dieser gehalten, sich sorgfaltsgemäß zu verhalten, wobei gleichsam auf Grund des Entfallens der Angst vor einer möglichen Existenzvernichtung ein zurückhaltendes und womöglich wirtschaftsschädliches Verhalten des Vorstandes verhindert wird.[898] Grundlage findet diese „*dritte Stufe*" daher in der Rücksichtnahme- und der Treuepflicht.[899] Gegen eine solche Beschränkung wird eingewendet, dass jedermann auf Grund deliktischen Handelns mit seinem Privatvermögen bis hin in die Privatinsolvenz hafte und es insofern bedenklich

---

896 *Bachmann*, ZIP 2017, 841, 841 ff.; *Bachmann*, ZIP 2014, 579, 582; *Bürgers/Israel*, in: Bürgers/Körber, § 93 AktG, Rn. 35a; *Casper*, ZHR 176 (2012), S. 617, 636 ff.; *Koch*, AG 2012, 429, 435; *Koch*, in: Hüffer/Koch, § 111 AktG, Rn. 12; *Mertens/Cahn*, in: Kölner Komm. AktG, § 93 AktG, Rn. 38; *Reichert*, ZHR 177 (2013), 756, 775 ff.; *Schnorbus/Ganzer*, WM 2015, 1832, 1878 ff.; *Seibt/Cziupka*, AG 2015, 93; *Spindler*, in: Spindler/Stilz, § 111 AktG, Rn. 172.

897 *Koch*, in: Hüffer/Koch, § 111 AktG, Rn. 12.

898 Vgl. *Koch*, AG 2012, 429, 435, der insoweit von der Veranlassung übertriebener Vorsichtsmaßnahmen und der Lähmung unternehmerischer Initiative spricht.

899 *Casper*, ZHR 176 (2012), 617, 636; *Koch*, AG 2012, 429, 435; *Koch*, in: LA Winter, Beschränkungen des gesellschaftsrechtlichen Innenregresses bei Bußgeldzahlungen, S. 327, 383.

sei, für Vorstände eine Ausnahme zu machen.[900] Trotz Verständnis an der Kritik an einer solchen Ausnahme liegt im Falle einer Organhaftung kein Rechtsverhältnis zwischen Schädiger und Geschädigtem vor. Insofern ist *Casper* zuzustimmen, der betont, dass es sich um den Binnenregress der Gesellschaft gegen ihren fremdnützig handelnden Vorstand handele, wobei unter Außerachtlassen von Gehaltsboni lediglich die Gesellschaft von den Handlungen des Vorstandes profitiere.[901]

Aus diesem Grund wird im Rahmen der dritten Stufe die Heranziehung arbeitsrechtlicher Wertungen diskutiert.[902] Hierbei wird auf die vom Bundesarbeitsgericht entwickelten Grundsätze des innerbetrieblichen Schadensausgleiches bzw. der betrieblich veranlassten Tätigkeit abhängig Beschäftigter Bezug genommen.[903] Diese berücksichtigen den Umstand, dass das Betriebsrisiko dem Arbeitnehmer nach § 254 BGB nicht alleine zugerechnet werden kann.[904] Der Arbeitgeber würde sich ansonsten prinzipiell immer schad- und risikolos halten können, obschon der Arbeitnehmer nicht von den monetären Vorteilen seiner Arbeitsleistung profitiert. Nach diesen Grundsätzen hat der Arbeitnehmer daher einen Schaden, den er durch eine leichte Pflichtverletzung zu vertreten hat, nicht zu tragen. Einen auf mittlerer Fahrlässigkeit beruhenden Schaden hat der Arbeitnehmer nur teilweise zu tragen. Die Haftung für Vorsatz und grobe Fahrlässigkeit bleibt hingegen unberührt, wobei auch hier eine Begrenzung des Schadensersatzes aus Billigkeitsgründen in Betracht kommt, wenn der Schuldner auf Dauer nicht in der Lage sein wird, den Schaden zu restituieren.

Der Gedanke der Übertragung dieser Wertungen auf die Organhaftung ist indes auch nicht neu. Teile der Literatur haben schon in den 1980ern darüber diskutiert, ob ein GmbH-Geschäftsführer im Haftungsfall durch die Grundsätze der schadensgeneigten Arbeit privilegiert sein soll. *Pullen*[905] beispielsweise will

---

900 *Casper,* ZHR 176 (2012), 617, 637; *Schöne/Petersen,* AG 2012, 700, 701.

901 *Casper,* ZHR 176 (2012), 617, 637.

902 *Bachmann,* ZIP 2017, 841, 841 ff.; *Bachmann,* Gutachten E zum 70. Dt. Juristentag, S. E56 ff.; *Bayer,* in: FS K. Schmidt, Legalitätspflicht der Unternehmensleitung, nützliche Gesetzesverstöße und Regress bei verhängten Sanktionen, S. 85, 96 f.; *Brommer,* AG 2013, 121, 128; *Hoffmann,* NJW 2012, 1393, 1397; *Hopt,* ZIP 2013, 1793, 1804; *Koch,* AG 2012, 429, 435; *Koch,* AG 2014, 513, 516; *Koch,* in: LA Winter, Beschränkungen des gesellschaftsrechtlichen Innenregresses bei Bußgeldzahlungen, S. 327, 339 ff.; *Reichert,* ZHR 177 (2013), 756, 775; *Spindler,* AG 2013, 889, 894; *Wilhelmi,* NZG 2017, 681, 681 ff.

903 BAG BB 1994, 2205; NZA 1998, 310; BAG, BB 2003, 528.

904 BAG, BB 2003, 528, 529.

905 Für den Fall eines Verkehrsunfalles mit dem Dienstwagen: *Pullen,* BB 1984, 989, 989 ff.

diese Privilegierung nur dann gelten lassen, wenn innerhalb der Position des Geschäftsführers grundsätzlich atypische und dazu gefahrgeneigte Tätigkeiten verrichtet würden. Für die grundsätzlichen Aufgaben eines Geschäftsführers solle eine solche jedoch nicht in Betracht kommen. Nach *Köhl*[906] hingegen seien diese Grundsätze im Rahmen jedweder, auch geschäftsführertypischen, Tätigkeit anwendbar, da eine Übernahme des Unternehmensrisikos als Verwalter fremder Interessen nicht gerechtfertigt sei.

Tatsächlich sind die Parallelen zwischen der Organhaftung des Aktienrechtes und der Arbeitnehmerhaftung offensichtlich[907], denn, abgesehen von möglichen Leistungsboni, erwirtschaften die Organe nicht für sich selbst. Zudem muss es bei der Ausführung dieser komplexen Ämter zwangsläufig einmal zu leichten Pflichtverletzungen kommen, bezüglich derer die Fürsorge- und Rücksichtnahmepflicht es verbieten sollten, Existenzvernichtungen aus starren Prinzipien heraus zu billigen. Auch die Business Judgement Rule verhindert nicht mit Sicherheit einen Anspruch der Gesellschaft gegenüber ihren Organen, obschon nur eine leichte Pflichtverletzung begangen wurde.[908] Zwar darf die grundsätzliche Haftung für leichte Fahrlässigkeit im Rahmen des § 93 Abs. 2 AktG nicht durch Wertungen der Treuepflicht ausgehebelt werden, allerdings stehe nach *Koch* eine *„punktuelle Korrektur"* als Ausnahmefall dem gesetzgeberischen Willen nicht entgegen.[909] Nach § 93 Abs. 2 AktG ist eine vollständige Übertragung der Grundsätze des innerbetrieblichen Schadensausgleiches ausgeschlossen, da der Gesetzgeber selbst beim Eingreifen einer D&O-Versicherung einen Selbstbehalt von zehn Prozent auch bei leichten Pflichtverletzungen (§ 93 Abs. 2 S. 3 AktG) vorschreibt und eine vollständige Enthaftung somit nicht dem Willen des Gesetzgebers entspräche.[910] *Koch* will die Grundsätze des innerbetrieblichen Schadensausgleiches daher in erster Linie nur für die Begründung

---

906 *Köhl,* DB 1996, 2597, 2605, wobei sich *Köhl* nur auf den GmbH-Geschäftsführer bezieht. Diesem spricht er die notwendige Eigenständigkeit als Vermögensverwalter in fremden Interessen ab. Ob diese Ansicht im Hinblick auf § 76 Abs. 1 AktG auch auf den Vorstand übertragbar wäre ist fraglich.

907 Bewusst nicht weiter darauf eingehend: *Bachmann*, Gutachten E zum 70. Dt. Juristentag, S. E57. Entgegen vielen älteren Zitationen ist *Bachmann* ein Befürworter der Reform der Organhaftung durch Wertungen des innerbetrieblichen Schadensausgleiches, vgl.: *Koch*, in: Verhandlungen des 70. Dt. Juristentages, Diskussion: Abteilung Wirtschaftsrecht, S. N117. Siehe auch *Bachmann,* ZIP 2017, 841, 841 ff.

908 A.A.: *Bachmann*, Gutachten E zum 70. Dt. Juristentag, S. E46.

909 *Koch,* AG 2012, 429, 436.

910 *Koch,* AG 2012, 429, 438.

einer Haftungsreduzierung heranziehen.[911] Begründet wird diese Beschränkung mit der Fürsorge- und Rücksichtnahmepflicht der Gesellschaft gegenüber ihren Organen.[912] Hierin liegt jedoch der Unterschied zu den Grundsätzen des innerbetrieblichen Schadensausgleiches, da sich diese nunmehr nach der Rechtsprechung des Bundesarbeitsgerichtes durch ein Mitverschulden analog § 254 BGB im Sinne des Betriebsrisikos begründen und eben nicht durch eine Fürsorge- oder Treuepflicht.[913] Problematisch dürfte dies jedoch nicht sein, da die Grundsätze des innerbetrieblichen Schadensausgleiches sich durchaus auch durch die Treue- und Fürsorgepflicht begründen könnten. Dass sich das Bundesarbeitsgericht dennoch für den Mitverschuldensgedanken entschieden hat, erklärt sich durch den Vorrang kodifizierten Rechtes. Daher sollte sich die Restitution auch bei leichter Fahrlässigkeit mit der Organvergütung ins Verhältnis setzen lassen. Letztlich dient dies auch der Rechtssicherheit, da eine Unterscheidung zwischen leichter und mittlerer Fahrlässigkeit oftmals nur schwer möglich ist und sich diese Unterscheidung durchaus auch von der Schadenssumme beeinflussen lässt.

Die Parallelen zum innerbetrieblichen Schadensausgleich sind auf den ersten Blick offensichtlich.[914] Ein Teil der Lehre will auf Grund des fehlenden Gleichlaufs von Risiko, Verlust und aber eben auch den monetären Vorteilen bei Arbeitnehmern und Organmitgliedern eine Übertragung arbeitsrechtlicher Grundsätze zulassen.[915] Problematisch ist aber schon der rechtliche Anknüpfungspunkt, der einen Wertungstransfer in das Gesellschaftsrecht zulässt.

1. Zulässigkeit des Wertungstransfers

Ob ein Wertungstransfer arbeitsrechtlicher Wertungen auf das Gesellschaftsrecht möglich sein soll, ist im Schrifttum umstritten.

Fehrenbach[916] vertritt die Ansicht, dass die Grundsätze des innerbetrieblichen Schadensausgleiches den Verschuldensmaßstab der §§ 280 Abs. 1, 276 Abs. 1 S. 1 BGB nicht ausdrücklich absenken, sondern dem Arbeitgeber nach § 254 BGB analog das Betriebsrisiko zurechnen und dass es daher ebenfalls einer analogen Anwendung des § 254 BGB für das Gesellschaftsrecht und

911 *Koch*, AG 2012, 429, 436, 438.

912 *Casper*, ZHR 176 (2012), 617, 640; *Grunewald*, AG 2013, 813, 815.

913 *Wilhelmi*, in: Verhandlungen des 70. Dt. Juristentages, Diskussion: Abteilung Wirtschaftsrecht, S. N111.

914 So neben *Koch* auch: *Hoffmann*, NJW 2012, 1393, 1397.

915 *Spindler*, AG 2013, 889, 894 f.

916 *Fehrenbach*, AG 2015, 761, 770.

hierfür einer planwidrigen Regelungslücke bedürfe. Das Arbeitsrecht sei jedoch hinsichtlich des Verschuldensmaßstabes mit § 280 Abs. 1, 276 Abs. 1 S. 1 BGB grundsätzlich abschließend. Die Regelungslücke sei daher der Mangel einer wertungsadäquaten Regelung.[917] Auch nach *Koch* verfüge das Gesellschaftsrecht durch § 93 Abs. 2 AktG über abschließende Regelungen, so dass sich die Organhaftung zwingend auch auf leichte Fahrlässigkeit beziehe.[918]. Dennoch stehe dies einem Wertungstransfer nicht entgegen, da nur der Gedanke der Arbeitnehmerhaftung übertragen werden und die Haftung für leichte Fahrlässigkeit nicht ausgeschlossen werden solle. Auch im Arbeitsrecht werde von der eigentlich abschließenden – und mit § 93 AktG gleichwertigen – Norm des § 280 Abs. 1 BGB abgewichen.[919] Nach *Scholz* und *Bachmann* brauche es auch keiner wertungsadäquaten Regelungslücke, da es keiner analogen Anwendung der Grundsätze betrieblich veranlasster Tätigkeiten bedarf, sondern lediglich das Gesellschaftsrecht nach arbeitsrechtlichem Vorbild fortgebildet werden solle.[920]

Nach *Paefgen*[921] würde es einer Regelungslücke hinsichtlich einer wertungsadäquaten Norm bedürfen, welche allerdings im Gesellschaftsrecht mit der Business Judgement Rule gegeben sei. Denn Zweck des innerbetrieblichen Schadensausgleiches sei nach der Rechtsprechung des Bundesarbeitsgerichtes, dass dem Arbeitnehmer nicht das unternehmerische Risiko aufgebürdet werden sollte.[922] Aber eben dieser Gedanke der Vermeidung unternehmerischer Erfolgshaftung läge auch der Business Judgement Rule zu Grunde. Überdies sei fraglich, ob die anteilige Restitution den *„effektiven Sozialschutz"* gewährleisten könne, da auch eine anteilige Haftung existenzgefährdend sein kann.[923]

Im Ergebnis bedarf es keiner Regelungslücke. Die arbeitsrechtlichen Grundsätze zur betrieblich veranlassten Tätigkeit haben lediglich Vorbildfunktion für die gesellschaftsrechtliche Rechtsfortbildung. Eine direkte Übertragung wäre schon deshalb nicht möglich, da eine Haftung für leichte Fahrlässigkeit auf Grund von § 93 Abs. 2 AktG nicht ausgeschlossen werden kann. Dennoch

---

917 *Fehrenbach,* AG 2015, 761, 770.

918 Früher: *Koch,* AG 2012, 429, 435; *Koch,* in: LA Winter, Beschränkungen des gesellschaftsrechtlichen Innenregresses bei Bußgeldzahlungen, S. 327, 337. So auch: *Faßbender,* NZG 2015, 501, 507.

919 Ebenso: *Bachmann,* ZIP 2017, 841, 846; *Koch,* AG 2014, 513, 521.

920 *Bachmann,* ZIP 2017, 841, 846; *Scholz,* Die existenzvernichtende Haftung von Vorstandsmitgliedern in der Aktiengesellschaft, S. 269.

921 *Paefgen,* AG 2014, 554, 568, 569.

922 BAG, Urt, BB 2003, 528, 528 f.

923 *Paefgen,* AG 2014, 554, 569.

fehlt es an einer wertungsadäquaten Norm. Die Business Judgement Rule kann ebenfalls keinen effektiven Sozialschutz gewährleisten, zumal diese lediglich auf unternehmerische Entscheidungen anwendbar ist. Nach dem arbeitsrechtlichen Vorbild wären die Organe jedoch auch bei hoher anteiliger Haftung geschützt, da die Höhe des Schadensersatzes auf ein sozialverträgliches Maß begrenzt werden kann.[924] Eine Existenzvernichtung wäre demnach ausgeschlossen.

2. Kein Ausschluss mangels Weisungsgebundenheit

Ein Wertungstransfer aus dem Arbeits- in das Gesellschaftsrecht ist demnach möglich, könnte jedoch auf Grund Fehlens einer gleichen Interessenlage ausgeschlossen sein. Offensichtlichstes Ausschlusskriterium ist die Tatsache, dass es sich unstreitig bei Organmitgliedern nicht um Arbeitnehmer handelt. Der Vorstand ist gem. § 76 AktG gerade nicht wie ein Arbeitnehmer weisungsgebunden und daher wären die arbeitsrechtlichen Grundsätze auf den Vorstand nicht übertragbar.[925]

Nach *Koch* soll dem Merkmal der Weisungsgebundenheit jedoch kaum Bedeutung zukommen, da der Vorstand innerhalb der Organisationsstruktur in der Art eingebunden sei, dass es irgendwann zu fahrlässigen Schadenseintritten kommen müsse.[926] Weiterhin zeige ein Vergleich zur Haftung des Verrichtungsgehilfen des § 831 BGB, dass es auf eine Weisungsgebundenheit nicht ankommen könne, da auch im Falle einer Exkulpation des Arbeitgebers der Grundsatz des innerbetrieblichen Schadensausgleiches zur Geltung komme.[927] Im Hinblick auf die im Schrifttum vermehrt angenommene Privilegierung von leitenden Angestellten könne auch für Vorstandsmitglieder nichts anderes angenommen werden. Beide seien für einen Dritten und dessen Gewinnerzielungsabsicht tätig und dabei an einen *„fremddefinierten Unternehmensgegenstand gebunden"*.[928] Für *Koch* reiche es daher entsprechend schon aus, dass die Organe im fremden Interesse tätig würden.[929] Dies lehnt *Fehrenbach* hingegen ausdrücklich ab. Eine

---

924 BAG, NJW 2011, 1096, 1098.

925 *Vetter*, NZG 2014, 921, 922.

926 *Koch*, AG 2012, 429, 437; *Koch*, AG 2014, 513, 516 f.; *Koch*, in: LA Winter, Beschränkungen des gesellschaftsrechtlichen Innenregresses bei Bußgeldzahlungen, S. 327, 343.

927 *Koch*, in: LA Winter, Beschränkungen des gesellschaftsrechtlichen Innenregresses bei Bußgeldzahlungen, S. 327, 342,343.

928 *Koch*, in: LA Winter, Beschränkungen des gesellschaftsrechtlichen Innenregresses bei Bußgeldzahlungen, S. 327, 343, 344.

929 *Koch*, AG 2012, 429, 435.

Handlung im fremden Interesse begründe im Vergleich zum Auftragsrecht der §§ 662 ff. BGB eben keine verschuldensabsenkende Privilegierung.[930] Hierbei lässt er jedoch die Konstruktion konkludenter Haftungsausschlüsse im Wege der ergänzenden Vertragsauslegung nach § 157 BGB außer Betracht, welche unbillige Haftungsfolgen ausschließen können. Ein konkludenter Haftungsausschluss wird insbesondere angenommen, sofern der Schuldner auf dringenden Wunsch eines anderen tätig wird.[931] Dies wäre im Falle des Aufsichtsrates die Hauptversammlung. Ein solches Korrektiv ist im Rahmen der Organhaftung allerdings ausgeschlossen; mithin daher auch ein Vergleich zu §§ 662 ff. BGB.

Nach *Hoffmann* könne der Mangel an Weisungsgebundenheit jedenfalls nicht schwer ins Gewicht fallen. Den Stimmen der Literatur, dass Organe im Gegensatz zu Arbeitnehmern risikoreiche Tätigkeiten einfach unterlassen könnten, will er nicht folgen, da dies nicht mit der Unternehmenswirklichkeit korreliere.[932] Ein leicht fahrlässiger Haftungsfall sei kein *„selbst gewähltes Schicksal"* mehr, sondern im Rahmen von immer komplexer werdenden Vorgängen ein kaum zu vermeidendes Faktum.[933] Auch *Bachmann* hält die Weisungsgebundenheit auf Grund des Bildes des *„hilflosen eingegliederten Arbeitnehmers"* für antiquiert, obschon er an ihrer Prägung für den Arbeitnehmerbegriff nicht zweifelt. Die Weisungsgebundenheit könne jedoch nicht maßgeblich für die Verteilung des Betriebsrisikos sein.[934] Auch sei das Merkmal der Beherrschbarkeit nicht ausschließend, da frisch ins Amt gekommene Vorstände von den Gesellschaftern gesteuert würden.[935] Insbesondere jedoch auf Grund des Geschäftsführungsverbotes seien Aufsichtsratsmitglieder keine Beherrschenden.[936] Letztlich sei es unverständlich, warum dem leitenden Angestellten eine Haftungsprivilegierung zuteilwerden soll und dem Vorstand und dem Aufsichtsrat nicht.[937]

Der Aufsichtsrat ist schon alleine wegen seiner Pflicht zur höchstpersönlichen Amtsausführung nach § 111 Abs. 6 AktG und der Art seiner Tätigkeit nicht weisungsgebunden. Dennoch ist auch er überwiegend im Interesse der Shareholder, innerhalb eines von Dritten definierten Unternehmensgegenstandes, tätig. Er steckt im engen Korsett der für ihn definierten Überwachungspflichten.

930 *Fehrenbach,* AG 2015, 761, 771.
931 *Seiler*, in: MüKo BGB, § 662 BGB, Rn. 56.
932 *Hoffmann,* NJW 2012, 1393, 1398.
933 *Hoffmann,* NJW 2012, 1393, 1398.
934 *Bachmann,* ZIP 2017, 841, 843.
935 *Bachmann,* ZIP 2017, 841, 843.
936 *Bachmann,* ZIP 2017, 841, 843.
937 *Bachmann,* ZIP 2017, 841, 843.

Seine eigenen Entscheidungen sind oftmals Produkt der Entscheidungen des Vorstandes, da seine Aufgaben sich im Wesentlichen auf deren Überprüfung beschränken. Insbesondere sind die meisten seiner Entscheidungen gebundener Natur und keine unternehmerischen Entscheidungen. Für ihn kann daher nichts anderes gelten als für weisungsgebundene Arbeitnehmer. Überdies ist die Aufgabe des Aufsichtsrates derart ausgestaltet, dass es irgendwann zu einer leicht fahrlässigen Fehlentscheidung kommen muss.[938] Dieser Punkt wird von *Koch* vehement für den Vorstand vertreten, da dieser in großen und komplexen Unternehmensstrukturen nicht immer fehlerfreie Entscheidungen treffen kann.[939] Insgesamt ist es überhaupt lebensfremd, davon auszugehen, dass Menschen stets fehlerfreie Entscheidungen treffen. Dann kann jedoch für den Aufsichtsrat nichts anderes gelten. Der Charakter dieses Amtes als Nebentätigkeit kann nicht abverlangen, dass trotz der Vielschichtigkeit der Entscheidungen und der komplexen Strukturen der Gesellschaft leicht fahrlässige Entscheidungen bedingungslos sanktioniert werden. Überdies ist der Aufsichtsrat zwar unabhängig, allerdings fällt es im Hinblick auf einen genau definierten Überwachungs- und Aufgabenkatalog nicht leicht, den Begriff der Weisungsungebundenheit hierunter zu subsumieren. Oft ist er nur im „*Wie*“ seiner Entscheidungen frei und nicht im „*Ob*“. Etwas anderes ist zumeist bei leitenden Angestellten ebenso nicht der Fall. Zudem obliegt dem Aufsichtsrat auch selbst kein Weisungsrecht, so dass es auf eine Weisungsgebundenheit schon nicht ankommen kann. Der Nutzen der Überwachung durch den Aufsichtsrat liegt bei den Shareholdern, die den Aufsichtsrat selbst bestellen. Insbesondere auf Grund des streng definierten Entscheidungsspielraums des Aufsichtsrats, welcher nicht vergleichbar mit dem freien unternehmerischen Entscheidungsspielraum des Vorstands ist, steht der Anwendung der Grundsätze des innerbetrieblichen Schadensausgleichs das Fehlen der eigentlichen Weisungsgebundenheit nicht entgegen.

3. Kein Ausschluss auf Grund des Präventionsgedankens

Weiterhin wird von *Paefgen*[940] gegen einen Wertungstransfer argumentiert, dass der Präventionsgedanke darunter leide. So bestünde keine Anreizfunktion mehr für eine effektive Schadensprävention, da leicht fahrlässig begangene Verstöße gegen die Legalitätspflicht keinen Haftungsfall mehr auslösen würden. Dies könnte durch unbillige Benachteiligung der Einzelkaufleute zu einer „*Flucht*

938 Bejahend zu: *Hoffmann*, NJW 2012, 1393, 1398.
939 *Koch*, AG 2014, 513, 516.
940 *Paefgen*, AG 2014, 554, 569.

in die juristische Person" führen. *Spindler* sieht hierbei zu Recht nicht so ganz ein, warum bei Arbeitnehmern eine solche Präventionswirkung noch eingreife, jedoch nicht bei Organmitgliedern, und weist auf die Gefahr einer Überabschreckung hin.[941] Auch nach *Bachmann* würde der Präventionsgedanke nicht beeinträchtigt. Der Gesetzgeber selbst stelle den Präventionsgedanken nicht in den Vordergrund der gesellschaftsrechtlichen Organhaftung, da eine gesellschaftsfinanzierte D&O-Versicherung und die Versicherung des Selbstbehaltes zulässig sei.[942] Überdies gebe es andere Möglichkeiten, den Präventionsgedanken zu erfüllen, wie etwa durch befristete Bestellung und negative Presse.[943]

Im Ergebnis wird dem Präventionsgedanken der Organhaftung auch im Rahmen eines Wertungstransfers der arbeitsrechtlichen Grundsätze des innerbetrieblichen Schadensausgleichs ausreichend Rechnung getragen. Hierbei ist insbesondere *Spindler*[944] beizupflichten, dass sich die Präventionswirkung bei Organmitgliedern einerseits und Arbeitnehmern andererseits kaum unterscheide. Die Gefahr einer exorbitanten Haftung entfällt nicht. Die Schwelle zwischen leichter und einfacher Fahrlässigkeit ist fließend. Insofern kann sich ein Organmitglied nicht grundsätzlich auf der sicheren Seite wähnen, sofern seiner Ansicht nach ein leichter „*Lapsus*" vorliegt. Insbesondere bei Aufsichtsräten wird auch im Falle der gequotelten Haftung der Schadensersatz für gewöhnlich die erhaltenen Bezüge um ein Vielfaches übersteigen.

Letztlich wird kein Organmitglied eine Entscheidung nur deshalb in Kauf nehmen, weil sie im Falle eines Schadenseintritts objektiv als leichte Fahrlässigkeit bewertet würde. Ließe sich dies nachweisen, würde dies bereits ein billigendes Inkaufnehmen darstellen. Auch wird das Organ nicht darauf spekulieren, dass die Haftung nach Billigkeit gequotelt wird. Zwar verringert sich das Risiko einer existenzvernichtenden Haftung, allerdings kann auch im Rahmen einer Schadensquotelung eine Schadenssumme verbleiben, die zur Existenzvernichtung führen kann. Die Haftung mit jedwedem privaten Vermögen wirkt allerdings schon präventiv genug. Letztlich ist auch das Argument *Bachmanns* tragend, dass der Gesetzgeber den Präventionsgedanken auch bei Abschluss einer D&O-Versicherung berücksichtigt sieht, obwohl hierbei im Versicherungsfall nur ein Selbstbehalt von zehn Prozent vom Organmitglied zu tragen wäre, dies allerdings auch bei mittlerer und sogar grober Fahrlässigkeit. Daher

941 *Spindler,* AG 2013, 889, 895.
942 *Bachmann,* ZIP 2017, 841, 849.
943 *Bachmann,* ZIP 2017, 841, 849.
944 *Spindler,* AG 2013, 889, 895.

wird der Präventionsgedanke nach der gesetzgeberischen Intention nur dann gewahrt, wenn bei leichter Fahrlässigkeit die Haftungssumme auf zehn Prozent beschränkt ist und im Falle einer Quotelung diese zehn Prozent überstiegen werden. Aus diesen Gründen steht der Präventionsgedanke einem Wertungstransfer nicht entgegen.

4. Kein Ausschluss auf Grund hoher Bezüge des Vorstandes

Gegen einen Wertungstransfer wird ebenfalls vertreten, dass die oft hohe Vergütung von Organmitgliedern einer Haftungserleichterung entgegenstehe. Nach *Schöne/Petersen*[945] würden Organmitglieder gegenüber anderen gesetzlich oder durch Sicherheitsleistung persönlich haftenden Unternehmern unbillig bevorzugt, denn diese könnten auch auf Grund widriger und außenstehender Umstände, trotz zahlreicher erfolgreicher Jahre, in die Insolvenz geraten. Dieser Gerechtigkeitsgedanke kann jedoch im aktienrechtlichen Gesellschaftsgebilde nicht herangezogen werden, da Leitung der Geschäfte und Eigentum an der Gesellschaft auseinanderfallen. Auch *Fehrenbach* hält Haftungserleichterungen auf Grund der Vergütungshöhe für ausgeschlossen, da sich diese aus der Verantwortung und den Haftungsrisiken zusammensetze. Daher sei das Risiko mit der Höhe der Vergütung abgegolten.[946] *Koch* weiß diesem Argument zu entgegnen, dass wohl keine Kommentierung zu § 87 AktG einen „*Existenzvernichtungszuschlag*" beinhalte oder dieser jemals so in die Vergütung eingeflossen sei.[947] Sofern dies jedoch in Zukunft der Fall sein sollte – so *Koch* weiter –, würden die Gehälter um ein Vielfaches in die Höhe gehen, da niemand auf Grund leichter Fahrlässigkeit seine gesamte Existenz in Gefahr bringen würde.[948] Die Diskussion lässt viele kleinere Aktiengesellschaften mit geringerer Vergütung ihrer Organe weitestgehend unberücksichtigt. Daher will *Koch* diese auch zu Recht nicht in „*Sippenhaft*" nehmen.[949] Oftmals verdienen Vorstände kaum mehr als leitende Angestellte, auf die die Grundsätze des innerbetrieblichen Schadensausgleiches anwendbar sind.[950]

945 *Schöne/Petersen*, AG 2012, 700, 701: „*Die Kleinen hängt man, die Großen lässt man laufen.*".
946 Umkehrschluss aus dem Argument, dass die Beschränkung der Haftung zum Absinken der Vergütung führen müsse: *Fehrenbach*, AG 2015, 761, 774.
947 *Koch*, AG 2014, 513, 517.
948 *Koch*, AG 2014, 513, 517.
949 *Koch*, AG 2014, 513, 517.
950 *Bachmann*, ZIP 2017, 841, 848.

Letztlich lenkt *Wagner* die Diskussion in die richtige Richtung. Die Frage der Haftungsbeschränkung sei vordergründig eine solche der Verhaltenssteuerung und diene nicht dazu, *„einem in sozialer Not befindlichen Mitbürger aus der Bredouille zu helfen“.*[951] Ein den Umfang des Deckungslimits einer D&O-Versicherung übersteigendes Risiko würde ein Vorstandsmitglied stets vermeiden, wenn es schon auf Grund einer leichten Pflichtverletzung mit der Existenzvernichtung zu rechnen habe. So würden mit diesem Risiko behaftete Geschäfte auch dann nicht vorgenommen, wenn sie hohe Gewinne versprächen. Im Sinne der Verhaltenssteuerung müsse die Haftung begrenzt werden dürfen.

Den Befürwortern des Wertungstransfers ist auch hier zuzustimmen. Eine Haftungsprivilegierung auf Grund der Höhe von Organvergütungen abzulehnen, ist aus unterschiedlichen Gründen abwegig. So entfällt im Arbeitsrecht die Privilegierung nicht für sehr gut verdienende leitende Angestellte, obwohl deren Vergütung teilweise mit Vergütungen von Organmitgliedern anderer (zumeist kleinerer) Gesellschaften vergleichbar ist. Eine solche Ausnahme wird – soweit ersichtlich – auch nicht vertreten. Sie ist auch nicht notwendig, da sie an dem Prinzip nichts ändert, dass der Arbeitnehmer nicht das gesamte wirtschaftliche Risiko seiner Tätigkeit tragen soll, von der andere profitieren. Dies gilt gleichermaßen für leitende Angestellte wie für Organmitglieder, die mit dem Risiko einer existenzvernichtenden Haftung leben müssen. Hier ist noch einmal *Koch* beizupflichten, dass auch das Aktienrecht keinen *„Existenzvernichtungszuschlag“* kennt.[952] Aber auch das Zivilrecht lässt eine gewährte Haftungserleichterung nicht auf Grund des Vermögens einer Partei entfallen. So unterliegt der wohlhabende Schenker ebenso dem Haftungsprivileg des § 521 BGB wie auch der arme Schenker. Sicher ließen sich auch Gründe finden, den reichen Schenker einer strengeren Haftung zu unterwerfen. Dies wäre jedoch ebenso abwegig, wie es der vorliegende Fall ist.

Wer eine Haftungsprivilegierung wegen der teilweise hohen Bezüge von Organmitgliedern ablehnt, übersieht, dass gerade kleinere und nicht börsennotierte Aktiengesellschaften solche Vergütungen nicht leisten. Die Vergütung von Organmitgliedern fällt von Gesellschaft zu Gesellschaft unterschiedlich aus. Es wäre daher unbillig, eine solche Regelung wegen Pauschalitäten auszuschließen.

Letztlich ist insbesondere für Aufsichtsräte die Vergütung wesentlich niedriger als für Vorstände. Für Aufsichtsräte kann das Argument, dass das Risiko der Existenzvernichtung mit der Vergütung abgegolten sein soll, erst recht nicht

---

951 *Wagner*, ZHR 178 (2014), 227, 276.
952 *Koch*, AG 2014, 513, 517.

gelten, dies insbesondere im Hinblick darauf, dass in jeder Pflichtverletzung des Vorstands auch eine Pflichtverletzung des Aufsichtsrats liegen kann. Gerade für Aufsichtsräte kann daher ein Wertungstransfer nicht wegen der Vergütung ausgeschlossen sein.

5. Zusammenfassende Stellungnahme

Die Einsetzung einer dritten Stufe ist begrüßenswert. Die Grundsätze des innerbetrieblichen Schadensausgleiches sind als Vorbild für eine gesellschaftsrechtliche Haftungsbegrenzung geeignet und führen zu billigen Ergebnissen. Eine vollständige Übertragung ist auf Grund von § 93 Abs 2 Satz 3 AktG jedoch unbillig, da die Haftung für leichte Fahrlässigkeit nicht entfallen darf. Es ist jedoch notwendig, den Gedanken des Selbstbehaltsanteils von zehn Prozent im Versicherungsfall ebenfalls zu übertragen und eine Haftung für leichte Fahrlässigkeit auf eben diese zehn Prozent der Schadenssumme zu begrenzen. Damit ist die Gefahr einer Existenzvernichtung zwar nicht absolut ausgeschlossen, allerdings verringert sich ihr Risiko um ein Vielfaches.

Eine Enthaftung insgesamt wäre daher weiterhin nur, der gesetzgeberischen Intention folgend, im Rahmen der Business Judgement Rule möglich.

Ein Wertungstransfer ist jedoch insbesondere für Maßnahmen außerhalb der Business Judgement Rule praktikabel, wenn nicht sogar notwendig. Dies insbesondere bei nicht-unternehmerischen Entscheidungen, die – wie der Fall Kirch zeigt – auch zu existenzgefährdender Haftung führen können. Aber auch Entscheidungsträger von unternehmerischen Entscheidungen bedürfen bei Fehlentscheidungen eines der Pflichtwidrigkeit angemessenen Schutzes. Dies kann beispielsweise bei Maßnahmen auf Grundlage unangemessener Informationsgrundlage der Fall sein. In diesem Fall wäre ein Schutz sogar besonders notwendig, da der Schädiger kaum abschätzen kann, ob er auf Grundlage angemessener Information handelt. Auch hier kann schnell leichte Fahrlässigkeit vorliegen.

Einer teilweisen Übertragung steht daher mangels wertungsadäquater Regelung nichts entgegen. Durch die Begrenzung des Schadensersatzes auf ein für das Gesellschaftsorgan verträgliche Maß ist dieses nicht mehr der Angst vor existenzvernichtender Haftung ausgesetzt, wodurch die richtigen Verhaltensanreize für risikoreiche Geschäfte gesetzt werden. Es entfällt aber nicht nur die Scheu vor risikobehafteten Entscheidungen, sondern auch die Scheu des Aufsichtsrates vor Inanspruchnahme des Vorstandsmitgliedes.

Viele der Argumente gegen einen Wertungstransfer sind auf den Aufsichtsrat kaum zu übertragen. Insofern sprechen sehr gute Gründe dafür, die arbeitsrechtlichen Wertungen, wenn schon nicht auf die Haftung des Vorstands, dann zumindest auf die Aufsichtsratshaftung zu übertragen. Gerade im Lichte des Umstands, dass der Aufsichtsrat zumeist keine unternehmerischen Entscheidungen trifft, ist dies notwendig. Der Aufsichtsrat ist wesentlich schutzwürdiger, da er sich deshalb oftmals nicht auf den Schutz der Business Judgement Rule berufen kann. Die Wertungen des innerbetrieblichen Schadensausgleichs sind auch nicht deshalb unübertragbar, weil es sich bei dem Aufsichtsrat um ein Gesellschaftsorgan handelt. Der Aufsichtsrat ist zwar an eine höchstpersönliche Amtsführung gebunden, allerdings steckt er in einem engen Korsett an Überwachungspflichten in einem streng definierten Entscheidungsspielraum, weshalb die meisten seiner Entscheidungen gebundener Natur sind. Letztlich ist das Aufsichtsratsamt ein Nebenamt mit vergleichsweise niedrigen Vergütungen im Vergleich mit Vorständen. Da die Schadenssumme in diesem Fall diese Vergütung schnell übersteigen kann, ist ein zusätzlicher Schutz notwendig.

Letztlich hat die Heranziehung der arbeitsrechtlichen Wertungen den Vorteil, dass die hohen Beiträge der Gesellschaften für D&O-Versicherungen im jetzigen Umfang nicht mehr gerechtfertigt wären. Diese Kostenersparnis darf nicht außer Acht gelassen werden, da sie der Wirtschaft und dem Verbraucher zu Gute kommt.

II. Möglichkeiten der Reduktion des Verschuldensmaßstabes auf Vorsatz und grobe Fahrlässigkeit

Vorstand und Aufsichtsrat haften grundsätzlich auch für leicht fahrlässig begangene Pflichtverletzungen. Verschiedentlich wird jedoch vertreten, die Haftung grundsätzlich auf Vorsatz und grobe Fahrlässigkeit zu beschränken.[953] Für leichte Fahrlässigkeit solle demnach nicht gehaftet werden. Dies wird jedoch zu Recht abgelehnt.[954] Zum einen kennt das deutsche Zivilrecht eine solche Beschränkung nur in § 31a BGB für unentgeltlich und ehrenamtlich tätige Vereinsvorstände, dessen Wertungen auf den Vorstand von Kapitalgesellschaften und auf deren Aufsichtsräte mangels ehrenamtlichen Engagements nicht zu übertragen sind.[955] Gegen eine solche generelle Haftungsbeschränkung wird ebenfalls vorgetragen,

953 *Semler*, in: FS Goette, Überlegungen zur Praktikabilität der Organhaftungsvorschriften, S. 499 ff.

954 *„Klar abzulehnen"*: *Habersack,* ZHR 177 (2013), 782, 803; *„schießt weit über das Ziel hinaus"*: *Fleischer,* WM 2005, 909, 914, *Bachmann*, Gutachten E zum 70. Dt. Juristentag, S. E30.

955 *Bachmann*, Gutachten E zum 70. Dt. Juristentag, S. E30; *Vetter,* NZG 2014, 921, 922.

dass sie dem Zweck des § 93 Abs. 2 S. 3 AktG widerspreche, nach welchem auch bei leichter Fahrlässigkeit ein Selbstbehalt von zehn Prozent im Falle eines Forderungsüberganges auf einen Versicherer vorgesehen ist. Ein kompletter Ausschluss für leichte Fahrlässigkeit ist daher seitens des Gesetzgebers nicht gewollt. Im Rahmen des Innenregresses könnte eine Beschränkung durch die Gesellschaft selbst jedoch umzusetzen sein, wie im Folgenden dargestellt wird.

1. Statuarische Reduktion des Verschuldensmaßstabes

Teilweise wird im Rahmen des Innenregresses vertreten, die Haftung für Gesellschaftsorgane durch Satzungsregelung beschränken zu können. Damit stünde es den Gesellschaftseigentümern frei, selbst über die Verschuldensmaßstäbe und Haftungshöhen ihrer eigenen Organe zu bestimmen, was freilich nur gerecht und durch die Möglichkeit des Abschlusses einer D&O-Versicherung für die Organe nur konsequent erscheint. Die statuarische Herabsenkung des Verschuldensmaßstabes könnte jedoch gegen die Wertungen des Aktiengesetzes verstoßen. Ein solcher Verstoß könnte sich aus der Satzungsstrenge des § 23 Abs. 5 AktG und dem Verzichts- und Vergleichsverbot nach § 93 Abs. 4 S. 3 AktG ergeben. Mithin ist auch umstritten, ob durch statuarische Haftungserleichterungen die Gläubigerrechte ausreichend gewahrt bleiben.

a. De lege lata

Ein Teil des Schrifttums erwägt die Möglichkeit statuarischer Haftungsbeschränkungen de lege lata auf Grund der Durchbrechung der Satzungsstrenge.

Hoffmann[956] befürwortet eine solche unter Zugrundelegung vergleichbarer Wertungen des GmbH-Rechts, in welchem die Gestaltungsfreiheit eine Herabsenkung des Verschuldensmaßstabes zulässt[957], da zwischen der Aktiengesellschaft und der Gesellschaft mit beschränkter Haftung, als jeweils satzungsgeprägten Kapitalgesellschaften, eine ähnliche Struktur bestehe. Gerade in Fragen der Organhaftung bestünden Parallelen, da sowohl nach § 43 Abs. 1 GmbHG als auch nach § 93 Abs. 1 S. 1 AktG die Geschäftsführer die Sorgfalt eines ordentlichen Geschäftsmannes anzuwenden haben, während die Business Judgement Rule des § 93 Abs. 1 S. 2 AktG als dessen Ausprägung verstanden werden dürfe[958]

---

956 *Hoffmann*, NJW 2012, 1393, 1397 f.

957 Vgl. Zöllner/Noack, in: Baumbach/Hueck, § 45 GmbHG, Rn. 6, 7; Liebscher, in: MüKo GmbHG, § 45 GmbHG, Rn. 57 ff.

958 So auch: *Spindler*, in: MüKo AktG, § 93 AktG, Rn. 36.

und lediglich im Aktiengesetz kodifiziert wurde, allerdings für die GmbH ebenso gilt.[959] Nicht nur die Business Judgement Rule, sondern auch die aktienrechtliche Bestimmung zur Beweislast nach § 93 Abs. 2 S. 2 AktG sei im GmbH-Recht anwendbar. Von daher geht *Hoffmann* mit guter Begründung von einer Rechtsparallelität aus, die bewirke, dass der Sorgfaltsmaßstab trotz § 23 Abs. 5 AktG in Anlehnung an das GmbH-Recht durch die Satzung (oder Individualvereinbarung) herabgesenkt werden dürfe.

Heidel[960] gibt allerdings zu bedenken, dass der Firmenzusatz „*Unternehmergesellschaft haftungsbeschränkt*" des GmbH-Rechtes bewusst diskriminierende Wirkung entfalte und im Falle statuarischer Haftungsbegrenzung die AG ebenfalls den Zusatz „*haftungsbeschränkt*" führen müsse, welche das Vertrauen der Anleger allerdings schädige. Dabei vermischt *Heidel* jedoch das Innen- und Außenverhältnis. Zwar könnte der GmbH-Geschäftsführer statuarisch im Haftungsfall privilegiert werden, allerdings rührt dies nicht an der Bezeichnung „*mit beschränkter Haftung*" oder „*haftungsbeschränkt*", da sich dieses ausschließlich auf das Außenverhältnis bezieht. Überdies wäre ein solcher Zusatz kaum wirklich diskriminierend.

Obwohl die Parallelen zwischen dem GmbHG und dem Aktiengesetz kaum von der Hand zu weisen sind, sind sie nicht geeignet, die Satzungsstrenge zu durchbrechen. Der Wortlaut lässt eindeutig keine Aberrationen zu. Außerdem begründet sich die heutige Organhaftung des Aktiengesetzes größtenteils auf der Aktienrechtsnovelle des Gesetzgebers von 1884, nach dessen Willen es ausdrücklich keine privatrechtliche Möglichkeit der Begrenzung des Sorgfaltsmaßstabes geben soll.[961] Warum der Gesetzgeber die GmbH ungleich behandelt, ist fraglich. Die Parallelen stellen jedoch eine gute Argumentation für eine solche Möglichkeit de lege ferenda dar.

---

959 *Ziemons*, in: Michalski/Heidinger/Leible/Schmidt, § 43 GmbHG, Rn. 135.

960 *Heidel*, in: Verhandlungen des 70. Dt. Juristentages, Diskussion: Abteilung Wirtschaftsrecht, S. N90.

961 *Fleischer*, ZIP 2014, 1305, 1305 mit Verweis auf den Bericht der IX. Kommission über den Entwurf eines Gesetzes, betreffend die KGaA und die Aktiengesellschaften, in: Stenographische Berichte über die Verhandlungen des Reichstages, 5. Legislaturperiode, IV. Session 1884, 4. Band, Anlage 128, S. 1009, 1020 (zu finden auf: http://www.reichstagsprotokolle.de/Blatt3_k5_bsb00018448_00327.html; zuletzt abgerufen am: 13.08.2019).

b. De lege ferenda

Das Schrifttum äußert sich daher überwiegend positiv hinsichtlich statuarischer Haftungserleichterung de lege ferenda, wie im Folgenden dargestellt wird. Diskutiert wird jedoch, ob eine solche mit dem Verzichts- und Vergleichsverbot nach § 93 Abs. 4 S. 3 AktG und dem Verfolgungsrecht der Gesellschaftsgläubiger nach § 93 Abs. 5 AktG korrelieren könnte und ob durch sie die Gläubigerrechte ausreichend gewahrt blieben.

Hinsichtlich des Verzichtsverbotes sieht *Grunewald* in Haftungshöchstgrenzen zu Recht keinen Teilverzicht, wenn der Schaden in einer vereinbarten Höhe restituiert würde.[962] Etwas anderes könne dann jedoch auch nicht für die Reduktion des Verschuldensmaßstabes gelten, da durch eine statuarische Vereinbarung schon kein Verzicht vorliege. Ein Verzicht liege erst dann vor, wenn ein Anspruch entstanden ist. Ein solcher entsteht jedoch mangels Verschuldens nicht, wenn ein Schaden auf Grund leichter Fahrlässigkeit herbeigeführt und eine Haftung statuarisch hierfür ausgeschlossen wurde. *Bachmann*[963] und *Fleischer*[964] schlagen in Anbetracht des Gedankens des § 93 Abs. 4 S. 3 AktG vor, ein Minderheitenveto von zehn Prozent für Satzungsänderungen einzuführen, was nur konsequent ist.

Nach *Bayer/Scholz*[965] sei eine statuarische Haftungsbeschränkung allerdings dennoch nur dann systemkonform, wenn die Satzungsstrenge generell aufgehoben würde, da eine Lockerung der Organhaftung im engen Zusammenhang zur Aktionärsklage, dem Verfolgungsrecht der Gesellschaftsgläubiger nach § 93 Abs. 5 AktG und den Regelungen zur gesellschaftsfinanzierten D&O-Versicherung stehe. Das gesamte strenge Haftungsregime des Aktiengesetzes würde demnach zur Wahl gestellt werden. Dem kann jedoch nicht zugestimmt werden.

Das Verfolgungsrecht der Gläubiger nach § 93 Abs. 5 AktG steht – wie *Spindler* richtig formuliert – statuarischen Haftungsbeschränkungen auf Grund seiner geringen Bedeutung nicht entgegen.[966] Von diesem Instrument wird kaum Gebrauch gemacht, da Kosten und Aufwand in keinem Verhältnis zu den Folgen eines Erfolges stehen. Denn im Falle eines Erfolges profitiert die gesamte Gesellschaft und nicht nur der Kläger. Der hohe Kosten und Zeit in den Prozess

962 *Grunewald*, AG 2013, 813, 816.
963 *Bachmann*, Gutachten E zum 70. Dt. Juristentag, S. E61.
964 *Fleischer*, ZIP 2014, 1305, 1313.
965 *Bayer/Scholz*, NZG 2014, 926, 931.
966 *Spindler*, AG 2013, 889, 896.

investierende Kläger erntet die Früchte des Prozesses nur in dem beschränkten Rahmen wie alle anderen Gläubiger auch. Ähnlich verhält es sich mit der Aktionärsklage nach § 148 AktG.

Die Regelung über den Selbstbehalt von zehn Prozent des zu restituierenden Schadens bei der gesellschaftsfinanzierten D&O-Versicherung steht nicht im Widerspruch zu einer statuarischen Haftungsbegrenzung, wenn diese ebenfalls auf mindestens zehn Prozent des Schadens festgelegt wird. Damit bliebe § 93 Abs. 2 S. 3 AktG und damit die gewollte Verhaltenssteuerung des Gesetzgebers berücksichtigt.

Bedenken bestehen daher nur noch hinsichtlich der Wahrung der Gläubigerinteressen, da die Gläubiger die Tragweite ihrer Entscheidungen unter Umständen kaum überblicken könnten. *Fleischer* gibt hierbei allerdings zu bedenken, dass in größeren Aktiengesellschaften der Aktionär ohnehin keine Einflussmöglichkeit auf die Satzungsgestaltung haben würde.[967] Aus diesem Grund verlangen er und *Bachmann* eine strenge Informationspflicht über das Ausmaß der geplanten Satzungsänderung, ein Vetorecht für eine Aktionärsminderheit von zehn Prozent ähnlich dem des § 93 Abs. 4 S. 3 und zusätzliche Publizität im Geschäftsverkehr.[968] Der Berichtspflicht könne durch einen vorgezogenen Tagesordnungspunkt oder eine gesondert angesetzten Hauptversammlung genügt werden.[969]

Vetter[970] befürwortet die Satzungsautonomie hinsichtlich des Verschuldensmaßstabes de lege ferenda ebenfalls, da die Shareholder so die Möglichkeit erhielten, auf die Art der Steuerung der Gesellschaft Einfluss zu nehmen. So könnten sie bestimmen, ob der Kurs der Entscheidungen eher präventiv durch unbeschränkte persönliche Haftung geprägt sein soll oder eher risikoreiche Entscheidungen durch Haftungsbeschränkung gefördert werden sollen. Daher würde auch *Spindler* der Hauptversammlung gerne mehr Kompetenzen einräumen, damit diese „*ihre*“ Corporate Governance eigens gestalten können.[971] Auch *Sailer-Coceani*[972] sprach sich auf dem 70. Deutschen Juristentag für eine Stärkung der Gläubigerrechte durch statuarische Haftungsbegrenzungen aus, da

967 *Fleischer*, ZIP 2014, 1305, 1313.

968 *Bachmann*, Gutachten E zum 70. Dt. Juristentag, S. E61; *Fleischer*, ZIP 2014, 1305, 1313.

969 *Bachmann*, Gutachten E zum 70. Dt. Juristentag, S. E61.

970 *Vetter*, NZG 2014, S. 921, 923; *Vetter*, in: Verhandlungen des 70. Dt. Juristentages, Diskussion: Abteilung Wirtschaftsrecht, N 98.

971 *Spindler*, AG 2013, 889, 896.

972 *Sailer-Coceani*, in: Verhandlungen des 70. Dt. Juristentages, Referat, S. N16 f.

es fraglich sei, warum die Gläubiger als *„Inhaber potentieller Schadensersatzansprüche nicht mündig genug sein sollen, mit Dreiviertelmehrheit Haftungserleichterungen einzuführen“.*[973] Ebenfalls auf dem 70. Deutschen Juristentag sprach sich *Lutter*[974] für die statuarische Haftungsbegrenzung aus. Zur Wahrung der Gläubigerinteressen solle ein solcher Beschluss der Hauptversammlung jedoch nur eine Geltungsdauer von fünf Jahren haben, da sich das Stimmungsbild der Aktionäre innerhalb dieser Zeit gewandelt haben könne.[975] Ein weiterer guter Grund für die Einführung einer Fünf-Jahresfrist liege nach *Drygala* insbesondere für den Fall junger Aktiengesellschaften wie *„Rocket Internet“* oder *„Zalando“* vor, bei welchen vor dem Börsengang die Mehrheitsgesellschafter gleichsam auch im Vorstand saßen. Ein Beschluss über die eigene Haftungsbegrenzung dränge sich entsprechend vor einem Börsengang auf.[976]

c. Stellungnahme

Der 70. Deutsche Juristentag hat sich mehrheitlich für statuarische Haftungserleichterungen de lege ferenda ausgesprochen.[977] Der Beschluss beinhaltet jedoch, dass dies nur unter Wahrung berechtigter Informationsinteressen möglich sein soll. Dieses Ergebnis ist zu begrüßen. Ein Verstoß gegen das Vergleichs- und Verzichtsverbot beim Vorliegen leichter Fahrlässigkeit liegt schon mangels Anspruchs nicht vor. Er kann auf Grund der statuarischen Haftungsbeschränkung nicht entstehen. Dennoch bleiben die Gläubigerinteressen gewahrt, da die Gläubiger mündig genug sind, entsprechende Entscheidungen zu treffen. Indes bleiben die Gläubigerinteressen nur bei ausreichender Information der Hauptversammlung über die Auswirkung der Entscheidung gewahrt. Um in das bestehende Haftungskonzept des Aktienrechtes eingebunden zu sein, muss zudem ein Minderheitenveto von zehn Prozent zulässig sein. Ebenfalls darf die Haftung nicht gänzlich entfallen, sondern muss sich wie beim Selbstbehalt im Versicherungsfall auf zehn Prozent beschränken. Eine Publizität über die Haftungsbegrenzung im Innenverhältnis ist nicht notwendig, da auf Grund der

---

973 So im Ergebnis auch: *Gaul*, AG 2015, 109, 115.

974 *Lutter*, in: Verhandlungen des 70. Dt. Juristentages, Diskussion: Abteilung Wirtschaftsrecht, S. N91.

975 Zustimmend: *Vetter*, in: Verhandlungen des 70. Dt. Juristentages, Diskussion: Abteilung Wirtschaftsrecht, S. N98.

976 *Drygala*, in: Verhandlungen des 70. Dt. Juristentages, Diskussion: Abteilung Wirtschaftsrecht, S. N106.

977 Abstimmungsergebnis: 74:7:6.

Zehn-Prozent-Regelung keine Haftungsbefreiung, sondern nur eine Erleichterung vorliegt. Letztlich besteht voller Haftungsanspruch im Außenverhältnis gegenüber der Gesellschaft, so dass ein Hinweis auf die statutarische Haftungserleichterung durch einen entsprechenden Firmenzusatz nicht notwendig ist.

2. Reduktion des Verschuldensmaßstabes durch Individualvereinbarung

De lege ferenda könnte auch die Möglichkeit eröffnet werden, eine Begrenzung des Verschuldensmaßstabes im Anstellungsvertrag zu verankern. Diese Vereinbarung eines Haftungsausschlusses ist, worauf *Haarmann* entsprechend hinweist, außerhalb des Gesellschaftsrechtes, bei Rechtsanwälten oder Wirtschaftsprüfern, absolute Normalität.[978] Es stellt sich demnach die Frage, warum eine solche Reduktion kraft Individualvereinbarung nicht auch für Vorstände und Aufsichtsräte möglich sein soll. Die Satzungsstrenge steht einer solchen Regelung mit inter-partes-Wirkung immerhin nicht entgegen.[979] Allerdings würde dies gegen das Erfordernis eines Hauptversammlungsbeschlusses nach § 93 Abs. 4 S. 3 AktG verstoßen.[980] Demnach müsste jeder Anstellungsvertrag durch die Hauptversammlung unter Berücksichtigung eines zehnprozentigen Minderheitenvetos bestätigt werden, was nicht umsetzbar ist. Aus diesen Gründen besteht keine Möglichkeit von haftungsbegrenzenden Individualabreden, da damit die Rechte der Hauptversammlung beschnitten werden. Dieser Rechtsverlust der Hauptversammlung ist jedoch nicht hinzunehmen und mit dem Aktienrecht unvereinbar.

III. Begrenzung des Schadensersatzes durch Haftungshöchstgrenzen

Nach *Wagner* lösen sich die zentralen Probleme der Organhaftung des Aktienrechtes durch eine Beschränkung des Verschuldensmaßstabes jedoch nicht auf. Diese seien neben der mangelhaften Rechtsdurchsetzung und der flächendeckenden Versicherung im Normalfall auch die unbegrenzte persönliche Einstandspflicht im Ausnahmefall.[981] Er plädiert daher, wie andere

978 *Haarmann*, in: Verhandlungen des 70. Dt. Juristentages, Diskussion: Abteilung Wirtschaftsrecht, S. N95.

979 *Seibt/Cziupka*, AG 2015, 93, 108.

980 *Seibt/Cziupka*, AG 2015, 93, 108.

981 *Wagner*, ZHR 178 (2014), 227, 262.

Stimmen[982] auch, für die Einführung von Haftungshöchstgrenzen. Die verschiedenartigen Vorschläge hierzu sollen im Folgenden erörtert werden.

1. Konkrete Haftungshöchstgrenze

Teilweise wird die Einführung einer konkreten Haftungshöchstsumme vertreten.[983] Eine solche existiert beispielsweise für den Abschlussprüfer nach § 323 Abs. 2 HGB, dessen Ersatzpflicht auf eine Million Euro beschränkt ist.[984] Überwiegend wird eine solche konkrete Haftungshöchstgrenze jedoch abgelehnt.[985] Das Schrifttum begründet dies einerseits mit dem Schadensrecht in seiner Gesamtheit, welches eine solche Begrenzung nur aus der Gefährdungshaftung kenne, weshalb diese mit der aktienrechtlichen Verschuldenshaftung inkompatibel sei,[986] und andererseits mit der Unbilligkeit der Begrenzung der Haftung auf einen festgelegten Betrag, da die Vergütungen der Organe ganz unterschiedlicher Natur seien und damit eine vernünftige Relation für die Verhaltenssteuerung kaum herzustellen wäre.[987]

Zu unterscheiden sind vorliegend zwei Summenbegrenzungen. Bei der einen besteht kein Schutz einer D&O-Versicherung. In diesem Fall würde das Organ grundsätzlich im vollen Umfang haften. Eine konkrete Haftungshöchstgrenze von beispielswiese 500.000 EUR kann für das Organ einer sehr erfolgreichen und großen Gesellschaft ohne weiteres zu verkraften sein. Für schlechter gestellte Organe kleinerer, nicht gleichermaßen erfolgreicher Gesellschaften könnte dies jedoch zur viel diskutierten Existenzvernichtung führen. Hierbei soll außer Acht gelassen werden, dass 500.000 Euro rein hypothetisch gedacht sind und eine Deckelung auf mehrere Millionen Euro gleichsam in die Privatinsolvenz führen würde. Im Hinblick auf die Absicherung mit einer D&O-Versicherung ist eine Haftungshöchstgrenze jedoch für alle Parteien sinnvoll. Die Gesellschaft kann

982 *Bachmann*, Gutachten E zum 70. Dt. Juristentag, S. E63; *Grunewald*, AG 2013, 813, 817; *Lutter*, in: Verhandlungen des 70. Dt. Juristentages, Diskussion: Abteilung Wirtschaftsrecht, S. N91; *Spindler*, AG 2013, 889, 895.

983 *Bachmann*, Gutachten E zum 70. Dt. Juristentag, S. E63; nur für leichte Fahrlässigkeit: *Spindler*, AG 2013, 889, 895; *Wagner*, ZHR 178 (2014), 227, 277.

984 *Bachmann*, Gutachten E zum 70. Dt. Juristentag, S. E62 ff.

985 *Fleischer*, ZIP 2014, 1305; *Habersack*, ZHR 177 (2013), 782, 803; *Hopt*, ZIP 2013, 1793, 1804; *Paefgen*, AG 2014, 554, 570; *Schöne/Petersen*, AG 2012, 700, 705.

986 *Fleischer*, ZIP 2014, 1305, 1312; *Grunewald*, AG 2013, 813, 816; *Habersack*, ZHR 177 (2013), 782, 803; *Hoffmann*, NJW 2012, 1393, 1395.

987 *Paefgen*, AG 2014, 554, 570.

einen Teil ihres Schadens restituieren, den sie aus dem Privatvermögen nicht hätte abschöpfen können. Sie spart jedoch die teuren Versicherungspolicen ein, die bei einer gedeckelten Haftung wesentlich geringer ausfallen dürften.[988] Das Organ kann sich sicher sein, dass es maximal zehn Prozent der Haftungssumme tragen müsste, wobei auch dieser Teil wiederum versichert sein kann. Während der Beratungen zum VorstAG wurden auf Grund der Kritik an der Eigenversicherung sogar Stimmen für ein Verbot der Selbstbehaltsversicherung laut.[989] Ein solches Verbot der Eigenversicherung nennt *Habersack* jedoch zu Recht einen *„überschießenden Eingriff in die Privatautonomie der Organwalter und Versicherer"*.[990] Wer letztlich die Eigenversicherung finanziert, kann auch dahinstehen, da bei Versicherungsschutz auf eigene Kosten auch die Vergütung steigen würde.

Eine für alle Organe gleichermaßen geltende Haftungshöchstsumme ist im Hinblick auf den Aufsichtsrat unbillig, dessen eigene Vergütung wesentlich niedriger als die der Vorstandsorgane ist. Insbesondere auf Grund der Verschiedenartigkeit der Aktiengesellschaften hinsichtlich ihrer Größen und Umsatzstärken kann schon keine Haftungshöchstsumme festgelegt werden. Vielmehr müsse sie den Umständen des Einzelfalls angepasst werden, um einerseits einen Teil des Schadens kompensieren zu können, für eine angemessene Verhaltenssteuerung zu sorgen und zugleich Existenzvernichtungen zu vermeiden.

Eine gesetzliche Haftungshöchstsumme ist auf Grund der Gleichbehandlung von finanziell starken und schwachen Unternehmen und des Haftungskonzepts des Zivilrechtes, welches eine solche für die Verschuldenshaftung eben nicht vorsieht, abzulehnen. Zugleich sprechen die Argumente für eine Haftungshöchstsumme kraft Satzungsbeschlusses.[991]

2. Statutarische Deckelung des Haftungsbetrages

Die Idee der Einführung einer statutarischen Haftungsbeschränkung hinsichtlich der Höhe des zu leistenden Schadensersatzes erfreut sich vermehrt der Zustimmung innerhalb des Schrifttums und auch eines positiven Mehrheitsbeschlusses des 70. Deutschen Juristentages. Wie bereits dargestellt, sprechen gewichtige Gründe für eine Lockerung der Satzungsstrenge hinsichtlich der Organhaftung des Aktiengesetzes. Wie diese Begrenzung jedoch in Bezug auf Haftungshöchstsummen ausgestaltet sein soll, ist nicht einheitlich geklärt.

---

988 So auch *Bachmann*, Gutachten E zum 70. Dt. Juristentag, S. E64.

989 Vgl. *Thüsing*, AG 2009, 517, 526.

990 *Habersack*, ZHR 177 (2013), 782, 801.

991 Nicht durch Individualvereinbarung, vgl. Abschnitt IV.

Nach *Spindler*[992] soll die Haftungshöchstgrenze[993] bei einem Mehrfachen der Jahresvergütung liegen.[994] Er zweifelt damit gleichwohl im selben Atemzug eine Verbesserung hinsichtlich der Verhaltenssteuerung an, da auch das Mehrfache eines Jahresgehaltes einer Existenzvernichtung gleichkommen oder zumindest das bestreffende Organmitglied über Jahre schädigen könnte. Sofern das Mehrfache der Jahresvergütung gefordert wird, vergleicht *Haarmann* dies zu Recht und mit Augenzwinkern mit einer fünffachen Verurteilung zum Tode.[995] Aber auch nach *Lutter* dürfte die Haftungshöchstsumme nicht zu niedrig beschlossen werden, so dass der Gesetzgeber hier aufgefordert sei, entsprechende Regelungen zu veranlassen.[996] *Grunewald*[997] definiert das Mehrfache als das bis zu Fünffache der Jahresvergütung samt der variablen Vergütungsbestandteile. Eine Beschränkung auf zehn Prozent des Schadens bzw. das 1,5-fache der Jahresvergütung entsprechend § 93 Abs. 2 S. 3 AktG verneint sie dahingehend, dass der Gesetzgeber diese Wertungen nur zum Interessenausgleich bei Vorliegen einer D&O-Insurance vorgibt und dies ohne diesen Versicherungsschutz nicht übertragbar sei.

Wagner[998] schlägt unter Einbeziehung dieses Versicherungsschutzes sowohl eine große „*Radikallösung*" als auch eine kleine „*moderate*" Lösung für Haftungshöchstgrenzen vor. Der „*Radikallösung*" nach beschränke sich der zu ersetzende Schaden auf die bisher verdienten variablen Vergütungsbestandteile oder auf die für 1,5 Jahre gewährte Vergütung, was § 93 Abs. 2 S. 3 AktG entspricht. Diese Summe reiche für die richtigen Verhaltensanreize aus, vernachlässige bei weitem jedoch die Ausgleichsfunktion des Schadensrechtes, da die Gesellschaft die Prämien der Versicherung zahle und damit ihren eigenen Schadensersatz selbst finanziere. Die Gesellschaften könnten aber eine Kaskoversicherung für

992 *Spindler*, AG 2013, 889, 895.

993 Die Haftungshöchstgrenze steht allerdings nach *Spindler* neben der Begrenzung des Verschuldensmaßstabes auf Vorsatz und grobe Fahrlässigkeit, s. *Spindler*, AG 2013, 889, 895.

994 Nach *Hemeling* soll es sich auf das Drei- bis Vierfache der Jahresvergütung beschränken: *Hemeling*, in: Verhandlungen des 70. Dt. Juristentages, Diskussion: Abteilung Wirtschaftsrecht, N 103.

995 *Haarmann*, in: Verhandlungen des 70. Dt. Juristentages, Diskussion: Abteilung Wirtschaftsrecht, N 94.

996 *Lutter*, in: Verhandlungen des 70. Dt. Juristentages, Diskussion: Abteilung Wirtschaftsrecht, N 91.

997 *Grunewald*, AG 2013, 813, 817.

998 *Wagner*, ZHR 178 (2014), 227, 278 ff.

den darüber hinaus entstehenden Schaden abschließen, wobei es in diesem Rahmen nicht um eine Pflichtverletzung des Organs, sondern nur um den Fakt eines eingetretenen Schadens geht, dessen Form im Versicherungsvertrag bestimmt ist.[999]

Nach der *„kleinen Lösung"* solle die Haftung des Organs auf die versicherungsvertragliche Deckungssumme beschränkt werden. Geht der Schaden darüber hinaus, müsse das pflichtvergessene Organ hierfür nicht einstehen. Das Organ schulde im Haftungsfall nur seinen Selbstbehalt, welcher auf den Anteil der Deckungssumme beschränkt sei. Dieses stelle zwar auch eine Besonderheit im Schadensrecht dar, da die Haftung vorliegend der Deckung folge, allerdings rechtfertigt *Wagner* dies mit dem Argument, dass die D&O-Insurance ohnehin eine Mischung aus Haftpflicht- und Eigenversicherung sei und dies auf Grund konkreter Verhaltensanreize die ökonomisch sinnvollste Lösung sei.[1000]

Wie *Wagner* zutreffend feststellt, ist das Prozedere der *„Großen Lösung"* jedoch ohnehin schon gängige Praxis, da die Haftung der Organe auf *einen „Quasi-Selbstbehalt"* reduziert und dies mit einer *„Quasi-Eigenversicherung"* als D&O-Versicherung kombiniert werde.[1001] Die *„Große Lösung"* stellt sich im Rahmen satzungsgemäßer Haftungsbeschränkungen dem Grunde nach als vorzugswürdig dar. Wenn die Gesellschaft schon die Möglichkeit der fremdfinanzierten Eigenversicherung für ihre Organe hat, dann ist es nur konsequent, ihr die Möglichkeit der Begrenzung auf statuarische Weise zu überlassen. Im Hinblick auf den Selbstbehaltsanteil des schädigenden Organs sollte die Haftungshöchstsumme beim 1,5-fachen der Jahresvergütung eines Organs liegen. Greift die D&O-Versicherung nicht, wird der Schaden zumeist nicht zu einer Existenzvernichtung führen. Dies bringt den Vorteil, dass die Beißhemmung bei der Inanspruchnahme beseitigt wird. Überdies ist es der Gesellschaft selbst überlassen zu entscheiden, ob sie sich selbst für den darüber hinausgehenden Schaden absichern möchte. Diese Entscheidung liegt dann nicht mehr beim Organ, welches auf den Abschluss einer dieses Risiko abdeckenden D&O-Versicherung bei der Anstellung regelmäßig besteht. Die Begrenzung auf die 1,5-fache Jahresvergütung wird im Gegensatz zu starren Zahlen auch den unterschiedlich verdienenden Organmitgliedern gerecht. Dass § 93 Abs. 2 S. 3 AktG nach § 116 AktG für den Aufsichtsrat keine Anwendung findet, schließt dessen Heranziehung für

---

999 *Wagner*, ZHR 178 (2014), 227, 278.
1000 *Wagner*, ZHR 178 (2014), 227, 280.
1001 *Wagner*, ZHR 178 (2014), 227, 254, 279.

statuarische Haftungsbegrenzungen nicht aus. Vielmehr wird der gesetzgeberische Gedanke für eine angemessene Verhaltenssteuerung nur übertragen.

3. Möglichkeit variabler Haftungsbeträge durch Billigkeitsklausel

Vereinzelte Stimmen der Literatur schlagen, gegensätzlich zu konkreten Haftungshöchstsummen, die Einführung einer allgemeinen schadensrechtlichen Billigkeitsklausel in Form eines § 254a BGB vor.[1002] Durch diese soll das Gericht nach freiem Ermessen über den zu leistenden Schadensersatz entscheiden können. Dies muss nicht zwingend die Herabsetzung der Schadensersatzsumme, sondern kann auch eine Stundung oder Ratenzahlung des zu restituierenden Betrages bedeuten.[1003] Damit stünde die persönliche Leistungsfähigkeit im Mittelpunkt der Billigkeitsabwägung und die Schwere des vorgeworfenen Verstoßes und die bisherigen Verdienste des Beklagten könnten in die Billigkeitserwägungen einbezogen werden.[1004] *Bachmann* befürwortet eine solche Billigkeitsklausel, da sie ein wirksames „*Notventil*“ darstelle, wenn beispielsweise der Schutz der D&O-Versicherung wegfiele.[1005] Hierbei stellt sich dann jedoch die Frage nach dem Sinn des Abschlusses einer solchen, wenn im Zweifel ohnehin kein existenzbedrohlicher Schaden auf das Organ zukäme. Die hohen Kosten der Gesellschaft für eine D&O-Versicherung wären dann kaum zu rechtfertigen. Daher sieht *Bachmann* wohl auch ein solches Ventil nur neben Haftungshöchstgrenzen, die auch zu wesentlich günstigeren D&O-Policen führen dürften.[1006] Überdies entfiele die Sorge des verfolgenden Organs über die Berücksichtigung der wirtschaftlichen Lage des Schädigers[1007], was zu einer strikteren Verfolgung führen würde.

1002 *Bachmann*, Gutachten E zum 70. Dt. Juristentag, S. E58; *Bachmann*, in: Verhandlungen des 70. Dt. Juristentages, Diskussion: Abteilung Wirtschaftsrecht, S. N139; *Paefgen*, AG 2014, 554, 570.

1003 *Bachmann*, Gutachten E zum 70. Dt. Juristentag, S. E58.

1004 *Vetter*, in: Verhandlungen des 70. Dt. Juristentages, Diskussion: Abteilung Wirtschaftsrecht, S. N80.

1005 *Bachmann*, in: Verhandlungen des 70. Dt. Juristentages, Diskussion: Abteilung Wirtschaftsrecht, S. N138.

1006 *Bachmann*, in: Verhandlungen des 70. Dt. Juristentages, Diskussion: Abteilung Wirtschaftsrecht, S. N140.

1007 *Bachmann*, Gutachten E zum 70. Dt. Juristentag, S. E58.

Schall[1008] hingegen sieht mit einer allgemeinen Billigkeitsklausel das gesamte Zivilrecht auf den Kopf gestellt, denn die Billigkeitserwägungen nach einem allgemeinen § 254a BGB wären nicht nur bei Organstreitigkeiten des Aktienrechtes, sondern bei sämtlichen privatrechtlichen Streitigkeiten vorzunehmen. Das gelöste Problem des Gesellschaftsrechtes würde zu einem anderen Problem allgemeiner Natur werden. Auch *Fleischer* hat Bedenken, wie sich diese Billigkeitsnorm – selbst als rein gesellschaftsspezifische – in die Gesamtstruktur des allgemeinen und auch arbeitsrechtlichen Zivilrechtes einfügen soll.[1009] Hierbei lässt er hinsichtlich des Arbeitsrechtes jedoch außer Acht, dass es dort eine ungeschriebene Herabsenkung des Schadensersatzes aus Billigkeitsgründen bereits gibt. Das Bundesarbeitsgericht führt dazu aus: *„Die Beteiligung des Arbeitnehmers an den Schadensfolgen ist durch eine Abwägung der Gesamtumstände zu bestimmen, wobei insbesondere Schadensanlass, Schadensfolgen, Billigkeits- und Zumutbarkeitsgesichtspunkte eine Rolle spielen. Eine möglicherweise vorliegende Gefahrgeneigtheit der Arbeit ist ebenso zu berücksichtigen wie die Schadenshöhe, ein vom Arbeitgeber einkalkuliertes Risiko, eine Risikodeckung durch eine Versicherung, die Stellung des Arbeitnehmers im Betrieb und die Höhe der Vergütung, die möglicherweise eine Risikoprämie enthalten kann. Auch die persönlichen Verhältnisse des Arbeitnehmers und die Umstände des Arbeitsverhältnisses, wie die Dauer der Betriebszugehörigkeit, das Lebensalter, die Familienverhältnisse und sein bisheriges Verhalten, können zu berücksichtigen sein.“*[1010]

Bayer/Scholz sehen in einer Billigkeitsklausel allerdings keine Förderung risikoaversen Handelns.[1011] Die Organmitglieder blieben immer im Ungewissen, wie die Gerichte ihr Ermessen ausüben würden[1012] und sie damit auf die Güte eines Richters[1013] angewiesen seien. *Vetter* weist im Hinblick auf die D&O-Versicherung darauf hin, dass ein § 254a BGB lediglich auf die

---

1008 *Schall*, in: Verhandlungen des 70. Dt. Juristentages, Diskussion: Abteilung Wirtschaftsrecht, S. N82.

1009 *Fleischer*, in: Verhandlungen des 70. Dt. Juristentages, Diskussion: Abteilung Wirtschaftsrecht, S. N85, zustimmend: *Heidel*, in: Verhandlungen des 70. Dt. Juristentages, Diskussion: Abteilung Wirtschaftsrecht, S. N88.

1010 BAG, NJW 2011, 1096, 1097.

1011 *Bayer/Scholz*, NZG 2014, 926, 930.

1012 Ebenfalls: *Vetter*, in: Verhandlungen des 70. Dt. Juristentages, Diskussion: Abteilung Wirtschaftsrecht, S. N80.

1013 Ablehnend wohl auch *Fleischer*, der auch darauf hinweist, dass eine aktivere Rolle des Richters im Gesellschaftsrecht kaum diskutiert wird: *Fleischer*, ZIP 2014, 1305, 1313, 1314.

persönliche Leistungsfähigkeit des Schuldners abziele und das Deckungsverhältnis des Versicherten außer Betracht ließe. Dies führe nur zum Vorteil der D&O-Versicherer.[1014]

Dem Grunde nach ist eine im Ermessen des Gerichtes liegende und an der persönlichen Leistungsfähigkeit orientierte Beschränkung der Haftung als Norm des Zivilrechtes zu begrüßen. Dass die Höhe des Schadensersatzes im Ermessen des Gerichtes stehen soll, ist keine Gefahr, die zu maßloser Haftung führt, da die persönliche Leistungsfähigkeit des Schuldners gerichtlich voll überprüfbar ist. Da sich der Vorschlag jedoch als Institut des allgemeinen Haftungsrechtes sieht und daher nicht nur für den Binnenregress von Aktiengesellschaften gelten soll, sind andere Wege der Haftungsreduktion, der Ansicht *Schalls* folgend, vorzugswürdig.

IV. Individuelle Verschuldensmaßstäbe für Aufsichtsräte

Bachmann stellt in seinem Gutachten zum 70. Deutschen Juristentag auch die Möglichkeit der Einführung eines individuellen Verschuldensmaßstabes vor, obschon er diesem selbst ablehnend gegenüber steht.[1015] Demnach würden Aufsichtsratsmitglieder, die nicht über die im Einzelfall notwendige Expertise verfügen konnten, milder beurteilt werden als solche, die in der Lage sind, die Umstände konkret und richtig beurteilen zu können. Wie bereits dargestellt, müssen alle Aufsichtsratsmitglieder über einen bunten Strauß an aufsichtsratsspezifischen Kenntnissen verfügen, die eine vernünftige Arbeit im Aufsichtsrat erst möglich machen. Der Vielfalt des Geschäftslebens ist es jedoch geschuldet, dass ein umfassendes Verständnis nicht immer gegeben sein kann. Insbesondere dem Arbeitnehmervertreter fehlt oft ein betriebswirtschaftlicher oder juristischer Hintergrund, der es ermöglicht, den Berichten des Vorstandes folgen zu können und daraus entsprechende Schlüsse zu ziehen.[1016] Ein individueller Verschuldensmaßstab könnte hierbei zu einem gerechten Interessenausgleich führen.

Tatsächlich gibt es zwar keine Milderung bei mangelnden Spezialkenntnissen, allerdings erfolgt eine Verschärfung bei deren Vorliegen.[1017] Insofern findet nur

1014 *Vetter*, in: Verhandlungen des 70. Dt. Juristentages, Diskussion: Abteilung Wirtschaftsrecht, S. N81.

1015 *Bachmann*, Gutachten E zum 70. Dt. Juristentag, S. E70.

1016 Vgl. *Bachmann*, Gutachten E zum 70. Dt. Juristentag, E71; *Rieger*, in: FS Peltzer, Gesetzeswortlaut und Rechtswirklichkeit im Aktiengesetz, S. 354.

1017 LG Hamburg, ZIP 1981, 194; *Habersack*, in: MüKo AktG, § 116 AktG, Rn. 28; *Spindler*, in: Spindler/Stilz, § 116 AktG, Rn. 18.

eine individuelle Verschärfung statt. Gleichzeitig aber eine individuelle Milderung herbeizuführen, ist unbillig. Es ist *Bachmann* zuzustimmen, dass ein unterschiedlicher Verschuldensmaßstab innerhalb *„eines gemeinsam verantwortlichen Gremiums“* abzulehnen ist. Dass eine Verschärfung durch Spezialkenntnisse hingegen dennoch zu bejahen ist, wurde bereits dargelegt. Dies führt jedoch nicht grundlegend zu einer unterschiedlichen Bewertung.

Gegen die Einführung individueller Verschuldensmaßstände spricht auch, dass dies die Verhaltenssteuerung wohl kaum tangiert. Es ist ex ante schwer feststellbar, ob die zu treffende Entscheidung unter den notwendigen Kenntnisbereich fällt oder nicht. Ist dem Aufsichtsrat bewusst, die Entscheidung ohne ein Verständnis für die entsprechende causa zu treffen, liegt in jedem Fall eine Pflichtverletzung vor. Die Unwissenheit, die hierbei geschützt werden soll, ist ex post festzustellen, und auch dies wird unweigerlich zu schweren Problemen im gerichtlichen Prozess führen. Was muss ein Aufsichtsrat in der jeweiligen Situation wissen? Ab wann ist es eventuell schon grob fahrlässig, keinen weiteren Rat einzuholen oder eine Nachfrage an das gesamte Gremium oder einzelne Aufsichtsräte zu richten? Nach alledem ist ein individueller Verschuldensmaßstab abzulehnen.

V. Schonfrist für neue Aufsichtsräte

Vereinzelt wird im Schrifttum vorgeschlagen, Aufsichtsratsmitglieder unter den Schutz einer Schonfrist von sechs Monaten zu stellen.[1018] Dies bedeutet nicht, dass innerhalb dieser Zeit überhaupt kein Haftungsfall denkbar wäre. Vielmehr wird der Haftungstatbestand nach §§ 93 Abs. 2, 166 AktG nicht berührt. Die Wirkung wäre lediglich schuldeinschränkend.[1019] Die Frage, die hier zu stellen wäre, würde also lauten: Hat das Aufsichtsratsmitglied zum Zeitpunkt der Schädigung Kenntnis über die Fehlerhaftigkeit oder das fehlerhafte Unterlassen eines Beschlusses haben können? Grundsätzlich muss ein Aufsichtsratsmitglied über all diejenigen Kenntnisse verfügen, die der Geschäftsalltag mit sich bringt. In der *Hertie-Entscheidung* des Bundesgerichtshofes muss *„ein Aufsichtsratsmitglied diejenigen Mindestkenntnisse und -fähigkeiten besitzen oder sich aneignen [...], die es braucht, um alle normalerweise anfallenden Geschäftsvorgänge auch ohne fremde Hilfe verstehen und sachgerecht beurteilen zu können.“*[1020] Dies wirft die

1018 *Opitz*, BKR 2013, 177, 283.

1019 *Bachmann*, Gutachten E zum 70. Dt. Juristentag, S. E71.

1020 BGH, NJW 1983, 991, 991. Weiterhin: *Dreher*, in: FS Boujong, Die Qualifikation der Aufsichtsratsmitglieder, S. 71, 76.

Frage auf, ob das Aufsichtsratsmitglied bereits von Anfang an über die Mindestkenntnisse verfügen muss und ob ein nachträglicher Erwerb dieser Kenntnisse überhaupt möglich ist.

Die herrschende Lehre lehnt einen nachträglichen Kenntniserwerb ab.[1021] Dies verwundert, da die erste Wahl eines (gewerkschaftlichen) Arbeitnehmers in den Aufsichtsrat regelmäßig mit einem Übernahmeverschulden einhergehen würde, ließe man eine nachträgliche und zügige Kenntniserlangung nicht zu. Legt man den Wortlaut der Hertie-Entscheidung streng aus, so wird im Falle ungenügender Mindestkenntnisse eine Aneignung verlangt (*„sich aneignen muß“*)[1022]. *Semler* liest diese Passage des Hertie-Urteils nicht in Richtung einer etwaigen *„Einarbeitungszeit“*, sondern bezieht dies auf den Zeitpunkt bis zur ersten Amtshandlung. Aber gerade im Rahmen unterlassener Amtshandlungen ist der Zeitpunkt schon kaum messbar.[1023] Nach *Opitz* sind bereits zu Anfang die allgemeinen Kenntnisse und Fähigkeiten von Aufsichtsratsmitgliedern zu verlangen. Kenntnisse, die über das eigene Ressort hinausgehen, aber insgesamt als notwendig zu betrachten sind, können sich jedoch nach Amtseintritt angeeignet werden.[1024] Auch der DCGK liest sich so, als ob ein nachträglicher Kenntniserwerb möglich wäre. In Ziff. 5.4.5 DCGK heißt es, dass die Mitglieder des Aufsichtsrates *„die für ihre Aufgaben erforderlichen Aus- und Fortbildungsmaßnahmen eigenverantwortlich“* wahrnehmen und dabei von der Gesellschaft angemessen unterstützt werden sollen. Der Begriff der Ausbildung ist im Vergleich zur Fortbildung also so zu verstehen, dass das betreffende Mitglied ohne entsprechende Kenntnisse ausgestattet ist.[1025] Letztlich gilt für Kreditinstitute, Finanzholding-Gesellschaften und gemischte Finanzholdinggesellschaften nach § 25d KWG, dass diese *„angemessene personelle und finanzielle Ressourcen einsetzen [müssen], um den Mitgliedern des Verwaltungs- oder Aufsichtsorgans die*

1021 *Semler*, in: FS K. Schmidt, Anforderungen an die Befähigung eines Aufsichtsratsmitglieds, S. 1489, 1499; *Feddersen*, AG 2000, 385, 389; *Götz*, AG 1995, 337, 345 f.; *Habersack*, in: MüKo AktG, § 116 AktG, Rn. 24; *Simons*, in: Hölters, § 100 AktG, Rn. 13.

1022 BGH, NJW 1983, 991, 991.

1023 *Semler*, in: FS K. Schmidt, Anforderungen an die Befähigung eines Aufsichtsratsmitglieds, S. 1489, 1499.

1024 *Opitz*, BKR 2013, 177, 179. Als mögliche zum Nacherwerb taugliche Kenntnisse benennt er das Vertriebs-, Technik- und Rechnungswesen sowie betriebswirtschaftliches Wissen auf hohem Niveau. Von Anfang an zwingend seien jedoch die wichtigsten aktien-, kartell-, datenschutz- und umweltschutzrechtlichen Regelungen.

1025 So auch: *Mutter*, AG 2013, R161.

Einführung in ihr Amt zu erleichtern und die Fortbildung zu ermöglichen, die zur Aufrechterhaltung der erforderlichen Sachkunde notwendig ist." Unter „*Einführung in das Amt*" kann nichts anderes verstanden werden als eine solche Einarbeitungszeit und damit ein nachträglicher Kenntniserwerb. Zu beachten ist jedoch, dass § 25d KWG nach zwingenden individuellen Eignungsvoraussetzungen und den allgemeinen Voraussetzungen im Sinne der Gesamtheit des Organs unterscheidet.[1026] Obschon das KWG nur für Kreditinstitute, Finanzholding-Gesellschaften und gemischte Finanzholdinggesellschaften von Bedeutung ist, kann für andere Gesellschaften nichts anderes gelten. Es mag eingewendet werden, dass das Finanzgeschäft derart komplex ist, dass eine Einarbeitungszeit notwendig sei, was für Gesellschaften außerhalb des Finanzsektors nicht gelte. Allerdings handelt es sich gerade dort um einen sehr sensiblen Bereich, so dass die Gestattung einer Einarbeitungszeit auch in weniger sensiblen Bereichen konsequent wäre.

Auffallend ist, dass die BaFin in ihrem Merkblatt zu den Geschäftsleitern gemäß KWG, ZAG und KAGB in seiner Fassung vom 03.12.2012 das Vorhandensein der erforderlichen Sachkunde erst nach sechs Monaten ausreichen lässt.[1027] In der aktuellen Fassung vom 06.01.2016 wurde dies jedoch wieder gestrichen.[1028]

Letztlich ist eine starre Frist wohl kein taugliches Instrument zur Beurteilung der individuellen Eignungsvoraussetzungen, unter denen die Prioritäten auch unterschiedlich gewichtet sind. Insofern besteht unter Zugrundelegung der Hertie-Rechtsprechung bei wortlautgetreuer Auslegung kein Bedarf an einer gesetzlichen Schonfrist. Zur Klarstellung und zur Beruhigung könnte allemal kodifiziert werden, dass das Gericht bei der Frage nach dem zwingenden Vorliegen der individuellen Eignungsvoraussetzungen nach Antritt des Amtes im Sinne einer Einarbeitungszeit wohlwollend zu entscheiden habe.

1026 *Schneider/Schneider,* NZG 2016, 41, 47.

1027 Vgl. *Schneider/Schneider,* NZG 2016, 41, 44; BaFin, Merkblatt zu den Geschäftsleitern gemäß KWG, ZAG und KAGB, Fassung vom 03.12.2012, S. 4.

1028 BaFin, Merkblatt zu den Geschäftsleitern gemäß KWG, ZAG und KAGB, Fassung vom 04.01.2016.

VI. Streichung der Beweislastumkehr nach § 93 Abs. 2 S. 2 AktG

Im Schrifttum wird die scharfe Beweislastregelung des § 93 Abs. 2 S. 2 AktG stark kritisiert. Nach *Bachmann* sei die Vorstandshaftung daher weniger wegen ihres Tatbestandes, sondern gerade durch die Beweislastumkehr so gefährlich.[1029] Es mehren sich daher die Stimmen in der Literatur, dass die Gesellschaft wieder beweispflichtig sein, mithin der § 93 Abs. 2 S. 2 AktG gestrichen werden sollte.[1030]

Mit dem Aktiengesetz von 1937 wurde die bis dahin ständige Rechtsprechung der Beweislastumkehr kodifiziert. Dies war damals unbedingt notwendig, da die Gesellschaft oft in Beweisnöten steckte, indem ihr immer wieder das notwendige Material zur Aufklärung fehlte.[1031] *Vetter* begründet daher die Abschaffung der Beweislastumkehr damit, dass diese Beweisnöte durch die Digitalisierung unserer Kommunikation nicht mehr Kinder unserer Zeit seien. Es sei heute nicht mehr zu befürchten sei, dass wichtige Informationen nach dem Ausscheiden eines Gesellschaftsorgans sofort zerstört würden.[1032] Oftmals wird die Beweislastumkehr auch damit gerechtfertigt, dass die Organmitglieder im Gegensatz zur sonst beweispflichtigen Gesellschaft über einen uneinholbaren Wissensvorsprung verfügen würden.[1033] Dieser Wissensvorsprung würde ausgeschiedenen Organmitgliedern jedoch nicht mehr zu Teil, da sie regelmäßig keinen Zugriff mehr auf entlastende Dokumente haben.[1034] Überdies sei es nach fünf oder sogar zehn Jahren wohl kaum noch möglich, einen Sachverhalt zu rekonstruieren, der eine damals gefallene Entscheidung begründet.[1035] Auf dem 70. Deutschen Juristentag stimmten daher die Anwesenden mehrheitlich für eine Streichung des

---

1029 *Bachmann*, Gutachten E zum 70. Dt. Juristentag, S. E33, der zu Recht auch auf die ständige Sorge verweist trotz tadellosen Verhaltens alleine aus Gründen der Beweisnot verurteilt zu werden.

1030 *Drygala*, in: Verhandlungen des 70. Dt. Juristentages, Diskussion: Abteilung Wirtschaftsrecht, S. N110; *Meckbach*, NZG 2015, 580, 581; *Vetter*, in: Verhandlungen des 70. Dt. Juristentages, Diskussion: Abteilung Wirtschaftsrecht, S. N110.

1031 *Spindler*, in: MüKo AktG, § 93 AktG, Rn. 180.

1032 *Vetter*, in: Verhandlungen des 70. Dt. Juristentages, Diskussion: Abteilung Wirtschaftsrecht, S. N110.

1033 *Meckbach*, NZG 2015, 580, 581.

1034 *Bachmann*, Gutachten E zum 70. Dt. Juristentag, S. E35; *Grooterhorst*, AG 2011, 389, 389.

1035 So auch *Hopt*, in: Verhandlungen des 70. Dt. Juristentages, Diskussion: Abteilung Wirtschaftsrecht, S. N128.

§ 93 Abs. 2 S. 2 AktG.[1036] Zumindest aber solle er auf amtierende Organmitglieder beschränkt werden oder ausgeschiedene Mitglieder sollen ein umfassendes Unternehmensinformationsrecht erhalten.[1037] *Drygala* betont hierbei, dass insbesondere ausgeschiedene Organe von einer Streichung profitieren würden, jedoch die Aktiven davon ohnehin nicht berührt werden.[1038]

Diese Beschlüsse sind begrüßenswert. Da nach § 116 AktG der § 93 AktG weitestgehend auf den Aufsichtsrat anwendbar ist, lässt die Diskussion um die Beweislastumkehr die Unterschiedlichkeit der beiden Organe jedoch vermissen. Selbst wenn der Gesetzgeber dem Vorschlag des 70. Deutschen Juristentages nicht folgt und den § 93 Abs. 2 S. 2 AktG entsprechend nicht streicht, so sollte er zumindest eine Ausnahme für den Aufsichtsrat in Betracht ziehen. Zu dieser Ansicht ist unter Heranziehung von § 31a S. 3 BGB zu gelangen. Dort trägt im Falle einer Inanspruchnahme im Streitfall der Vorstand eines Vereins[1039] oder das klagende Vorstandsmitglied die Beweislast über den Verschuldensgrad. Das verklagte Vereins-Vorstandsmitglied kommt in diesen Genuss auf Grund einer unentgeltlichen Amtsausführung. Erhält das Vorstandsmitglied jährlich weniger als 720,00 EUR für seine Vorstandsarbeit, so gilt dies entsprechend. Der Gesetzgeber hat sich für diese Beweislastregel[1040] entschieden, um das Ehrenamt zu stärken und die Haftung ehrenamtlicher Vorstandsmitglieder zumutbar zu gestalten.[1041] Das Amt des Aufsichtsrats ist in kapitalmarktorientierten Gesellschaften sicherlich nicht als Ehrenamt zu betrachten.[1042] Dennoch ist das Amt des Aufsichtsrates ein Nebenamt. Die durchschnittliche Vergütung eines Aufsichtsratsmitgliedes eines Dax-Unternehmens lag 2012 bei 115.000 EUR.[1043] Die Vergütung steht allerdings kaum im Verhältnis zu einer möglicherweise

---

1036 Beschlüsse als Anhang zu *Ständige Deputation des Deutsches Juristentages*, Verhandlungen des 70. Deutschen Juristentages, S. N218.

1037 Beschlüsse als Anhang zu *Ständige Deputation des Deutsches Juristentages*, Verhandlungen des 70. Deutschen Juristentages, S. N218.

1038 *Drygala*, in: Verhandlungen des 70. Dt. Juristentages, Diskussion: Abteilung Wirtschaftsrecht, S. N110 f.

1039 Oder nach § 86 S. 1 i.V.m. § 31a BGB auch der Stiftungsvorstand.

1040 Im Übrigen wird dort die Haftung auf Vorsatz und grobe Fahrlässigkeit beschränkt. Der Verfasser will dies außer Acht lassen und betrachtet nur die Beweislastumkehr.

1041 *Bachmann*, Gutachten E zum 70. Dt. Juristentag, S. E34; *Vetter*, NZG 2014, 921, 922.

1042 *Vetter*, NZG 2014, 921, der diese Ansicht jedoch ausdrücklich auf Grund der Bezeichnung Ehrenamt ablehnt.

1043 http://www.wiwo.de/erfolg/management/verguetung-wie-aufsichtsraete-in-europa-bezahlt-werden/7689010.html (abgerufen am:21.08.2019).

existenzvernichtenden Haftung. Der Gesetzgeber hat nicht nur die Beweislast des § 31a BGB zu Ungunsten des Vereins geregelt, sondern auch den Verschuldensmaßstab auf Vorsatz und grobe Fahrlässigkeit beschränkt. Eine grundsätzliche Beschränkung – insbesondere außerhalb der Business Judgement Rule – ist jedoch nicht aus dem Vereinsrecht übertragbar.

Viel zu oft wird in der rechtswissenschaftlichen Literatur außer Acht gelassen, dass das Amt des Aufsichtsrates auch ein Nebenamt bleiben sollte. Innerhalb von fünf oder zehn Jahren nach der Tätigkeit sind Erinnerungen an eine Entscheidung im Nebenamt sicherlich noch verschwommener als schon bei hauptamtlichen Vorstandsmitgliedern. Es entspricht nicht der Praxis[1044], dass Pflichtverletzungen des Aufsichtsrates während ihrer Amtszeit vom Vorstand verfolgt werden, da der Aufsichtsrat über die Anstellung und die Vergütung des Vorstandes bestimmt. Relevant ist dieser Fall entsprechend nur für bereits ausgeschiedene Aufsichtsräte. Diese trifft also immer das oben genannte Dilemma, im Entlastungsfalle nicht an die notwendigen Informationen heranzugelangen oder sich überhaupt noch zu erinnern. Insofern wäre die Ausnahme des § 93 Abs. 2 S. 2 AktG vom Verweis in § 116 S. 1 AktG begrüßenswert.

VII. Stellungnahme

Das Versprechen der Bundesregierung aus dem Jahr 2008, die Organhaftung zu reformieren, steht noch immer aus. Daher ist es erfreulich, dass für den vorzugswürdigsten Reformvorschlag keine gesetzgeberische Änderung notwendig ist. Durch Einführung einer dritten Stufe bei der Verfolgungsprüfung kann eine existenzvernichtende Haftung durch einen Wertungstransfer aus dem Arbeitsrecht vermieden werden. Damit wäre dieser größte Kritikpunkt der Organhaftung, insbesondere auch im Hinblick auf das *„Alles- oder Nichts“*-Prinzip[1045] der Business Judgement Rule, gelöst. Auf Grund dessen, dass eine komplette Haftungsbefreiung auch bei leichter Fahrlässigkeit nicht im Einklang mit dem Aktiengesetz steht, werden hierdurch auch keine falschen Verhaltensanreize gesetzt. Es liegt nun an den Spruchkörpern deutscher Gerichte, diese Veränderung der Organhaftung herbeizuführen. Eine Billigkeitsklausel bräuchte es damit nicht, welche als Institut des allgemeinen Zivilrechts ohnehin nicht vorzugswürdig ist. Zugleich muss es Gesellschaften unbenommen sein, selbst Haftungshöchstgrenzen statuarisch zu bestimmen oder die Haftung für leicht fahrlässig begangene

1044 Auch wenn der Vorstand eigentlich dazu verpflichtet wäre.
1045 *Bachmann*, ZIP 2017, 841, 850.

Pflichtverstöße auf ein Minimum von 10 % des Schadens zu reduzieren. Zusammen mit der Streichung der Beweislastumkehr ergibt dies ein modernes und interessengerechtes Haftungssystem. Gerade Aufsichtsräten, deren Handlungen oftmals nicht unter die Business Judgement Rule fallen, gibt dies einen sicheren Rahmen für ihre Arbeit und verhilft damit dazu, dass der professionelle Aufsichtsrat ein attraktives Amt, auch für Vermögende, bleibt.

J. Zusammenfassung

I. Die Unterscheidung von vergangenheits- und zukunftsbezogenen Maßnahmen ist fragwürdig, da jeder Handlung des Aufsichtsrates eine Maßnahme der Vergangenheit zu Grunde liegt und die zukunftsorientierte Überwachung somit wie ein Blick in die Glaskugel wirkt.

II. Die Überwachung der Geschäftsführung durch den Aufsichtsrat ist nicht auf leitende Angestellte oder andere nachgeordnete Ebenen, die mit der Leitungskompetenz des Vorstandes betraut sind, auszudehnen. Da diese im Pflichtenkreis des Vorstandes tätig sind, ist ein Ausschluss von der Überwachung für eine vertrauensvolle Zusammenarbeit zwischen diesem und dem Aufsichtsrat unabdingbar.

III. Der Aufsichtsrat darf externe Berater auch dann beauftragen, wenn er über die gleiche Fachexpertise wie diese verfügt, da möglicherweise sehr umfangreiche Analysen sehr zeitaufwändig wären und dem Charakter als Nebenamt nicht gerecht würden. Überdies stellt vorhandenes Fachwissen einen Vorteil dar, da die Ergebnisse des Beauftragten genauestens überprüft werden können. An die Plausibilitätsprüfung sind daher auch erhöhte Anforderungen zu stellen.

IV. Der Aufsichtsrat hat im Falle der Beauftragung Dritter nur die Informationen bereitzustellen, die er selbst unter eigener Darstellung der Sachlage für notwendig halten musste. Er kann sich darauf verlassen, dass der Berater selbst fehlende Informationen verlangt.

V. Im Gegensatz zum Vorstand kann der Aufsichtsrat grundsätzlich nicht auf Syndikusanwälte zurückgreifen. Dies selbst dann nicht, wenn eine ergebnisoffene Prüfung verlangt wird. Die Unabhängigkeit kann durch das dem Vorstand untergeordnete Angestelltenverhältnis in Zweifel gezogen werden. Zudem besteht die Möglichkeit, dass die eigene Rechtsabteilung an der pflichtwidrigen Entscheidung des Vorstandes mitgewirkt hat und sich selbst schützen will.

VI. Die Informationen des beauftragten Gutachters müssen nicht unbedingt in einem verschriftlichten Gutachten vorliegen. Sie können auch mündlich dargelegt werden. Hierbei kommt es auf die Umstände des Einzelfalls an.

VII. Die Entscheidungen des Vorstandes sind auch im Hinblick auf das damit verbundene Reputationsrisiko zu überprüfen. Dieses ist als Aspekt der Überprüfung der Wirtschaftlichkeit zu verstehen.

VIII. Entscheidungen des Vorstandes sollten auch von sozialen Aspekten getragen werden, da diese mit dem Reputationsrisiko verflochten sind.

IX. Der Theorie der dreifach abgestuften Überwachungsintensität nach Semler ist zuzustimmen.

X. Eine erhöhte Intensität der Überwachung bei Unternehmenskäufen ist nicht grundsätzlich anzunehmen, da ein Unternehmenskauf nicht unbedingt das Fortbestehen der Gesellschaft gefährdet. Es reicht der Grundsatz, dass lediglich Maßnahmen mit erheblichen Risiken intensiverer Überwachung bedürfen.

XI. Der Aufsichtsrat kann sich nach einer Plausibilitätsprüfung auf den Bericht des Abschlussprüfers verlassen, ohne dass eine (stichprobenartige) Untersuchung der Buchführung notwendig wäre. Eine solche wäre zu zeitaufwändig und erfordert Kenntnisse, die über die grundlegenden Kenntnisse der Bilanzierung hinausgehen. Daher ist eine doppelte Buchprüfung nicht mit dem Nebenamt Aufsichtsrat zu vereinbaren. Der Aufsichtsrat hat bei der Bestellung des Prüfers hohe Anforderungen zu beachten, weshalb dieser auf den Bericht des Abschlussprüfers vertrauen darf. Der Maßstab des § 317 HGB ist daher nicht heranzuziehen.

XII. Der Personalausschuss des Aufsichtsrates muss mindestens zwei Personen für das zu vergebene Vorstandsamt vorschlagen, da das Ermessen des Gesamtplenums in Fällen dringender Neubesetzung bei nur einer vorgeschlagenen Person zu einem Haftungsfall führen kann. Ist der Bewerber nicht geeignet oder bestehen Zweifel im Gesamtplenum, so kann eine Ablehnung zu einer überlangen Vakanz führen.

XIII. Dem Aufsichtsrat sollte im Rahmen seiner Personalkompetenz ein weiter Ermessenspielraum zugebilligt werden, der gerichtlich nicht überprüfbar ist, solange die zu wählende Person über die notwendige fachliche Kompetenz verfügt. Über die geeignete Person sollte nicht nur die objektiv zu bewertende Qualität entscheiden, sondern auch das *„Bauchgefühl"* des Aufsichtsrates. Dieses ist für eine vertrauensvolle Arbeit notwendig. Dies insbesondere, da es sich um einen Mehrheitsbeschluss des Gesamtplenums handelt und die Entscheidung nicht auf Grund des *„Bauchgefühls"* nur eines einzelnen gefällt wird.

XIV. Eine verdachtsunabhängige Befragung von Mitarbeitern darf der Aufsichtsrat bei Beachtung der aktienrechtlichen Kompetenzen zum Erhalt des Vertrauens zum Vorstand nicht vornehmen. Eine Kompetenzüberschreitung findet jedoch nicht statt, sofern der Aufsichtsrat den Vorstand um Erlaubnis bittet. Ergeben sich aus der Verweigerung jedoch Verdachtsmomente, ist eine Überprüfung dennoch statthaft.

XV. Es kommt auf die Umstände des Einzelfalls an, ob der Aufsichtsrat eigene Ermittlungen hinsichtlich der Non-Compliance im Vorstand führen muss. Sind nur einzelne Vorstandsmitglieder in einen Compliance-Fall involviert, hat der Vorstand die Ermittlungen unter Ausschluss der betreffenden Mitglieder zu führen. Ist die Mehr- oder gar die Gesamtheit des Vorstandes involviert, sollte der Aufsichtsrat eigene Ermittlungen führen, wobei dem Vorstand alle für eigene Ermittlungen notwendigen Informationen zur Verfügung gestellt werden müssen, solange die Aufklärung hierdurch nicht gefährdet wird.

XVI. Eine verdachtsunabhängige Informationsbeschaffung des Aufsichtsrates bei untergeordneten Ebenen ist auf Grund der strengen Trennung der Boards und deren vertrauensvoller Zusammenarbeit abzulehnen.

XVII. Der Aufsichtsrat hat darauf hinzuwirken, dass der Vorstand in seinen Entscheidungen die Corporate Reputation beachtet. Durch die Anforderung eines entsprechenden Berichtes ist dies sichergestellt. Es empfiehlt sich, einen Integritätsausschuss zu bilden, der die Entscheidungen des Vorstandes auf Reputationsrisiken hin überprüft. Dieser sollte auch überprüfen, ob wichtige Geschäftspartner und Kunden mit der Unternehmensphilosophie übereinstimmen.

XVIII. Auf die Entscheidung über die Errichtung eines Kataloges an Zustimmungsvorbehalten findet die Business Judgement Rule Anwendung, da diese grundsätzlich im Ermessen des Aufsichtsrates liegt. Insbesondere Zustimmungsvorbehalten, deren Grundlage Bezugsgrößen und Wertgrenzen darstellen, müssen angemessene Informationen zu Grunde liegen.

XIX. Der Begriff *„bestimmter Arten“* nach § 111 Abs. 4 AktG im Rahmen von Zustimmungsvorbehalten ist nicht grundsätzlich auf Geschäfte besonderer Art beschränkt. Der Aufsichtsrat hat hierbei einen weiten Ermessensspielraum, der unabhängig von etwaigen Schwellenbeträgen besteht, um seiner Überwachungspflicht gerecht zu werden.

XX. Der Aufsichtsrat darf die Hauptversammlung nicht gegen den Willen des Vorstandes zum Zwecke der Erörterung von Geschäftsführungsfragen einberufen, da dies die vertrauensvolle Zusammenarbeit gefährden würde.

XXI. Der *„wichtige Grund“* im Rahmen der Abberufung nach § 84 Abs. 3 AktG ist streng von demjenigen der außerordentlichen Kündigung nach § 626 BGB zu trennen. Die Interessen des Vorstandes sind nicht in die Zumutbarkeitsabwägungen einzubeziehen.

XXII. Bei der Abberufung nach § 84 Abs. 3 AktG steht dem Aufsichtsrat ein Ermessensspielraum zu.

XXIII. Im Rahmen von Bußgeldfällen kann von einer Verfolgung auf Grund der Minderung des öffentlichen Ansehens der Gesellschaft abgesehen werden.

XXIV. Ein Wertungstransfer der Grundsätze des innerbetrieblichen Schadensausgleiches ist insbesondere für den Aufsichtsrat, wegen seiner Plicht zur höchstpersönlichen Amtsausführung, im Rahmen einer dritten Stufe nach ARAG/Garmenbeck der Prüfung hinsichtlich der Verfolgung von Schadensersatzansprüchen statthaft.

XXV. Für einen Wertungstransfer der Grundsätze des innerbetrieblichen Schadensausgleiches bedarf es keiner Regelungslücke, da diese nur Vorbildfunktion haben. Die Haftung für leichte Fahrlässigkeit darf nicht ausgeschlossen werden. Vielmehr ist eine Begrenzung der Höhe nach möglich, um eine Existenzvernichtung des Organmitglieds zu verhindern.

XXVI. Eine streng bezifferte Bagatellgrenze für das Absehen von der Verfolgung von Schadensersatzansprüchen der Gesellschaft gegen Vorstandsmitglieder würde den Unterschieden nicht gerecht werden, die zwischen den einzelnen Erscheinungsformen von Aktiengesellschaften in der Praxis bestehen.

XXVII. Der Aufsichtsrat kann trotz Beschlusses der Hauptversammlung über die Abberufung eines Vorstandsmitgliedes von dieser absehen, sofern gewichtige Gründe gegen sie vorliegen. In Anlehnung an die ARAG-Garmenbeck-Rechtsprechung zählen hierzu die Funktionsfähigkeit des Vorstandes und das Reputationsrisiko.

XXVIII. Die fachliche Mindestqualifikation für Aufsichtsratsmitglieder kann auch kurze Zeit nach dem Amtsantritt erworben werden, da sonst insbesondere bei Arbeitnehmervertretern regelmäßig ein Übernahmeverschulden vorläge.

XXIX. Eine Differenzierung bezüglich des Sorgfaltsmaßstabes von Arbeitnehmer- und Anlegervertretern ist abzulehnen.

XXX. Für Aufsichtsratsmitglieder mit beruflich bedingten Spezialkenntnissen gilt ein erhöhter Sorgfaltsmaßstab insbesondere aus dem Grund, dass sich die anderen Organmitglieder auf diese Spezialkenntnisse verlassen können. Fehlt jedoch das explizite Fachwissen, so muss dies offengelegt werden.

XXXI. Die Beweislastregelung des § 93 Abs. 2 S. 2 AktG sollte für den Aufsichtsrat keine Anwendung finden, da ähnlich wie bei § 31a BGB berücksichtigt werden sollte, dass es sich hierbei um ein Nebenamt handelt.

XXXII. Sog. *„nützliche Pflichtverletzungen"* stellen auch im Innenverhältnis eine Pflichtverletzung dar und sind in der Regel zu verfolgen.

XXXIII. Der Beschluss des Aufsichtsrates über Zustimmungsvorbehalte ist eine unternehmerische Entscheidung und daher ein Business Judgement.

XXXIV. Der Beschluss des Aufsichtsrates über die Verfolgung von Schadensersatzansprüchen ist auf Grund seiner prognostischen Elemente eine unternehmerische Entscheidung und daher ebenfalls ein Business Judgement.

XXV. Steht ein Mitglied des Aufsichtsrates im Interessenkonflikt, so ist die Business Judgement Rule für das betreffende Aufsichtsratsmitglied nicht anwendbar. Dieses steckt jedoch die anderen Aufsichtsratsmitglieder nicht an, so dass für diese der Anwendungsbereich der Business Judgement Rule erhalten bleibt. Dies gilt insbesondere, wenn der Interessenkonflikt offengelegt wurde, da eine Beeinflussung der Mehrheit dann nicht angenommen werden kann.

XXXVI. Das im Interessenkonflikt stehende Aufsichtsratsmitglied muss den Konflikt vor dem Gesamtgremium offenlegen. Eine Ausgrenzung aus den Aufsichtsratssitzungen und -beratungen ist jedoch abzulehnen, da sie den restlichen Aufsichtsräten eine Willensschwäche unterstellt. Überdies können die Wortbeiträge der betroffenen Person insbesondere auf Grund der Verwurzelung innerhalb der Thematik von Wert sein.

XXXVII. Eine gesetzliche sechsmonatige Schonfrist für Aufsichtsräte ist bei wortgetreuer Auslegung der Hertie-Entscheidung überflüssig.

XXXVIII. Die statuarische Beschränkung der Haftung auf Vorsatz und grobe Fahrlässigkeit und die Errichtung von Haftungshöchstgrenzen sind vorzugswürdige Wege der Reform der Organhaftung de lege ferenda.

XXXIX. Die Ausnahme der Beweislastumkehr des § 93 Abs. 2 S. 2 AktG von dem Verweis in § 116 S. 1 AktG wäre ebenfalls eine begrüßenswerte Reform.

K. Rechtsprechungsverzeichnis

I. Bundesgerichtshof (nach Datum)

Art	Datum	Aktenzeichen	Fundstelle
Urteil	07.06.1962	II ZR 131/61	BeckRS 1962, 31182814
Urteil	25.02.1982	II ZR 123/81	MDR 1982, 553
Urteil	08.05.1985	IVa ZR 138/83	NJW 1985, 2405
Urteil	15.11.1987	II ZR 27/82	NJW 1983, 991
Urteil	25.03.1991	II ZR 188/89	NJW 1991, 1830
Urteil	17.05.1993	II ZR 89/92	AG 1993, 464
Urteil	15.11.1993	II ZR 235/92	AG 1994, 124
Urteil	14.06.1994	XI ZR 210/93	VersR 1994, 1349
Urteil	21.04.1997	II ZR 175/95	NJW 1997, 1926
Urteil	04.07.2001	VIII ZR 279/00	NJW 2001, 2012
Urteil	21.12.2005	3 StR 470/04	AG 2006, 110
Urteil	03.07.2006	II ZR 151/04	AG 2006, 667
Urteil	12.07.2006	X ZR 157/05	NJW 2006, 3271
Urteil	02.04.2007	II ZR 325/05	AG 2007, 484
Urteil	14.05.2007	II ZR 48/06	NJW 2007, 2118
Beschluss	14.07.2008	II ZR 202/07	NJW 2008,3361
Beschluss	03.11.2008	II ZR 236/07	NZG 2009, 117
Urteil	16.03.2009	II ZR 280/07	NJW 2009, 2454
Urteil	21.06.2010	II ZR 24/09	NZG 2010, 939
Beschluss	19.07.2010	II ZB 18/09	NJW 2010, 2657
Beschluss	29.07.2010	XI ZR 308/09	NJW 2010, 2339
Urteil	27.08.2010	2 StR 111/09	AG 2010, 826
Urteil	22.02.2011	II ZR 147/09	AG 2011, 913
Urteil	20.09.2011	II ZR 234/09	AG 2011, 876
Beschluss	30.01.2012	II ZB 20/11	NZG 2012, 347
Urteil	27.03.2012	II ZR 171/10	CCZ 2013, 34
Urteil	10.07.2012	VI ZR 341/10	NJW 2012, 3439
Urteil	06.11.2012	II ZR 111/12	CCZ 2013,174
Urteil	18.06.2014	I ZR 242/12	WM 2014, 1479
Urteil	28.04.2015	II ZR 2015	AG 2015, 988

II. Andere Gerichte

Gericht	Art	Datum	Aktenzeichen	Fundstelle
BVerfG	Urteil	01.03.1979	1 BVR 532/77	NJW 1979, 699
EuGH	Urteil	14.07.1994	Rs C-91/92	NJW 1994, 2473
BAG	Urteil	18.04.2002	8 AZR 348/01	BB 2003, 528
BAG	Urteil	28.10.2010	8 AZR 418/09	NJW 2011, 1096
KG Berlin	Urteil	03.05.2007	23 U 102/06	AG 2007, 745
OLG Brandenburg	Urteil	17.02.2009	6 U 102/07	DB 2009, 784
OLG Düsseldorf	Urteil	23.06.2008	9 U 22/08	NZG 2008,713
OLG Düsseldorf	Urteil	06.11.2014	I-6 U 16/14	AG 2015, 434
OLG Düsseldorf	Urteil	09.12.1994	19 W 2/94	WPM 1995,251
OLG Düsseldorf	Urteil.	22.06.1995	6 U 104/94	AG 1995, 416
OLG Düsseldorf	Urteil	31.05.2012	I-16 U 176/10	AG 2013, 171
OLG Düsseldorf	Urteil	15.01.2016	I-6 U 48/14	AG 2016, 410
OLG Karlsruhe	Beschluss	11.12.1984	11 W 135/84	GmbHR 1985, 362
OLG Köln	Urteil	22.01.2009	18 U 142/07	NZG 2009, 1223
OLG München	Urteil	06.08.2008	7 U 5628/07	WM 2009, 232
OLG Schleswig	Beschluss	26.04.2004	2 W 46/04	BB 2004, 1187
OLG Stuttgart	Beschluss	11.12.1984	11 W 135/84	GmbHR 1985, 362
OLG Stuttgart	Urteil	13.03.2002	20 U 59/01	AG 2003, 211
OLG Stuttgart	Urteil	15.03.2006	20 U 25/05	BB 2006, 1019
OLG Stuttgart	Urteil	25.11.2009	20 U 5/09	NZG 2010, 141

Gericht	**Art**	**Datum**	**Aktenzeichen**	**Fundstelle**
OLG Stuttgart	Urteil	29.02.2012	20 U 3/11	GWR 2012, 156
OLG Stuttgart	Beschluss	19.06.2012	20 W 1/12	AG 2012, 762
OLG Stuttgart	Beschluss	28.05.2013	20 U 5/12	AG 2013, 599
LG Stuttgart	Urteil	23.10.2001	31 KfH O 62/01	AG 2003, 53
LG Hamburg	Urteil	16.12.1980	8 O 229/79	ZIP 1981, 194
LG Essen	Urteil	25.04.2012	41 O 45/10	NZG 2012, 1307

L. Literaturverzeichnis

Arnold, Arnd, Die Steuerung des Vorstandshandelns, Eine rechtsökonomische Untersuchung der Principal-Agent-Problematik in Publikumskapitalgesellschaften, München 2007 (zitiert als: *Arnold,* Die Steuerung des Vorstandshandelns)

Arnold, Michael, Verantwortung und Zusammenwirken des Vorstands und Aufsichtsrats bei Compliance-Untersuchungen, Zeitschrift für Unternehmens- und Gesellschaftsrecht (ZGR) 2014, 76

Assmann, Heinz-Dieter/Hopt, Klaus J. u.a., Aktiengesetz, Großkommentar. Erster Band, Einleitung, §§ 1-53, 4. Auflage 2004 (zitiert als: *Bearbeiter*, in: Hopt/Wiedemann/Assmann)

Bachmann, Gregor, Die Beschränkung der Organhaftung nach den Grundsätzen des Arbeitsrechts, Zeitschrift für Wirtschaftsrecht und Insolvenzpraxis (ZIP) 2017, 841

Bachmann, Gregor, Urteilsanmerkung, Zeitschrift für Wirtschaftsrecht (ZIP) 2014, 579

Bachmann, Gregor, Reformbedarf bei der Business Judgement Rule?, Zeitschrift für das gesamte Handels- und Wirtschaftsrecht (ZHR 177) 2013, 1

Bachmann, Gregor, Das „vernünftige" Vorstandsmitglied, in: Festschrift für Eberhard Stilz zum 65. Geburtstag, München 2014 (zitiert als: *Bachmann*, in: FS Stilz, S. 25)

Bachmann, Gregor, Gutachten E zum 70. Dt. Juristentag, Reform der Organhaftung? – Materielles Haftungsrecht und seine Durchsetzung in privaten und öffentlichen Unternehmen; Gutachten E zum 70. Deutschen Juristentag, München 2014 (zitiert als *Bachmann,* Gutachten E zum 70. Dt. Juristentag)

Bachmann, Gregor, Diskussion: Abteilung Wirtschaftsrecht, Verhandlungsbeitrag, in: Verhandlungen des 70. Deutschen Juristentages, München 2015 (zitiert als: *Bachmann*, in: Verhandlungen des 70. Dt. Juristentages)

Bartone, Roberto /Klapdor, Ralf, Die Europäische Aktiengesellschaft, Recht, Steuer, Betriebswirtschaft, 2. Auflage, Berlin 2007 (zitiert als: *Bartone/Klapdor,* Die Europäische Aktiengesellschaft)

Baumbach, Adolf / Hueck, Alfred u.a., Gesetz betreffend die Gesellschaften mit beschränkter Haftung, GmbHG, 20. Auflage, München 2013 (zitiert als: *Bearbeiter*, in: Baumbach/Hueck)

Baur, Alexander / Holle, Philipp Maximilian, Hinweisgebersysteme aus gesellschaftsrechtlicher Perspektive, Einrichtung und Ausgestaltung von

Whistleblowing in der Aktiengesellschaft, Die Aktiengesellschaft (AG) 2017, 379

Bayer, Walter, Legalitätspflicht der Unternehmensleitung, nützliche Gesetzesverstöße und Regress bei verhängten Sanktionen, in: Festschrift für Karsten Schmidt zum 70. Geburtstag, Köln 2009 (zitiert als: *Bayer*, in: FS K. Schmidt, S. 85)

Bayer, Walter / Scholz, Philipp, Haftungsbegrenzung und D&O-Versicherung im Recht der aktienrechtlichen Organhaftung, Neue Zeitschrift für Gesellschaftsrecht (NZG) 2014, 926

Behme, Caspar / Zickgraf, Peter, Rechtspflichten des Aufsichtsrats bei der Auswahl geeigneter Mitglieder von Vorstand und Aufsichtsrat, Die Aktiengesellschaft (AG) 2015, 841

Bernhardt, Wolfgang, Aufsichtsrat - die schönste Nebensache der Welt?, Zeitschrift für das gesamte Handels- und Wirtschaftsrecht (ZHR 159) 1995, 310

Berrar, Carsten, Zur Reform des AR nach den Vorschlägen der Regierungskommission „Corporate Governance“, Neue Zeitschrift für Gesellschaftsrecht (NZG) 2001, 1113

Bicker, Eike, Compliance – organisatorische Umsetzung im Konzern, Die Aktiengesellschaft (AG) 2012, 542

Bicker, Eike, Legalitätspflicht des Vorstandes – ohne Wenn und Aber?, Die Aktiengesellschaft (AG) 2014, 8

Bieder, Marcus, Grund und Grenzen der Verfolgungspflicht des Aufsichtsrats bei pflichtwidrigem Vorstandshandeln, Neue Zeitschrift für Gesellschaftsrecht (NZG) 2015, 1178

Binder, Jens-Hinrich, Anforderungen an Organentscheidungsprozesse in der neueren höchstrichterlichen Rechtsprechung, Grundlagen einer körperschaftsrechtlichen Entscheidungslehre?, Die Aktiengesellschaft (AG) 2012, 885

Binder, Jens-Hinrich, Mittelbare Einbringung eigener Aktien als Sacheinlage und Informationsgrundlagen von Finanzierungsentscheidungen in Vorstand und Aufsichtsrat, Zeitschrift für Unternehmens- und Gesellschaftsrecht (ZGR) 2012, 757

Binder, Ulrike / Kraayvanger, Jan, Regress der Kapitalgesellschaft bei der Geschäftsleitung für gegen das Unternehmen verhängte Geldbußen, Betriebs-Berater (BB) 2015,1219

Bings, Sophie Luise, Änderungen des DCGK betreffen Compliance Management Systeme, Corporate Compliance Zeitschrift (CCZ) 2017, 118

Bösselmann, Kurt, Die Entwicklung des deutschen Aktienwesens im 19. Jahrhundert, Ein Beitrag zur Frage der Finanzierung gemeinwirtschaftlicher

Unternehmungen und zu den Reformen des Aktienrechts, Berlin 1939 (zitiert als: *Bösselmann*, Die Entwicklung des deutschen Aktienwesens im 19. Jahrhundert)

Boujong, Karlheinz, Rechtliche Mindestanforderungen an eine ordnungsgemäße Vorstandskontrolle und -beratung, Konsequenzen aus den Entscheidungen des Bundesgerichtshofs BGHZ 114, 1271 und BGHZ 124, 1112, Die Aktiengesellschaft (AG) 1995, 203

Breithaupt, Joachim / Altendorf, Klaus u.a., Kompendium Gesellschaftsrecht, Formwahl, Gestaltung, Muster für die Praxis, München 2010, (zitiert als: *Bearbeiter*, in: Kompendium Gesellschaftsrecht)

Brommer, Andreas, Folgen einer reformierten Aktionärsklage für die Vorstandsinnenhaftung, Die Aktiengesellschaft (AG) 2013, 121

Buchta, Jens, Die Haftung des Vorstandes einer Aktiengesellschaft, aktuelle Entwicklungen in Gesetzgebung und Rechtsprechung (Teil 1), Deutsches Steuerrecht (DStR) 2003, 694

Buck-Heeb, Petra, Die Haftung von Mitgliedern des Leistungsorgans bei unklarer Rechtslage, Betriebs-Berater (BB) 2013, 2247

Buck-Heeb, Petra / Dieckmann, Andreas, Selbstregulierung im Privatrecht, Tübingen 2010 (zitiert als: *Buck-Heeb/Dieckmann,* Selbstregulierung im Privatrecht)

Bürgers, Tobias, Compliance in Aktiengesellschaften, Arbeitsteilung zwischen Vorstand und Aufsichtsrat sowie innerhalb der Organe, Zeitschrift für das gesamte Handels- und Wirtschaftsrecht (ZHR 179) 2015, 173

Bürgers, Tobias / Körber, Torsten u.a., Aktiengesetz, 3. Auflage, Heidelberg 2014 (zitiert als: *Bearbeiter*, in: Bürgers/Körber)

Bürkle, Jürgen, Aufsichtsrechtliches Legal Judgement, Sachlicher Anwendungsbereich und prozedurale Voraussetzungen, Versicherungsrecht (VersR) 2013, S. 792

Bürkle, Jürgen, Corporate Compliance als Standard guter Unternehmensführung des Deutschen Corporate Governance Kodex, Betriebs-Berater (BB) 2007, 1797

Bürkle, Jürgen, Corporate Compliance – Pflicht oder Kür für den Vorstand einer AG?, Betriebs-Berater (BB) 2005,

Busekist, Konstanin von / **Keuten, Nils Christian**, Zur Einrichtung eines Compliance-Ausschusses im Aufsichtsrat, Corporate Compliance Zeitschrift (CCZ) 2016, 119

Cahn, Andreas, Aufsichtsrat und Business Judgement Rule, Wertpapiermitteilungen (WM) 2013, 1293

Cahn, Andreas, Gesellschaftsinterne Informationspflichten bei Zusammenschluss- und Akquisitionsvorhaben, Die Aktiengesellschaft (AG) 2014, 525

Casper, Matthias, Hat die grundsätzliche Verfolgungspflicht des Aufsichtsrates im Sinne des ARAG/Garmenbeck-Urteils ausgedient?, Zeitschrift für das gesamte Handels- und Wirtschaftsrecht (ZHR 176) 2012, 617

Davies, Paul, Struktur der Unternehmensführung in Großbritannien und Deutschland – Konvergenz oder fortbestehende Divergenz, Zeitschrift für Unternehmens- und Gesellschaftsrecht (ZGR) 2001, 268

Decker, Andreas, Organhaftung und Expertenrat, Umfang und Grenzen einer Haftungsvermeidung durch fachkundige Expertise, GmbH-Rundschau (GmbHR) 2014, 72

Diekmann, Hans / Fleischmann, Dermot, Umgang mit Interessenskonflikten in Aufsichtsrat und Vorstand der Aktiengesellschaft, Die Aktiengesellschaft (AG) 2013, 141

Dieterich, Thomas / Hanau, Peter u.a., Erfurter Kommentar zum Arbeitsrecht, 16. Auflage, München 2015 (zitiert als: *Bearbeiter*, in: Erfurter Kommentar)

Dreher, Meinrad, Die Qualifikation der Aufsichtsratsmitglieder, Festschrift für Karlheinz Boujong zum 65. Geburtstag, in: Verantwortung und Gestaltung, München 1996 (zitiert als: *Dreher*, in: FS Boujong, S. 71)

Dreher, Meinrad, Die kartellrechtliche Bußgeldverantwortlichkeit von Vorstandsmitgliedern, Zum siebzigsten Geburtstag, in: Festschrift für Horst Konzen, Tübingen 2006 (zitiert als: *Dreher*, in: FS Konzen, S. 85)

Drinhausen, Florian / Marsch-Barner, Reinhard, Die Rolle des Aufsichtsratsvorsitzenden in der börsennotierten Aktiengesellschaft, Die Aktiengesellschaft (AG) 2014, 337

Druey, Jean Nicolas, Standardisierung der Sorgfaltspflicht? Fragen zur Business Judgment Rule, in: Festschrift für Wulf Goette zum 65. Geburtstag, München 2011 (zitiert als: *Druey*, in: FS Goette, S. 57)

Drygala, Tim, Diskussion: Abteilung Wirtschaftsrecht, Verhandlungsbeitrag, in: Verhandlungen des 70. Deutschen Juristentages, München 2015 (zitiert als: *Drygala*, in: Verhandlungen des 70. Dt. Juristentages)

Dülfer, Eberhard, Die Aktienunternehmung, Eine betriebswirtschaftlich-morphologische Betrachtung der Aktiengesellschaft und ihrer Ordnungsprobleme im Hinblick auf eine Reform des Aktienrechts, Göttingen 1962 (zitiert als: *Dülfer*, Die Aktienunternehmung)

Edenfeld, Stefan / Neufang, Sebastian, Die Haftung der Arbeitnehmervertreter im Aufsichtsrat, Die Aktiengesellschaft (AG) 1999, 49

Ederle, Anton, Die jährliche Entsprechenserklärung und die Mär von der Selbstbindung, Neue Zeitschrift für Gesellschaftsrecht (NZG) 2010, 655

Eichner, Christian/Höller, Timo, Anforderungen an das Tätigwerden des Aufsichtsrats bei Verdacht einer Sorgfaltspflichtverletzung des Vorstandes, Die Aktiengesellschaft (AG) 2011, 885

Ekkenga, Jens / Zöllner, Wolfgang, Kölner Kommentar zum Aktiengesetz, 3. Auflage, Köln 2015 (zitiert als: *Bearbeiter*, in: Kölner Komm. AktG)

Fabricius, Fritz, Erweiterung der Arbeitnehmer-Beteiligung im Aufsichtsrat einer Aktiengesellschaft gem. § 76 BetrVG 1952 auf rechtsgeschäftlicher Grundlage, in: Festschrift für Marie Luise Hilger und Hermann Stumpf, München 1983 (zitiert als: *Fabricius*, in: FS Hilger/Stumpf, S. 155)

v. Falkenhausen, Joachim, Die Haftung außerhalb der Business Judgment Rule, Neue Zeitschrift für Gesellschaftsrecht (NZG) 2012, 644

Fassbach, Burkhard, Activist Shareholder: Neue Figur auf dem D&O-Schachbrett, Der Aufsichtsrat (AR) 2014, 144

Fassbach, Burkhard / Rahlmeyer, Niklas, Die D&O Versicherung in der Hauptversammlung, Anschreiben an Versammlungsleiter, Aufsichtsräte und Vorstände, GoingPublic (Going Public 05) 2015, 40

Faßbender, Paul-Otto, 18 Jahre ARAG Garmenbeck – und alle Fragen offen?, Neue Zeitschrift für Gesellschaftsrecht (NZG) 2015, 501

Feddersen, Dieter, Neue gesetzliche Anforderungen an den Aufsichtsrat, Die Aktiengesellschaft (AG) 2000, 385

Fehrenbach, Markus, Beschränkte Vorstandshaftung?, Zur Frage, ob sich aus dem geltenden Recht Regeln zur Haftungsverschonung oder Haftungsbegrenzung zugunsten von Vorstandsmitgliedern ableiten lassen, Die Aktiengesellschaft (AG) 2015, 761

Fischer, Reinfried, Entlastung des Sparkassenvorstands und Bestätigung der Sparkassenaufsichtsbehörde, Wertpapiermitteilungen (WM) 2007, 1005

Fleischer, Holger, Aktienrechtliche Legalitätspflicht und „nützliche Pflichtverletzungen", Zeitschrift für Wirtschaftsrecht und Insolvenzpraxis (ZIP) 2005, 141

Fleischer, Holger, Aktuelle Entwicklungen der Managerhaftung, Neue Juristische Wochenschrift (NJW) 2009, 2337

Fleischer, Holger, Bestellungsdauer und Widerruf der Bestellung von Vorstandsmitgliedern im in- und ausländischen Aktienrecht, Die Aktiengesellschaft (AG) 2006, 429

Fleischer, Holger, Vorstandsverantwortlichkeit und Fehlverhalten von Unternehmensangehörigen – Von der Einzelüberwachung zur Errichtung einer Compliance Organisation, Die Aktiengesellschaft (AG) 2003, 291

Fleischer, Holger, Gestaltungsgrenzen für Zustimmungsvorbehalte des Aufsichtsrats nach § 111 Abs. 4 S. 2 AktG, Betriebs-Berater (BB) 2013, 835

Fleischer, Holger, Haftungsfreistellung, Prozesskostenersatz und Versicherung für Vorstandsmitglieder, eine rechtvergleichende Bestandsaufnahme zur Enthaftung des Managements, Wertpapiermitteilungen (WM) 2005, 909

Fleischer, Holger, Ruinöse Managerhaftung: Reaktionsmöglichkeiten de lege lata und de lege ferenda, Zeitschrift für Wirtschaftsrecht und Insolvenzpraxis (ZIP) 2014, 1305

Fleischer, Holger, Satzungsmäßige Haftungshöchstgrenzen und andere Haftungsmilderungen für Aufsichtsratsmitglieder, Der Aufsichtsrat (AR) 2014, 100

Fleischer, Holger, Vergleiche über Organhaftungs-, Einlage- und Drittansprüche der Aktiengesellschaft, Die Aktiengesellschaft (AG) 2015, 133

Fleischer, Holger, Vertrauen von Geschäftsleitern und Aufsichtsratsmitgliedern auf Informationen Dritter, Zeitschrift für Wirtschaftsrecht und Insolvenzpraxis (ZIP) 2009, 1397

Fleischer, Holger, Vorstandshaftung und Vertrauen auf anwaltlichen Rat, Neue Zeitschrift für Gesellschaftsrecht (NZG) 2010, 121

Fleischer, Holger, Die „Business Judgment Rule" im Spiegel von Rechtsvergleichung und Rechtsökonomie, in: Festschrift für Herbert Wiedemann zum 70. Geburtstag, München 2002 (zitiert als: *Fleischer*, in: FS Wiedemann, S. 827)

Fleischer, Holger, Diskussion: Abteilung Wirtschaftsrecht, Verhandlungsbeitrag, in: Verhandlungen des 70. Deutschen Juristentages, München 2015 (zitiert als: *Fleischer*, in: Verhandlungen des 70. Dt. Juristentages)

Fleischer, Holger / Ekkenga, Jens, Handbuch des Vorstandsrechts, München/ München 2006 (zitiert als: *Bearbeiter*, in: Handbuch des Vorstandsrechts)

Fleischer, Holger / Goette, Wulf, Münchener Kommentar zum GmbHG, München 2019 (zitiert als: *Bearbeiter* in: MüKo GmbHG)

Freitag, Robert / Korch, Stefan, Die Angemessenheit der Information der Business Judgment Rule (§ 93 Abs. 1 Satz 2 AktG), Zeitschrift für Wirtschaftsrecht und Insolvenzpraxis (ZIP) 2012, 2281

Fuhrmann, Lambertus, Rechte und Pflichten des Aufsichtsrats beim Verdacht von Compliance-Verstößen, Die Aktiengesellschaft (AG) 2015, 328

Gall, Lothar, Der Bankier, Hermann Josef Abs: eine Biographie, 1. Auflage, München 2006 (zitiert als *Gall,* Der Bankier)

Gaul, Felix, Regressanspruch bei Kartellbußen im Lichte der Rechtsprechung und der aktuellen Debatte über die Reform der Organhaftung, Die Aktiengesellschaft (AG) 2015, 109

Gelhausen, Hans Friedrich, Haftungsrechtliche Bedeutung des IDW EPS 980: Grundsätze ordnungsmäßiger Prüfung von Compliance-Management-Systemen, gleichzeitig: Replik zum Aufsatz von Dr. Markus S. Rieder und Marcus Jerg zum Thema „Anforderungen an die Überprüfung von Compliance-Programmen", Corporate Compliance Zeitschrift (CCZ) 2010, 208

Goette, Wulf, Leitung, Aufsicht, Haftung, in: Festschrift aus Anlaß des fünfzigjährigen Bestehens von Bundesgerichtshof, Bundesanwaltschaft und Rechtsanwaltschaft beim Bundesgerichtshof, Köln [u.a.] 2000 (zitiert als: *Goette*, in: FS 50 Jahre BGH)

Goette, Wulf, Zur ARAG/GARMENBECK-Doktrin, in: Liber amicorum für Martin Winter, Köln 2011 (zitiert als: *Goette*, in: LA Winter, S. 153)

Goette, Wulf, Grundsätzliche Verfolgungspflicht des Aufsichtsrats bei sorgfaltswidrig schädigendem Verhalten im AG-Vorstand?, Zeitschrift für das gesamte Handels- und Wirtschaftsrecht (ZHR 176) 2012, 588

Goette, Wulf / Habersack, Matthias / Kalss, Susamme, Münchener Kommentar zum Aktiengesetz, 4. Auflage, München 2016 (zitiert als: *Bearbeiter*, in: MüKo AktG)

Götz, Heinrich, Die Überwachung der Aktiengesellschaft im Lichte jüngerer Unternehmenskrisen, Die Aktiengesellschaft (AG) 1995, 337

Grigoleit, Hans Christoph, Aktiengesetz, Kommentar, München 2013 (zitiert als: *Bearbeiter*, in: Grigoleit)

Grooterhorst, Johannes, Das Einsichtnahmerecht des ausgeschiedenen Vorstandsmitgliedes in Geschäftsunterlagen im Haftungsfall, Die Aktiengesellschaft (AG) 2011, 389

Grooterhorst, Johannes, Pflichten und Haftung des Aufsichtsrats bei zustimmungsbedürftigen Geschäften des Vorstandes, Neue Zeitschrift für Gesellschaftsrecht (NZG) 2011, 921

Grumann, Marc-Olaf, Abberufung und Kündigung von Vorstandsmitgliedern einer Aktiengesellschaft, Der Betrieb (DB) 2003, 770

Grundei, Jens / Zaumseil, Peter, Der Aufsichtsrat im System der Corporate Governance, Betriebswirtschaftliche und juristische Perspektiven, 1. Auflage, Wiesbaden 2012 (zitiert als: *Grundei/Zaumseil*, Der Aufsichtsrat im System der Corporate Governance)

Grunewald, Barbara, Haftungsvereinbarungen zwischen Aktiengesellschaft und Vorstandsmitgliedern, Die Aktiengesellschaft (AG) 2013, 813

Haarmann, Wilhelm, Diskussion: Abteilung Wirtschaftsrecht, Verhandlungsbeitrag, in: Verhandlungen des 70. Deutschen Juristentages, München 2015 (zitiert als: *Haarmann*, in: Verhandlungen des 70. Dt. Juristentages)

Haarmann, Wilhelm / Weiß, Michael, Reformbedarf bei der aktienrechtlichen Organhaftung, Betriebs-Berater (BB) 2014, 2115

Habersack, Mathias, 19 Jahre „ARAG/Garmenbeck“ – und viele Fragen offen, Neue Zeitschrift für Gesellschaftsrecht (NZG) 2016, 321

Habersack, Mathias, Grund und Grenzen der Compliance-Verantwortung des Aufsichtsrats der AG, Die Aktiengesellschaft (AG) 2014, 1

Habersack, Mathias, Die Legalitätspflicht des Vorstands der AG, in: Festschrift für Uwe H. Schneider zum 70. Geburtstag, Köln 2011 (zitiert als: *Habersack*, in: FS Uwe H. Schneider, S. 429)

Habersack, Mathias, Perspektiven der aktienrechtlichen Organhaftung, Zeitschrift für das gesamte Handels- und Wirtschaftsrecht (ZHR 177) 2013, 782

Habersack, Mathias, Arbeitnehmerbelange im Rahmen des § 111 Abs. 4 S. 2 AktG, Zeitschrift für das gesamte Handels- und Wirtschaftsrecht (ZHR 178) 2014, 131

Habersack, Mathias, Zur Aufklärung gesellschaftsinternen Fehlverhaltens durch den Aufsichtsrat der AG, in: Festschrift für Eberhard Stilz zum 65. Geburtstag, München 2014, (zitiert als: *Habersack*, in: FS Stilz, S. 191)

Habersack, Mathias / Foerster, Max u.a., Aktiengesetz, Großkommentar, 5. Auflage, Berlin/München/Boston/Saarbrücken 2016 (zitiert als: *Bearbeiter*, in: GroßKomm AktG)

Haertlein, Lutz, Vorstandshaftung wegen (Nicht-)Ausführung eines Gewinnverwendungsbeschlusses mit Dividendenausschüttung, Zeitschrift für das gesamte Handels- und Wirtschaftsrecht (ZHR 168) 2004, 437

Hahn, Christopher / Naumann, Daniel, Organhaftung trotz sachverständiger Beratung, Entscheidungskonflikte zwischen dem „Gebot des sichersten Weges“ und unternehmerischer Wagnis, Corporate Compliance Zeitschrift (CCZ) 2013, 156

Hanfland, Philipp, Haftungsrisiken im Zusammenhang mit § 161 AktG und dem Deutschen Corporate Governance Kodex, Zugleich ein Beitrag zur Haftung für fehlerhafte Kapitalmarktinformation, 1. Auflage, Baden-Baden 2007 (zitiert als: *Hanfland*, Haftungsrisiken im Zusammenhang mit § 161 AktG und dem Deutschen Corporate Governance Kodex)

Harbarth, Stephan, Anforderungen an die Compliance-Organisation in börsennotierten Unternehmen, Zeitschrift für das gesamte Handels- und Wirtschaftsrecht (ZHR 179) 2015, 136

Hasselbach, Kai, Haftungsfreistellung für Vorstandsmitglieder, Neue Zeitschrift für Gesellschaftsrecht (NZG) 2016, 890

Hasselbach, Kai, Überwachungs- und Beratungspflichten des Aufsichtsrats in der Krise, Neue Zeitschrift für Gesellschaftsrecht (NZG) 2012, 41

Hasselbach, Kai / Ebbinghaus, Felix, Anwendung der Business Judgement Rule bei unklarer Rechtslage, Die Aktiengesellschaft (AG) 2014, 873

Hauschka, Christoph E. / Besch, Christoph, Corporate Compliance, Handbuch der Haftungsvermeidung im Unternehmen, 2. Auflage, München 2010 (zitiert als: *Bearbeiter*, in: Hauschka/Besch)

Hauschka, Christoph E. / Moosmayer, Klaus u.a., Corporate Compliance, Handbuch der Haftungsvermeidung im Unternehmen, 2. Auflage, München 2010 (zitiert als: *Bearbeiter*, in: Hauschka/Moosmayer/Lösler)

Heidel, Thomas, Aktienrecht und Kapitalmarktrecht, 3. Auflage, Baden-Baden 2011 (zitiert als: *Bearbeiter*, in: Heidel)

Heidel, Thomas, Diskussion: Abteilung Wirtschaftsrecht, Verhandlungsbeitrag, in: Verhandlungen des 70. Deutschen Juristentages, München 2015 (zitiert als: *Heidel*, in: Verhandlungen des 70. Dt. Juristentages)

Heintzen, Markus, Der Deutsche Corporate Governance Kodex aus der Sicht des deutschen Verfassungsrechts, Zeitschrift für Wirtschaftsrecht und Insolvenzpraxis (ZIP) 2004, 1933

Hemeling, Peter, Diskussion: Abteilung Wirtschaftsrecht, Verhandlungsbeitrag, in: Verhandlungen des 70. Deutschen Juristentages, München 2015 (zitiert als: *Hemeling*, in: Verhandlungen des 70. Dt. Juristentages)

Hennrichs, Joachim, Zum Fehlerbegriff im Bilanzrecht, Neue Zeitschrift für Gesellschaftsrecht (NZG) 2013, 681

Hennrichs, Joachim / Pöschke, Moritz, Die Pflicht des Aufsichtsrates zur Prüfung des „"CSR-Berichts„", Neue Zeitschrift für Gesellschaftsrecht (NZG) 2017, 121

Henssler, Martin / Krüger, Wolfgang, Münchener Kommentar zum Bürgerlichen Gesetzbuch Bd. 4: Schuldrecht, Besonderer Teil II §§ 535-610, 611-630, EFZG, TzBfG, 6. Auflage, München 2012 (zitiert als: *Bearbeiter*, in: MüKo BGB)

Henssler, Martin / Strohn, Lutz u.a., Gesellschaftsrecht, BGB, HGB, PartGG, GmbHG, AktG, GenG, UmwG, InsO, AnfG, IntGesR, 3. Auflage, München 2015 (zitiert als: *Bearbeiter*, in: Henssler/Strohn)

Henze, Hartwig, Prüfungs- und Kontrollaufgaben des Aufsichtsrates in der Aktiengesellschaft, Die Entscheidungspraxis des Bundesgerichtshofes, Neue Juristische Wochenschrift (NJW) 1998, 3309

Hirte, Heribert / Mülbert, Peter O. u.a., Aktiengesetz, Großkommentar, 5. Auflage, Berlin 2015 (zitiert als: *Bearbeiter*, in: Großkommentar AktG)

Hoffmann, Andreas C. / Schieffer, Anita, Pflichten des Vorstandes bei der Ausgestaltung einer ordnungsgemäßen Compliance-Organisation, Neue Zeitschrift für Gesellschaftsrecht (NZG) 2017, 401

Hoffmann, Gunter M., Existenzvernichtende Haftung von Vorständen und Aufsichtsräten?, Neue Juristische Wochenschrift (NJW) 2012, 1393

Hoffmann-Becking, Michael, Das Recht des Aufsichtsrats zur Prüfung durch Sachverständige nach § 111 Abs. 2 Satz 2 AktG, Zeitschrift für Unternehmens- und Gesellschaftsrecht (ZGR) 2011, 136

Holle, Philipp Maximilian, Die Binnenhaftung des Vorstands bei unklarer Rechtslage, Die Aktiengesellschaft (AG) 2016, 270

Hölters, Wolfgang, Aktiengesetz, Kommentar, 2. Auflage, München/München 2014 (zitiert als: *Bearbeiter*, in: Hölters)

Hommelhoff, Peter, Die Autarkie des Aufsichtsrats, Zeitschrift für Unternehmens- und Gesellschaftsrecht (ZGR) 1983, 551

Hommelhoff, Peter, Zur Kreditüberwachung im Aufsichtsrat, Handelsrecht und Wirtschaftsrecht in der Bankpraxis, in: Festschrift für Winfried Werner zum 65. Geburtstag am 17. Oktober 1984, Berlin 1984 (zitiert als: *Hommelhoff*, in: FS Winfried Werner, S. 315)

Hopt, Klaus, Die Verantwortlichkeit von Vorstand und Aufsichtsrat: Grundsatz und Praxisprobleme, unter besonderer Berücksichtigung der Banken, Zeitschrift für Wirtschaftsrecht und Insolvenzpraxis (ZIP) 2013, 1793

Hopt, Klaus, Gemeinsame Grundsätze der Corporate Governance in Europa?, Zeitschrift für Unternehmens- und Gesellschaftsrecht (ZGR) 2000, 779

Hopt, Klaus, Die Haftung von Vorstand und Aufsichtsrat, Zum siebzigsten Geburtstag, 1. Auflage, in: Festschrift für Ernst-Joachim Mestmäcker, Baden-Baden 1996 (zitiert als: *Hopt*, in: FS Mestmäcker, S. 909)

Hopt, Klaus, Diskussion: Abteilung Wirtschaftsrecht, Verhandlungsbeitrag, in: Verhandlungen des 70. Deutschen Juristentages, München 2015 (zitiert als: *Bearbeiter*, in: Verhandlungen des 70. Dt. Juristentages)

Hopt, Klaus J. / Kort, Michael u.a., Großkommentar zum Aktiengesetz §§ 95-117, 4. Auflage, Berlin 2005 (zitiert als: *Bearbeiter*, in: Großkomm-AktG)

Hüffer, Uwe / Koch, Jens, Aktiengesetz, 13. Auflage, München 2018, (zitiert als: *Bearbeiter*, in: Hüffer/Koch)

Huthmacher, David, Pflichten und Haftung der Aufsichtsratsmitglieder, Zugleich eine Untersuchung zur kollegialorganschaftlichen Innenhaftung des Aufsichtsrats, Berlin 2015 (zitiert als: *Huthmacher*, Pflichten und Haftung der Aufsichtsratsmitglieder)

Ihlas, Horst, Organhaftung und Haftpflichtversicherung, Berlin 1997 (zitiert als: *Ihlas*, Organhaftung und Haftpflichtversicherung)

Ihring, Hans-Christoph, Reformbedarf beim Haftungstatbestand des § 93 AktG, Wertpapiermitteilungen (WM) 2004, 2098

Janzen, Dietmar, Vorzeitige Beendigung von Vorstandsamt und -vertrag, Neue Zeitschrift für Gesellschaftsrecht (NZG) 2003, 468

Jungmann, Carsten, Die Business Judgment Rule – ein Institut des allgemeinen Verbandsrechts?, in: Festschrift für Karsten Schmidt zum 70. Geburtstag, Köln 2009 (zitiert als: *Jungmann*, in: FS K. Schmidt, S. 831)

Kark, Andreas, Der Aufsichtsrat und die Überwachung der Compliance, Der Aufsichtsrat (AR) 2014, 54

Kau, Wolfgang M. / Kukat, Klaus, Haftung von Vorstands- und Aufsichtsratsmitgliedern bei Pflichtverletzung nach dem Aktiengesetz, Betriebs-Berater (BB) 2000, 1045

Kenze, Hartwig, Prüfungs- und Kontrollpflichten des Aufsichtsrates in der Aktiengesellschaft, Die Entscheidungspraxis des Bundesgerichtshofes, Neue Juristische Wochenschrift (NJW) 1998, 3309

Kirschbaum, Tom / Wittman, Martin, Selbstregulierung im Gesellschaftsrecht: Der Deutsche Corporate Governance Kodex, Juristische Schulung (JuS) 2005, 1062

Klöhn, Lars / Schmolke, Klaus Ulrich, Unternehmensreputation (Corporate Reputation), Ökonomische Erkenntnisse und ihre Bedeutung im Gesellschafts- und Kapitalmarktrecht, Neue Zeitschrift für Gesellschaftsrecht (NZG) 2015, 689

Knuth, Thoralf, Voraussetzungen für die Übernahme einer Geldstrafe, Geldbuße oder Geldauflage durch die Gesellschaft nach strafbarem Verhalten des AG-Vorstandsmitglieds, Juris Praxis Report Compliance (jurisPR-Compl) 3/2014, Anm. 1

Koch, Jens, Beschränkung der Regressfolgen im Kapitalgesellschaftsrecht, Die Aktiengesellschaft (AG) 2012, 429

Koch, Jens, Das UMAG, Zeitschrift für Unternehmens- und Gesellschaftsrecht (ZGR) 2006, 767

Koch, Jens, Die schleichende Erosion der Verfolgungspflicht nach ARAG/Garmenbeck, Neue Zeitschrift für Gesellschaftsrecht (NZG) 2014, 934

Koch, Jens, Regressreduzierung im Kapitalgesellschaftsrecht, Eine Sammelreplik, Die Aktiengesellschaft (AG) 2014, 513

Koch, Jens, Beschränkungen des gesellschaftsrechtlichen Innenregresses bei Bußgeldzahlungen, in: Liber amicorum für Martin Winter, Köln 2011 (zitiert als: *Koch*, in: LA Winter, S. 327)

Koch, Jens, Diskussion: Abteilung Wirtschaftsrecht, Verhandlungsbeitrag, in: Verhandlungen des 70. Deutschen Juristentages, München 2015 (zitiert als: *Koch*, in: Verhandlungen des 70. Dt. Juristentages)

Kocher, Dirk, Zur Reichweite der Business Judgment Rule, Corporate Compliance Zeitschrift (CCZ) 2009, 215

Köhl, Dietmar, Die Einschränkung der Haftung des GmbH-Geschäftsführers nach den Grundsätzen des innerbetrieblichen Schadensausgleichs, Der Betrieb (DB) 1996, 2597

Kort, Michael, Corporate Governance-Grundsätze als haftungsrechtlich relevante Verhaltensstandards, in: Festschrift für Karsten Schmidt zum 70. Geburtstag, Köln 2009, (zitiert als: *Kort*, in: FS K. Schmidt, S. 945)

Krause, Daniel M., Strafrechtliche Haftung des Aufsichtsrates, Neue Zeitschrift für Strafrecht (NStZ) 2011, 57

Krieger, Gerd, Beratung des Aufsichtsrats durch externe Sachverständige, Audit Committee Quarterly (ACQ) IV/2012, 13

Krieger, Gerd, Wie viele Rechtsberater braucht ein Geschäftsleiter, Ein kritischer Zwischenruf zu Strohn ZHR 176 (2012), 137, Zeitschrift für Unternehmens- und Gesellschaftsrecht (ZGR) 2012, 496

Kropff, Bruno, Zur Information des Aufsichtsrats über das interne Überwachungssystem, Neue Zeitschrift für Gesellschaftsrecht (NZG) 2003, S. 346

Kropff, Bruno, Aktiengesetz, Textausgabe des Aktiengesetzes vom 6. 9. 1965 (Bundesgesetzbl. I S. 1089) und des Einführungsgesetzes zum Aktiengesetz vom 6. 9. 1965 (Bundesgesetzbl. I S. 1185) mit Begründung des Regierungsentwurfs, Bericht des Rechtsausschusses des Deutschen Bundestags, Verweisungen und Sachverzeichnis; im Anhang Aktiengesetz von 1937, Düsseldorf 1965 (zitiert: *Kropf*, Aktiengesetz)

Küntzel, Friedrich Emil, Der Aufsichtsrat der Aktiengesellschaft, seine Rechte und Pflichten, Leipzig 1902 (zitiert als: *Küntzel*, Der Aufsichtsrat der Aktiengesellschaft)

Labbé, Marcus, Die Personalkompetenz des Aufsichtsrats als wichtigstes Instrument der Risikovorsorge, Erhöhte Anforderungen an die Beurteilung und Überwachung der Managerfähigkeiten, Zeitschrift für Corporate Governance (ZCG) 2009, 101

Langenbucher, Katja, Aktien- und Kapitalmarktrecht, Ein Studienbuch, 3. Auflage, München 2015 (zitiert als: *Langenbucher*, Aktien- und Kapitalmarktrecht)

Lieder, Jan, Zustimmungsvorbehalte des Aufsichtsrats nach neuer Rechtslage, Der Betrieb (DB) 2004, 2251

Lieder, Jan, Der Aufsichtsrat im Wandel der Zeit, Leitlinien der geschichtlichen Entwicklung sowie der Fortentwicklung des deutschen Aufsichtsratssystems, Jena 2006 (zitiert als: *Lieder*, Der Aufsichtsrat im Wandel der Zeit)

Lilienfeld, Scott O. / Andrews, Brian P., Development an Preliminary Validation on a Self-Report Measure of Psychopathic Personality Traits in

Noncriminal Populations, Journal of Personality Assessment 66(Journal of Personality Assessment Nr. 3) 1996, 488

Luckey, Andreas, Suspendierung und Schmerzensgeldanspruch des Arbeitnehmers, Neue Zeitschrift für Arbeitsrecht (NZA) 1992, 873

Lutter, Marcus, Der Bericht des Aufsichtsrats an die Hauptversammlung, Die Aktiengesellschaft (AG) 2008, 1

Lutter, Marcus, Die Business Judgment Rule und ihre praktische Anwendung, Zeitschrift für Wirtschaftsrecht und Insolvenzpraxis (ZIP) 2007, 841

Lutter, Marcus, Defizite für eine effiziente Aufsichtsratstätigkeit und gesetzliche Möglichkeiten der Verbesserung, Zeitschrift für das gesamte Handels- und Wirtschaftsrecht (ZHR 159) 1995, 287

Lutter, Marcus, Haftung und Haftungsfreiräume des GmbH-Geschäftsführers, Jahrestagung 1998 der Gesellschaftsrechtlichen Vereinigung (VGR), in: Gesellschaftsrecht in der Diskussion, Köln 1999 (zitiert als: *Lutter*, in: VGR Bnd. 1, S. 87)

Lutter, Marcus, Information und Vertraulichkeit im Aufsichtsrat, 3. Auflage, Köln 2006 (zitiert als: *Lutter*, Information und Vertraulichkeit im Aufsichtsrat)

Lutter, Marcus, Interessenskonflikte und Business Judgement Rule, in: Festschrift für Claus-Wilhelm Canaris zum 70. Geburtstag, München 2007 (zitiert als: *Lutter*, in: FS Canaris, S. 245)

Lutter, Marcus, Aufsichtsrat und Sicherung der Legalität in Unternehmen, in: Festschrift für Uwe Hüffer zum 70. Geburtstag, München 2010 (zitiert als: *Lutter*, in: FS Hüffer, S. 617)

Lutter, Marcus, Diskussion: Abteilung Wirtschaftsrecht, Verhandlungsbeitrag, in: Verhandlungen des 70. Deutschen Juristentages, München 2015 (zitiert als: *Lutter*, in: Verhandlungen des 70. Dt. Juristentages)

Lutter, Marcus / Krieger, Gerd u. a., Rechte und Pflichten des Aufsichtsrats, Köln 2014 (zitiert als: *Lutter/Krieger/Verse*, Rechte und Pflichten des Aufsichtsrats)

Manger, Robert, Das Informationsrecht des Aufsichtsrats gegenüber dem Vorstand, Umfang und Grenzen, Neue Zeitschrift für Gesellschaftsrecht (NZG) 2010, 1255

Marsch-Barner, Reinhard/Schäfer, Frank A. u.a., Handbuch börsennotierte AG, Aktien- und Kapitalmarktrecht, 3. Auflage, Köln 2014 (zitiert als: *Bearbeiter*, in: Marsch-Barner/Schäfer)

Meckbach, Anne, Organhaftung und Beweisrisiken, Adäquate Risikoallokation durch Vertragsgestaltung, Neue Zeitschrift für Gesellschaftsrecht (NZG) 2015, 580

Mertens, Hans-Joachim, Schadensersatzhaftung des Aufsichtsrats bei Nichtbeachtung der Regeln des ARAG-Urteils über die Inanspruchnahme von Vorstandsmitgliedern?, in: Festschrift für Karsten Schmidt zum 70. Geburtstag, Köln 2009 (zitiert als: *Mertens*, in: FS K. Schmidt, S. 1183)

Mestmäcker, Ernst-Joachim, Verwaltung, Konzerngewalt und Rechte der Aktionäre, Eine rechtsvergleichende Untersuchung nach deutschem Aktienrecht und dem Recht der Corporation in den Vereinigten Staaten, Karlsruhe 1958 (zitiert als: *Mestmäcker*, Verwaltung, Konzerngewalt und Recht der Aktionäre)

Michalski, Lutz / Heidinger, Andreas / Leible, Stefan / Schmidt, Jessica, Kommentar zum Gesetz betreffend die Gesellschaften mit beschränkter Haftung (GmbH-Gesetz), 3. Auflage, München 2017, (zitiert als: *Bearbeiter*, in: Michalski/Heidinger/Leible/Schmidt)

Mutter, Stefan, Ausbildung von Aufsichtsratsmitgliedern durch die Gesellschaft?, Die Aktiengesellschaft (AG) 2013, 161

Nolte, Wolfram, Aufsichtsrats-Information: Bring- oder Holschuld?, Der Aufsichtsrat (AR 03) 2006 7

Obermaier, Georg, Unternehmensführung und Corporate Governance, Strategien, Konzepte und Methoden; Festschrift für Univ.-Prof. Horst Wildemann zum 65. Geburtstag, in: Management am Puls der Zeit, München 2007 (zitiert als: *Obermaier*, in: FS zum 65. Geburtstag von Horst Wildemann, 261)

Opitz, Peter, Zur Fortbildungsverantwortung von Vorstand und Aufsichtsrat, Zugleich ein Beitrag zu §§ 25c und 25d KWG i.d. F. von Art. 1 Nr. 48 CRD IV Umsetzungsgesetz, Zeitschrift für Bank- und Kapitalmarktrecht (BKR) 2013, 177

Ott, Nicolas/Klein, Karen, Hindsight Bias bei der Vorstandshaftung wegen Compliance-Verstößen, Die Aktiengesellschaft (AG) 2017, 209

Paefgen, Walter G., „Compliance" als gesellschaftsrechtliche Organpflicht, Wertpapiermitteilungen (WM) 2016, 433

Paefgen, Walter G., Die Inanspruchnahme pflichtvergessener Vorstandsmitglieder als unternehmerische Ermessensentscheidung des Aufsichtsrats, Die Aktiengesellschaft (AG) 2008, 761

Paefgen, Walter G., Dogmatische Grundlagen, Anwendungsbereich und Formulierung einer Business Judgment Rule im künftigen UMAG, Die Aktiengesellschaft (AG) 2004, 245

Paefgen, Walter G., Organhaftung: Bestandsaufnahme und Zukunftsperspektiven, Ein kritischer Werkstattbericht vor dem Hintergrund der Beratungen des 70. Deutschen Juristentages 2014, Die Aktiengesellschaft (AG) 2014, 554

Paefgen, Walter G., Unternehmerische Entscheidungen und Rechtsbindung der Organe in der AG, Köln 2002 (zitiert als: *Paefgen,* Unternehmerische Entscheidungen und Rechtsbindung der Organe in der AG)

Peltzer, Martin, Corporate Governance Codices als zusätzliche Pflichtenbestimmung für den Aufsichtsrat, Neue Zeitschrift für Gesellschaftsrecht (NZG) 2002, 10

Peltzer, Martin, Deutsche Corporate Governance, Ein Leitfaden, 2. Auflage, München 2004 (zitiert als: *Peltzer,* Deutsche Corporate Governance)

Peters, Kai, Angemessene Informationsbasis als Voraussetzung pflichtgemäßen Vorstandshandelns, Die Aktiengesellschaft (AG) 2010, 811

Pitkowitz, Matthias M., Praxishandbuch Vorstands- und Aufsichtsratshaftung, Pflichten, Haftung, Ermessen und Versicherung in der Aktiengesellschaft; Deutschland und Österreich, München 2014 (zitiert als: *Pitkowitz,* Praxishandbuch Vorstands- und Aufsichtsratshaftung)

Plagemann, Nikolaus, Der Aufsichtsratsausschuss für Integrität, Unternehmenskultur und Unternehmensreputation am Beispiel des Integritätsausschusses der Deutsche Bank AG, Neue Zeitschrift für Gesellschaftsrecht (NZG) 2013, 1293

Plagemann, Nikolaus / Rahlmeyer, Niklas, Vier Corporate Governance Trends für 2015, Neue Zeitschrift für Gesellschaftsrecht (NZG) 2015, 895

Prühs, Hagen, Der Sachverstand im Aufsichtsrat, Die Aktiengesellschaft (AG) 1970, 347

Pullen, Heinz-Jürgen, Anwendbarkeit der Grundsätze der gefahrgeneigten Arbeit auf den GmbH-Geschäftsführer?, Beispiel eines Kraftfahrzeugunfalles, Betriebs-Berater (BB) 1984, 989

Rack, Manfred, CB-Test: Compliance: Kosten, Aufwand, Messbarkeit und Effizienz, Compliance-Berater (Rack 03) 2014, 1

Rahlmeyer, Niklas, Vorstandshaftung zwischen traditionellem deutschen Aktienrecht und kapitalmarktorientierter Corporate Governance, 1. Auflage, Baden-Baden 2010 (zitiert als: *Rahlymeyer,* Vorstandshaftung zwischen traditionellem deutschen Aktienrecht und kapitalmarktorientierter Corporate Governance)

Raiser, Thomas, Pflicht und Ermessen von Aufsichtsratsmitgliedern, Neue Juristische Wochenschrift (NJW) 1996, 552

Redeke, Julian, Auswirkungen des UMAG auf die Verfolgung von Organhaftungsansprüchen seitens des Aufsichtsrats, Zeitschrift für Wirtschaftsrecht und Insolvenzpraxis (ZIP) 2008, 1549

Reichert, Jochem, Das Prinzip der Regelverfolgung von Schadensersatzansprüchen nach „ARAG/Garmenbeck", in: Festschrift für Peter Hommelhoff, Berlin 2012 (zitiert als: *Reichert*, in FS Hommelhoff, S. 907)

Reichert, Jochem, Existenzgefährdung bei der Durchsetzung von Organhaftungsansprüchen, Zeitschrift für das gesamte Handels- und Wirtschaftsrecht (ZHR 177) 2013, 756

Reichert, Jochem / Ott, Nicolas, Die Zuständigkeit von Vorstand und Aufsichtsrat zur Aufklärung von Non Compliance in der AG, Neue Zeitschrift für Gesellschaftsrecht (NZG) 2014, 241

Rieger, Harald, Gesetzeswortlaut und Rechtswirklichkeit im Aktiengesetz, in: Festschrift für Martin Peltzer zum 70. Geburtstag, Köln 2001 (zitiert als: *Rieger*, in: FS Peltzer)

Ringleb, Henrik-Michael, Kommentar zum Deutschen Corporate Governance Kodex, Kodex-Kommentar, 5. Auflage, München 2014 (zitiert als: *Bearbeiter*, in: Ringleb/Kremer/Lutter/v.Werder)

Roth, Markus, Möglichkeiten vorstandsunabhängiger Information des Aufsichtsrates, Die Aktiengesellschaft (AG) 2004, 1

Säcker, Franz Jürgen / Rehm, Christian, Grenzen der Mitwirkung des Aufsichtsrats an unternehmerischen Entscheidungen in der Aktiengesellschaft, Der Betrieb (DB) 2008, 2814

Saenger, Ingo, Gesellschaftsrecht, 3. Auflage, München 2015 (zitiert als: *Saenger*, Gesellschaftsrecht)

Sailer-Coceani, Viola, Referat, Verhandlungsbeitrag, in: Verhandlungen des 70. Deutschen Juristentages, München 2015 (zitiert als: *Sailer-Coceani*, in: Verhandlungen des 70. Dt. Juristentages)

Sander, Julian / Schneider, Stefan, Die Pflicht der Geschäftsleiter zur Einholung von Rat, Zeitschrift für Wirtschaftsrecht (ZGR) 2013, 725

Schaefer, Hans/Misslink, Patrick J., Haftung von Vorstand und Aufsichtsrat, Neue Zeitschrift für Gesellschaftsrecht (NZG) 1998, 441

Schäfer, Carsten, Die Binnenhaftung von Vorstand und Aufsichtsrat nach der Renovierung durch das UMAG, Zeitschrift für Wirtschaftsrecht und Insolvenzpraxis (ZIP) 2005, 1253

Schäfer, Frank A., Vorsatz bei unterlassener Aufklärung über den Erhalt von Rückvergütungen, Wertpapiermitteilungen (WM) 2012, 1022

Schall, Alexander, Diskussion: Abteilung Wirtschaftsrecht, Verhandlungsbeitrag, in: Verhandlungen des 70. Deutschen Juristentages, München 2015, (zitiert als: *Schall*, in: Verhandlungen des 70. Dt. Juristentages)

Schenck, Kersten von, Die laufende Information des Aufsichtsrats einer Aktiengesellschaft durch den Vorstand, Neue Zeitschrift für Gesellschaftsrecht (NZG) 2002, 64

Schenck, Kersten von / **Semler, Johannes u.a.**, Der Aufsichtsrat, §§ 95-116, 161, 170-172, 394 und 395 AktG; Kommentar, München 2015 (zitiert als: *Bearbeiter*, in: Semler/v.Schenck)

Schmalenbach, Eugen, Die Überwachungspflicht des Aufsichtsrats, Zeitschrift für handelswissenschaftliche Forschung (ZfhF) 1911, 271

Schmidt, Karsten / Lutter, Marcus u.a., Aktiengesetz, Kommentar, 3. Auflage, Köln 2015 (zitiert als: *Bearbeiter*, in: K. Schmidt/Lutter)

Schmolke, Klaus Ulrich, Die Abberufung des Vorstandsmitglieds auf Verdacht, Ein Beitrag zur Auslegung des § 84 Abs. 3 AktG, Die Aktiengesellschaft (AG) 2014, 377

Schmolke, Klaus Ulrich, Die Aktionärsklage nach § 148 AktG, Anreizwirkung de lege lata und Reformanregung de lege ferenda, Zeitschrift für Unternehmens- und Gesellschaftsrecht (ZGR) 2011, 398

Schneider, Uwe H., Anwaltlicher Rat zu unternehmerischen Entscheidungen bei Rechtsunsicherheit, Ein Beitrag zum Management der Organhaftung, Der Betrieb (DB) 2011, 99

Schneider, Uwe H. / Schneider, Sven H., Der Aufsichtsrat der Kreditinstitute zwischen gesellschaftsrechtlichen Vorgaben und aufsichtsrechtlichen Anforderungen, Ein Beitrag zur aufsichtsrechtlichen Corporate Governance der Kreditinstitute, Neue Zeitschrift für Gesellschaftsrecht (NZG) 2016, 41

Schneider, Uwe H. / Schneider, Sven H., Konzern-Compliance als Aufgabe der Konzernleitung, Zeitschrift für Wirtschaftsrecht und Insolvenzpraxis (ZIP) 2007, 2061

Schnorbus, York / Ganzer, Felix, Recht und Praxis der Prüfung und Verfolgung von Vorstandsfehlverhalten durch den Aufsichtsrat – Teil I –, Wertpapiermitteilungen (WM) 2015, 1832

Schnorr, Tanja, Historie und Recht des Aufsichtsrats, Deutsche Erfahrungen als Beitrag zum Statut der Europäischen Aktiengesellschaft, Würzburg 1991 (zitiert als: *Schnorr*, Historie und Recht des Aufsichtsrats)

Scholz, Philipp, Die Haftung bei Verstößen gegen die Business Judgement Rule, Die Aktiengesellschaft (AG) 2015, 222

Scholz, Philipp, Die existenzvernichtende Haftung von Vorstandsmitgliedern in der Aktiengesellschaft, Eine Untersuchung der Notwendigkeit und Möglichkeiten einer Beschränkung der Vorstandshaftung im geltenden und künftigen Recht, Jena 2014 (zitiert als: *Scholz*, Die existenzvernichtende Haftung von Vorstandsmitgliedern in der Aktiengesellschaft)

Schöne, Torsten / Petersen, Sabrina, Regressansprüche gegen (ehemalige) Vorstandsmitglieder, quo vadis?, Die Aktiengesellschaft (AG) 2012, 700

Schubert, Werner / Hommelhoff, Peter, Hundert Jahre modernes Aktienrecht, Eine Sammlung von Texten und Quellen zur Aktienrechtsreform 1884 mit zwei Einführungen, Berlin/New York 1985 (zitiert als: *Schubert/Hommelhoff*, Hundert Jahre modernes Aktienrecht)

Schulz, Martin R., Compliance-Management im Unternehmen – Grundfragen, Herausforderungen und Orientierungshilfen, Betriebs-Berater (BB) 2017, 1475

Schulze, Hans-Georg, Vermeidung von Haftung und Straftaten auf Führungsebene durch Delegation, Neue Juristische Wochenschrift (NJW) 2014, 3484

Schulze-Osterloh, Joachim, Objektiver oder subjektiver Fehlerbegriff im Handelsbilanzrecht, Zeitschrift für das gesamte Handels- und Wirtschaftsrecht (ZHR) 2015, S. 9

Schüppen, Matthias, To comply or not to comply - that´s the question! „Existenzfragen" des Transparenz- und Publizitätsgesetzes im magischen Dreieck kapitalmarktorientierter Unternehmensführung, Zeitschrift für Wirtschaftsrecht und Insolvenzpraxis (ZIP) 2002, 1269

Schüppen, Matthias / Binge, Christoph, Münchener Anwalts-Handbuch Aktienrecht, 2. Auflage, München 2010 (zitiert als: *Bearbeiter*, in: MAH Aktienrecht)

Seibt, Christoph H., 20 Thesen zur Binnenverantwortung im Unternehmen im Lichte des reformierten Kapitalmarktsanktionsrechts, Neue Zeitschrift für Gesellschaftsrecht (NZG) 2015, 1097

Seibt, Christoph H., Corporate Reputation Management: Rechtsrahmen für Geschäftsleiterhandeln, Der Betrieb (DB) 2015, 171

Seibt, Christoph H., Deutscher Corporate Governance Kodex und Entsprechens-Erklärung (§ 161 AktG-E), Die Aktiengesellschaft (AG) 2002, 249

Seibt, Christoph H./Cziupka, Johannes, Rechtspflichten und Best Practices für Vorstands- und Aufsichtsratshandeln bei der Kapitalmarktrecht-Compliance, Die Aktiengesellschaft (AG) 2015, 93

Seibt, Christoph H./Schwarz, Simon, Aktienrechtsuntreue, Analyse und aktienrechtsspezifische Konturierung der Untreuestrafbarkeit von Geschäftsleitern bei Pflichtverletzungen, Die Aktiengesellschaft (AG) 2010, 301

Seidel, Wolfgang, Der Deutsche Corporate Governance Kodex, Eine private oder doch eine staatliche Regelung?, Zeitschrift für Wirtschaftsrecht und Insolvenzpraxis (ZIP) 2004, 285

Selter, Wolfgang, Haftungsrisiken von Vorstandsmitgliedern bei fehlendem und von Aufsichtsratsmitgliedern bei vorhandenem Fachwissen, Die Aktiengesellschaft (AG) 2012, 11

Semler, Johannes, Aufgaben und Funktionen des aktienrechtlichen Aufsichtsrats in der Unternehmenskrise, Die Aktiengesellschaft (AG) 1983, 141

Semler, Johannes, Corporate Governance – Beratung durch Aufsichtsratsmitglieder, Neue Zeitschrift für Gesellschaftsrecht (NZG) 2007, 881

Semler, Johannes, Der Aufsichtsrat, Die Karriere einer Einrichtung, Neue Zeitschrift für Gesellschaftsrecht (NZG) 2013, 771

Semler, Johannes, Die Überwachungsaufgabe des Aufsichtsrats, Köln 1980 (zitiert als: *Semler,* Die Überwachungsaufgabe des Aufsichtsrats)

Semler, Johannes, Leitung und Überwachung der Aktiengesellschaft, Die Leitungsaufgabe des Vorstands und die Überwachungsaufgabe des Aufsichtsrats, 2. Auflage, Köln 1996 (zitiert als: *Semler*, Leitung und Überwachung der Aktiengesellschaft)

Semler, Johannes, Anforderungen an die Befähigung eines Aufsichtsratsmitglieds, in: Festschrift für Karsten Schmidt zum 70. Geburtstag, Köln 2009, (zitiert als: *Bearbeiter*, in: FS K. Schmidt, S. 1489)

Semler, Johannes, Überlegungen zur Praktikabilität der Organhaftungsvorschriften, in: Festschrift für Wulf Goette zum 65. Geburtstag, München 2011 (zitiert als: *Semler*, in: FS Goette, S. 499)

Spindler, Gerald, Organhaftung in der AG, Reformbedarf aus wissenschaftlicher Perspektive, Die Aktiengesellschaft (AG) 2013, 889

Spindler, Gerald / Stilz, Eberhard, Kommentar zum Aktiengesetz, 3. Auflage, München 2015 (zitiert als: *Bearbeiter*, in: Spindler/Stilz)

Steinbeck, Claudia, Überwachungspflicht und Einwirkungsmöglichkeiten des Aufsichtsrats in der Aktiengesellschaft, Berlin 1992 (zitiert als: *Steinbeck,* Überwachungspflicht und Einwirkungsmöglichkeiten des Aufsichtsrats in der Aktiengesellschaft)

Stöber, Michael, Verfolgungsplicht des Aufsichtsrats: Schadensersatzanspruch auch bei Selbstbezichtigung und mit eigenständigem Beginn der Verjährung, Betriebs Berater (BB) 2018, 2769

Stöber, Michael, Ungeschriebene Hauptversammlungskompetenzen am Beispiel des Börsenrückzugs und der fakultativen Insolvenzantragstellung, Wertpapiermitteilungen (WM) 2014, 1760

Strohn, Lutz, Pflichtenmaßstab und Verschulden bei der Haftung von Organen einer Kapitalgesellschaft, Corporate Compliance Zeitschrift (CCZ) 2013, 177

Strohn, Lutz, Beratung der Geschäftsleitung durch Spezialisten als Ausweg aus der Haftung, Zeitschrift für das gesamte Handels- und Wirtschaftsrecht (ZHR 176) 2012, 137

Theisen, Manuel R., Information und Berichterstattung des Aufsichtsrats, 4. Auflage, Stuttgart Germany 2010 (zitiert als: *Theisen,* Information und Berichterstattung des Aufsichtsrats)

Thiessen, Jan, Zustimmungsvorbehalte des Aufsichtsrats zwischen Pflicht und Kür, Die Aktiengesellschaft (AG) 2013, 573

Thümmel, Roderich, Organhaftung nach dem Referentenentwurf des Gesetzes zur Unternehmensintegrität und Modernisierung des Anfechtungsrechts (UMAG), Neue Risiken für Manager?, Der Betrieb (DB) 2004, 471

Thüsing, Gregor, Das Gesetz zur Angemessenheit der Vorstandsvergütung, Die Aktiengesellschaft (AG) 2009, 517

Tschöpe, Ulrich / Wortmann, Florian, Der wichtige Grund bei Abberufungen und außerordentlichen Kündigungen von geschäftsführenden Organvertretern, Neue Zeitschrift für Gesellschaftsrecht (NZG) 2009, 161

Velte, Patrick, Prüfung der Buchführung durch den Aufsichtsrat, Recht oder Pflicht?, Neue Zeitschrift für Gesellschaftsrecht (NZG) 2010, 930

Verse, Dirk A., Organhaftung bei unklarer Rechtslage – Raum für eine Legal Judgement Rule?, Zeitschrift für das gesamte Handels- und Wirtschaftsrecht (ZGR) 2017, 174

Vetter, Eberhard, Aktienrechtliche Organhaftung und Satzungsautonomie, Überlegungen de lege ferenda, Neue Zeitschrift für Gesellschaftsrecht (NZG) 2014, 921

Vetter, Eberhard, Aktienrechtlicher Organhaftung und Satzungsautonomie, Überlegungen de lege ferenda, Neue Zeitschrift für Gesellschaftsrecht (NZG) 2014, 921

Vetter, Eberhard, Drittanstellung von Vorstandsmitgliedern, aktienrechtliche Kompetenzverteilung und Exkulpation des Vorstands bei rechtlicher Beratung, Neue Zeitschrift für Gesellschaftsrecht (NZG) 2015, 889

Vetter, Eberhard, Kommentar zu BGH Urt. v. 20.09.2011, Az.: II ZR 234/09, Entscheidungen zum Wirtschaftsrecht (EWiR) 2011,793

Vetter, Eberhard, Diskussion: Abteilung Wirtschaftsrecht, Verhandlungsbeitrag, in: Verhandlungen des 70. Deutschen Juristentages, München 2015 (zitiert als: *Vetter*, in: Verhandlungen des 70. Dt. Juristentages)

Wagner, Elisabeth/Semler, Johannes, Deutscher Corporate Governance Kodex, Die Entsprechenserklärung und Fragen der gesellschaftsinternen Umsetzung, Neue Zeitschrift für Gesellschaftsrecht (NZG) 2003, 553

Wagner, Gerhard, Organhaftung im Interesse der Verhaltenssteuerung, Skizze eines Haftungsregimes, Zeitschrift für das gesamte Handels- und Wirtschaftsrecht (ZHR 178) 2014, 227

Wagner, Jens, Die Rolle der Rechtsabteilung bei fehlenden Rechtskenntnissen der Mitglieder von Vorstand und Geschäftsführung, Betriebs-Berater (BB) 2012, 651

Weber-Rey, Daniela / Buckel, Jochen, Best Practice Empfehlungen des Deutschen Corporate Governance Kodex und die Business Judgement Rule, Die Aktiengesellschaft (AG) 2011, 845

Weber-Rey, Daniela / Buckel, Jochen, Die Pflichten des Aufsichtsrats bei der Mandatierung des Vergütungsberaters, Neue Zeitschrift für Gesellschaftsrecht (NZG) 2010, 761

Wellhöfer, Werner / Peltzer, Martin u.a., Die Haftung von Vorstand, Aufsichtsrat, Wirtschaftsprüfer, Mit GmbH-Geschäftsführer, München 2008, (zitiert als: *Bearbeiter*, in: Wellhöfer/Peltzer/Müller)

Wernsmann, Rainer / Gatzka, Ulrich, Der Deutsche Corporate Governance Kodex und die Entsprechenserklärung nach § 161 AktG, Anforderungen des Verfassungsrechts, Neue Zeitschrift für Gesellschaftsrecht (NZG) 2011, 1001

Wiethölter, Rudolf, Interessen und Organisation der Aktiengesellschaft im amerikanischen und deutschen Recht, Karlsruhe 1961 (zitiert als: *Wiethölter*, Interessen und Organisation der Aktiengesellschaft im amerikanischen und deutschen Recht)

Wilhelmi, Rüdiger, Beschränkung der Organhaftung und innerbetrieblicher Schadensausgleich, Neue Zeitschrift für Gesellschaftsrecht (NZG) 2017, 681

Wilhelmi, Rüdiger, Diskussion: Abteilung Wirtschaftsrecht, Verhandlungsbeitrag, in: Verhandlungen des 70. Deutschen Juristentages, München 2015 (zitiert als: *Wilhelmi*, in: Verhandlungen des 70. Dt. Juristentages)

Windbichler, Christine/Hueck, Alfred u. a., Gesellschaftsrecht, Ein Studienbuch, 23. Auflage, München 2013 (zitiert als: *Windbichler/Hueck/Hueck*, Gesellschaftsrecht)

Winter, Martin, Die Verantwortlichkeit des Aufsichtsrats für "Corporate Compliance", in: Festschrift für Uwe Hüffer zum 70. Geburtstag, München 2010 (zitiert als: *Winter*, in: FS Hüffer, S. 1103)

Withus, Heinz, Die Angemessenheit eines CMS – eine rein juristische Bewertung oder anerkannter Stand von betriebswirtschaftlichen Grundsätzen?, Corporate Compliance Zeitschrift (CCZ) 2015, 139

www.ingramcontent.com/pod-product-compliance
Ingram Content Group UK Ltd.
Pitfield, Milton Keynes, MK11 3LW, UK
UKHW022101051026
15623UKWH00003B/607

9 783631 830048